谨以此书献给

心怀家国、笃定前行的人们

创业之魂

领航

中企会企业家俱乐部◎编著

THE SPIRIT OF ENTREPRENEURSHIP

中国经济出版社
CHINA ECONOMIC PUBLISHING HOUSE

·北 京·

图书在版编目（CIP）数据

创业之魂：领航 / 中企会企业家俱乐部编著 .
—北京：中国经济出版社，2020.5（2024.1 重印）
ISBN 978-7-5136-6071-6
Ⅰ . ①创… Ⅱ . ①中… Ⅲ . ①企业家—生平事迹—中国—现代
Ⅳ . ① K825.38

中国版本图书馆 CIP 数据核字（2020）第 035714 号

责任编辑　丁　楠
责任印制　马小宾
封面设计　任燕飞工作室

出版发行　中国经济出版社
印 刷 者　三河市同力彩印有限公司
经 销 者　各地新华书店
开　　本　710mm × 1000mm　1/16
印　　张　14.75
字　　数　205 千字
版　　次　2020 年 5 月第 1 版
印　　次　2024 年 1 月第 2 次
定　　价　58.00 元
广告经营许可证　京西工商广字第 8179 号

中国经济出版社　**网址** www.economyph.com　**社址** 北京市东城区安定门外大街 58 号　**邮编** 100011
本版图书如存在印装质量问题，请与本社销售中心联系调换（联系电话：010-57512564）

储吉旺

郑　智

顾三官

艾雅康

陆婉英

黄添福

何宜祥

马永革

薛国能

王　月

序　言

宏扬精神　推进发展

中华人民共和国商务部原副部长　张志刚

经济的繁荣离不开企业家群体的作用，中国改革开放以来市场经济的发展更是基于企业家群体的出现和成长。40多年来，大批优秀企业家登上历史舞台，带领中国企业发展壮大，推动中国经济破浪前行，在创造物质财富的同时，也涵养着企业家精神的不断成长成熟。党和国家始终高度重视弘扬企业家精神。2017年9月25日中共中央、国务院联合发文，强调营造企业家健康成长环境，弘扬优秀企业家精神，更好地发挥企业家作用。党的十九大进一步指出，“激发和保护企业家精神，鼓励更多社会主体投身创新创业”。

什么是企业家精神？

企业家精神体现为大担当。唯有担当，方成其业。优秀的企业家，胸怀家国天下，始终不忘对国家、对社会的责任。依法合规经营，把企业做优做强，为社会创造财富，是企业家精神的行为底线；

诚实守信、保护环境、热心公益、回报社会，推动社会的文明进步，这是企业家精神的道德标准。

企业家精神体现为大情怀。优秀的企业家热爱自己的事业，把办好企业作为长期的理想信念和精神追求，面对企业前进征途上的风险挑战，面对企业发展需要跨越的无数关山险隘，以“功成不必在我”的精神境界和“功成必定有我”的历史担当，一点点突破、一点点进取，积跬以进，终致千里，深耕细作，细水长流，体现出对事业目标的执着和坚守。

企业家精神体现为大视野。优秀的企业家心里装着世界，能够准确预判发展趋势，为企业的技术创新提供认知。眼界决定境界，企业家的视野有多远，他的企业就能走多远，视野的广度是创新、创造的前提。

企业家精神体现为大格局。优秀的企业家拥抱这个时代，融入这个时代，牢牢把握时代主题，积极投身到时代潮流中，勇于担当市场主角，不等待观望，不指责抱怨，成为构建人类命运共同体的积极践行者和推动者。

时势造英雄，改革开放 40 多年，成就了一大批“指点江山”的经济先行者，涌现出一大批“敢上九天揽月”的商海弄潮儿。他们开拓创新、敢于突破、迎难而上、坚忍执着，为企业的兴盛和经济的繁荣做出了重要贡献。他们是推动时代变革、改变中国面貌的重要力量。

中华人民共和国成立 70 周年之际，中企会组织出版《创业之魂：领航》一书，书中采写的 11 名企业家，其跌宕起伏的创业历程和引人入胜的创业故事，充分诠释了什么是企业家精神。

马蔚华，创下了一个又一个“行业第一”，树立了一个又一个行业样板，不断创新开拓，永远是先行者；储吉旺，带领公司坐上国际搬运车业头把交椅，把资产的四分之一总计1.5亿元捐献给公益事业；郑智，带领团队锐意进取，奋勇开拓，打造出总资产200多亿的大型产业投资集团；顾三官，以一种共生共存、互促互惠的企业观，讲求经营者和消费者的利益平衡，体现了一名仁厚者的责任之心；艾雅康，致力于保护鸟类，表现出一个自然保护主义者的强烈责任担当；陆婉英，用生物技术解决致病微生物感染，让生命更美丽；黄添福，地产界的儒商；何宜祥，用30年的锤炼为人们诠释了什么是务实兴业、实干兴邦；马永革，领行业之先，走绿色发展之路，打造出绿色物流的典范；薛国能，打造让消费者完全放心的跨境电商平台，一直在商业正道上追求和探寻；王月，以公益催生出企业和商业模式。

这是一个变革的时代。变革靠谁来落实？一支重要力量是企业家。正是无数企业家积极投身经济大潮，促进了中国经济的持续快速增长，推进了市场化的发展进程，促进了市场经济体制的建立，使企业逐步成长为创新的主体，推动了现代企业管理制度的建立，提升了商业文明水平。

这个时代，中国经济增长模式发生根本转变，传统的粗放式发展模式不可持续，消费结构升级带来市场环境的深刻变革，新技术革命带来了新产业、新商业模式、新业态发展的历史机遇。这些新的时代特征，对企业家成长提出了更高的要求。进一步弘扬优秀企业家精神，更好地发挥企业家作用，对深化供给侧结构性改革、激发市场活力、实现经济社会持续健康发展具有重要意义。

是为序。

張志剛

2019年10月

目　录

马蔚华*：永远的先行者

谢昱航

“企业家的核心就是创新。通过创新创业给社会创造财富，同时尽自己的努力让这个世界更美好，这是企业家的职责和奋斗目标。”在 2019 年 11 月 2 日开幕的第五届全球社会企业家生态论坛上，著名企业家、银行家马蔚华表达了他对企业家精神的理解。

* 马蔚华：中企会主席，招商银行原行长，联合国可持续发展影响力目标指导委员会会员。

谈创新，马蔚华无疑是最佳人选之一。“亚洲最具创新精神的银行家”“亲手打造了亚洲排名第一的零售银行”“开启了中资银行进入美国市场的大门”……马蔚华身上有诸多醒目标签。

谈到马蔚华，人们很自然地会想到招商银行。马蔚华 1999 年出任招商银行行长，在他担任行长的近 15 年间，招行创下了一个又一个“行业第一”，树立了一个又一个行业样板。从一网通、信用卡到网络化、市场化、国际化，招行的每一次创举，都体现了马蔚华的战略眼光和判断力。正是在他的带领和推动下，招行完成了一次又一次“蝶变”，从当初偏居深圳蛇口一隅的区域性小银行一跃成为全国第六大、全球第 44 大的商业银行，总资产翻了 40 倍，跻身世界 500 强。

由此，马蔚华也获得了英国《银行家》杂志“2004 年度银行业希望之星”“2007 年度亚洲最佳 CEO”“2008 年度亚洲银行业领袖”“2009 年度亚洲最佳行长”“CCTV2011 中国经济年度人物”“2011 中国证券金紫荆奖影响力领袖奖”等多个重要奖项，被评为 20 世纪影响中国的 25 位企业家之一，上榜《财富》2012 中国最有影响力的 50 位商界领袖排行榜。在金融改革和创新发展上，马蔚华荣誉等身。

2013 年，因为年龄原因，马蔚华功成身退，卸任招商银行行长。这时，马蔚华完全可以顺其所成，尽其所长，继续做金融，当然也可以选择享受难得的生活安闲。但是他没有这样做，而是一头扎进公益慈善事业，接任壹基金的理事长。壹基金曾因为会聚了马云、柳传志、马化腾、王石、俞敏洪、冯仑、李连杰等众多名流，产生轰动，引人注目。马蔚华担任理事长，光环之下是沉甸甸的责任。马蔚华之所以要背负这份沉重，完全是出于内心的社会责任感。用他自己的话说，“有生之年再做一些有利于公众的事，会更有意义”。

投身公益事业之后，马蔚华一方面不断做大公益平台，扩大直接受益群体，另一方面致力于探索公益发展新路径。经过长时间的探索和总结后，马蔚华得出结论，把公益理念和商业模式、金融手段结合起来，在公益的发展中引入金融的思维方式，用金融的工具促进公益的创新，是公益发展的一个重要突破口。由此，他形成了自己的公益金融理念，并且不遗余力地宣传和推广这一理念。在公益金融领域，马蔚华无疑又是先行者。

这就是马蔚华，不断在创新开拓，永远是先行者。

时代造就金融人

“是改革开放成就了马蔚华这一代银行家。”原中国银监会主席刘明康这样评价。

的确，如果没有改革开放，马蔚华连参加高考的机会都没有，正是1978年的恢复高考，让马蔚华能够进入大学接受高等教育。

马蔚华1949年出生于辽宁锦州。1968年高中毕业后，他和很多年轻人一样“上山下乡”，上大学成为一个遥远的梦。在那段岁月，马蔚华也不乏亮点，凭借好文笔，他成为当地一位小有名气的报道员。后来，他还当过铁路职工。1978年，关闭10年之久的高考大门重新敞开，时年29岁的马蔚华没有错过机会，作为首批考生进入高考考场，凭着优异的成绩，考入吉林大学经济系国民经济管理专业。

进入大学对于马蔚华那代人来说，无疑进入了人生的春天。马蔚华没有辜负这黄金般的时光，贪婪地学习，恨不得用4年时间找回被荒废的10多年光阴。大学毕业后，马蔚华曾在辽宁省、安徽省的政府部门任职。

1988年，39岁的马蔚华进入中国人民银行总行，开始金融生涯，先后任行长秘书、办公厅副主任、计划资金司副司长。1992年底，马蔚华调任中国人民银行海南省分行行长兼国家外汇管理局海南省分局局长。

那段时期，随着改革开放的推进，中国经济进入快速发展期，需要金融体系提供有力的支撑。中央开始考虑加快金融体系建设，建立体制较新、业务较全、范围较广、功能较多的银行。于是，先有四大国有银行打破业务藩篱，后有10家全国性股份制商业银行打破四大行一统天下的格局，地方性股份制银行也陆续成立。

在海南省，为了加速地方经济的发展和妥善处理停业信托机构的债权债务问题，1995年，海南省政府决定在5家信托投资公司的基础上，向全国募股组建海南发展银行。

海发行前期发展不错，一度成为当地银行的后起之秀。然而，由于当时经济发展对资金的需求量大，很多银行通过高利息揽储，一度陷入危机，而海发行也被波及。

1997年央行公布的银行存款基准利率为5.6%，但当时全国很多信用社揽存的高息大大超过这个数字，部分信用社吸储的利率竟高达25%。如此高的利息，信用社没有足够的利润来支撑，很快进入只能借新还旧的恶性循环。为了筹到新款，利息不断被推高，很多信用社不堪重荷。到1997年底，海南已有几十家信用社资不抵债、无法兑付到期存款，发生多起挤兑事件。为了应对危机，海南省政府决定让海发行兼并信用社，背起信用社的资产和负债。

由于之前信用社承诺的利息过高，让接受了信用社负债的海发行难以承受，加上高利息大大超过基准利率，已属于非法范畴，海发行决定，对所有储户只保证本金以及合法利息。消息一公布，立即引起混乱。对于储户来说，承诺的利息不给，就是违约，何况信用社是正式的金融机构，说的话岂能不算数。于是挤兑事件集中爆发。短短两个多月时间，海发行几十亿元的存款被提取一空，一下进入资金短缺、资金链断裂的困境。最严重的时候，海发行网点的兑付限额甚至降到了100元。

鉴于问题严重，1998年6月，主管部门下令关闭海发行，成立清算组。马蔚华临危受命，担任清算组组长。

银行关闭，在中国金融史上还是首例。如何清算，是一个不小的考验，毕竟无现成的经验可循。马蔚华唯有慎重以待，咨询了很多国际知名的会计师和律师事务所，并争取到了央行总行的大力支持。“然而，那段时光确实艰难。那是一次前所未有的处理风险事件，是一项充满挑战的探索。无论如何，它为之后金融风险的处置提供了难得的经验教训。”马蔚华深有感触地评价这段经历。

招行的特殊“见面礼”

招商银行是中国第一家完全由企业法人持股的股份制商业银行，也是国家从体制外推动银行业改革的第一家试点银行。招行的成立背景是“总设计师”邓小平的指示：“金融改革的步子要迈大一些”，“要把银行真正办成银行”。

招行1987年刚成立时，只有1亿元资本金，1家营业网点，34名员工。这种低起点，在中国银行业中并不多见。加上招行完全由企业法人持股，没有政府背景，没有政府注资，完全靠自身在市场竞争中求得生存和发展，所以一开始走的就是一条拼搏之路。

1999年，招行要寻找一位新的掌舵人，马蔚华的背景引起了老行长王世祯的注意。马蔚华在政府机关、货币政策和金融监管部门都曾任职，有着央行海南省分行行长的实践经验，特别是有解决海发行破产清理工作的经历，是难得的人选。王世祯“游说”马蔚华加盟时，马蔚华也有意做一次引领银行改革的尝试，于是欣然接受。

1999年，马蔚华出任招商银行行长。俗话说，新官上任三把火，但是还没等到马蔚华主动“点火”，市场上的“两把火”就烧到了他面前。

第一把“火”，是央行叫停国内银行的离岸业务。1998年亚洲金融风暴波及面很广，影响到了国内银行业。很多银行的离岸业务质量变差，不良贷款率上升。为了把控风险，央行叫停了国内银行的离岸业务。这对银行的影响非同小可，消息一旦被境外储户知道，势必发生挤兑，让银行难以招架。而招行的离岸业务多达15亿美元，是同业里最多的，首当其冲受到冲击。这对刚上任的马蔚华来说，无疑是个严峻的考验。

马蔚华和团队积极寻找对策，集思广益之后果断决定，用时间来释放压力。马蔚华先是赶往北京，向央行汇报招行的情况，要求最小范围内公开信息。具体办法是央行先不发正式文件，招行以手抄件形式记下文件，回家整改。最终，招行的请求得到支持。获得喘息之机后，马蔚华立刻行动，组织各部门广开渠道筹措外汇资金，停止外汇发款，加大同业拆放，鼓励外汇存款。随着外汇资金的到位，一场巨大的危机得到化解。

第二把“火”，是招行沈阳分行出现了大规模挤兑现象。这件事发生在1999年3月17日，是马蔚华被董事会任命为招行行长的当天。得到消息的马蔚华，当时人还在香港。冷静思考后，马蔚华和团队商量：“这种情况下，劝说是毫无意义的，最有利的办法就是保证支付，储户取多少就给他们多少，只要告诉他们损失了多少利息就行了，要像吸收存款一样热情地帮储户支付。如果储户取款数额太大，还可以护送他们回家。

营业厅里只要有一个储户，就不要下班，要面带微笑地给他们支付。”

这种处理方式，无疑是明智的。面对挤兑，无论是劝阻还是回避，都只能加重储户的怀疑，引发更严重的后果。但保证支付，需要有充实的资金支撑。马蔚华指挥沈阳分行的员工调足资金应对，两天之内紧急调拨了 17 亿元资金到沈阳。对于储户的取款要求，不但保证支付，而且细致服务，24 小时不间断工作，任由储户取款。营业厅内，钱被高高地堆在柜台上，让前来取款的储户放心，只要钱稍微低下去一些，立刻再补上去。当时，每天 3 亿 ~ 5 亿元人民币的存款被提取，但招行不慌不乱。最终，对策产生了效果，招行的信誉得到维护，部分储户的信心得到恢复，危机得到妥善化解。

这种处理危机的方式，是马蔚华任海发行清算组组长时得来的经验。“在那种情况下，信心比任何东西都重要，即使银行员工心里在流泪，也要微笑着面对所有储户。”他将这种危机行为总结为“个体的非理性导致集体的非理性”。

“迎面两把火，让马蔚华对于商业银行的风险与责任有了更清醒的认识，加快了他从一个监管者向一个经营者角色的转换，坚定了马蔚华要把招行打造成一个完全市场化的商业银行的决心。”有熟悉马蔚华的业内人士评价说。

银行业电子化的“领头羊”

21世纪初，五大国有银行雄踞中国银行业。国有银行资历深厚，有政府背景，拥有网点和客户的绝对性优势。在那种金融格局下，作为一家股份制的小银行，就像在大象腿中求生存。如何闯出一条自强之路，获得金融市场的一席之地，是招商银行面对的首要问题。

经过集思广益、深思熟虑后，马蔚华认定，招商银行的发展，必须走差异化、个性化、特色化竞争之路，形成自己的核心竞争力。于是，招商银行开始了“三步走”战略。

第一步就是网络化。

马蔚华接手时的招行，实体网点非常少，客户寻找招行的营业点甚至是一件费力的事，这成为招行的明显劣势。而拓展网点，需要一个过程，而且还受制于资金规模、银行历史格局和监管当局指标控制等多种条件。如何在短时间内扩大市场，成为一个难以逾越的难题。

正好在这个时候，互联网开始兴起。目光敏锐的马蔚华，意识到互联网对于招行是个历史性的发展机遇，于是决定加速招行的网络化。1999年，招行实施电子化改造，已经有了好的基础，由此决定在中国开行业之先，启动中国首家网上银行“一网通”服务。

在此之前，招行已经推出了“一卡通”服务。“一卡通”集本外币、定期活期、多储种、多币种、多功能服务于一身，填补了我国金融卡业务的空白。截至1998年底，“一卡通”累计发卡337.3万张，吸存168.4亿元。

“一卡通”本是银行业务的一个创举，而“一网通”的推出，是对互联网功能的率先应用，极大方便了顾客，让他们足不出户，就可短时间完成以前在营业点长时间等待才能完成的事务。“一网通”成为众多企业和电子商务网站广泛使用的网上支付工具，在一定程度上促进了中国电子商务的发展。

随后，为满足互联网商家网络化、多元化、个性化的发展需求，招行又实时整合电子商务的支付资源，推出了“一网通4+3”。

招行持续不断地进行网上银行的技术改进和全方位营销，网上银行的技术性能、客户数、交易量等指标一直领先同业。2003年，“一网通”

获得被誉为国际信息技术应用领域奥斯卡大奖的 CHP 奖，这是中国企业首次获此殊荣。英国《金融时报》把招行称作“中国银行业的电子化领头羊”。

随着网上银行的不断发展，招行以“一网通”为基础，逐步构筑了包括自助银行、电话银行、手机银行等在内的网络服务体系；完善了一卡通的柜面、ATM、商户、网银服务功能，并加大市场推广力度；在国内同业率先实现资金汇划“零在途”，成为国内第一家在全国所有网点都可以为客户提供异地资金汇划实时到账的银行。

招行的电子业务快速推进，在很长一段时间，招行网上个人银行业务交易量年复合增长率接近 100%。到 2008 年，招行零售电子渠道综合柜面替代率达 77.45%，此后还在不断增长。马蔚华总结说，招行网上银行规模，相当于再造了几个招行。互联网发展的汹涌之势，在这里得到了体现。

“互联网的全球性和开放性及信息充分程度的提高，给银行业重新构架了一个全新的游戏规则，因为所有的银行无论规模大小、历史长短，在互联网上都是平等的。它给中国的银行业，特别是如招行一样新兴的中小银行提供了一个与大银行和资深的老银行在同一个起跑线竞争的历史机遇。”在马蔚华看来，招商银行的快速成长，很大程度上得益于互联网的发展。

的确，招行的资本质量和盈利能力在中国的银行业中位居前列，一个重要的原因是借助于网络化。统计表明，当时招行业务中 15%的对公业务、45%的对私业务是网上在线业务，全国 95%以上的电子商务公司采用了招行的支付系统。

马蔚华进一步总结说，要适应经济全球化所带来的业务国际化、流程虚拟化、利率市场化等一系列的挑战，银行就必须网络化。因为数以亿计的市场交易主体，通过互联网连成一体，经济已经网络化了。

资本市场屡创第一

资本市场化是招商银行“三步走”的重要一步。

银行要快速和长远发展，必须有雄厚的资本作基础。为解决这一问题，马蔚华瞄准了资本市场化。

从2002年开始，招行在资本市场上运作了5次大规模的融资活动。

2002年，招行成功登陆A股，公开发行了5亿股，募集资金107.69亿元，创下了三项纪录：国内上市银行总股本最大、筹资额和流通盘最大、第一家采用国际会计标准上市。

招行A股成功上市后，先后拿出近40亿元核销呆账、增加拨备，使招行发生了脱胎换骨的转变。“上市使困扰招行多年的不良贷款问题得到比较彻底的解决，招行从此走上了资产质量根本好转、最终达到国际国内先进水平的道路；它使招行发现和弥补了管理方面的诸多差距，在会计标准等方面率先与国际接轨，管理水平得到提高；使招行成为各界关注的焦点和媒体报道的重点，品牌知名度和美誉度大大提升”。马蔚华认为，招行把A股上市当作一个消化历史包袱、提升管理、与国际接轨的过程，实现了历史性跨跃。

2004年，招行向社会成功发行了65亿元可转债。可转债的发行正逢资本市场调整期，虽经历波折，但最终受到众多投资机构的热捧，超额认购倍数达164倍，创下了当时中国股市可转债发行的多项第一。可转债的发行也使招行充分认识到资本市场的游戏规则，这是招行了解资本市场、认识资本市场和融入资本市场的必经过程。

2006年，招行在香港挂牌上市，更是产生了一个IPO奇迹。在H股上市计划启动后，就只能成功，不能失败，如果失败，对招行的影响是难以估量的。这给了马蔚华巨大的压力。一切前期铺垫不能有半点失误。在一次资金分析大会上，马蔚华提出要求：“董事会已将境外上市提上议事日程，因此，今年的指标能否实现就非常关键。我们并不要求利润增长必须达40%，但如果今年连20%都保不住的话，就难以向股东交代，境外融资的目标也难以实现。”

在充分的动员下，各项工作有条不紊，稳步推进。2006年8月，中国证监会批复，同意招商银行发行不超过25.3亿股境外上市外资股；几天后，香港交易所上市委员会举行上市聆讯，审议并通过了招行发行H股的申请；9月1日，招行公布H股初步价格区间为7.3至8.55港元；9月8日，招商银行香港公开招股开始，当日即获25倍超额认购；9月13

日，招商银行公开招股于中午截止，共获265倍超额认购，冻结资金高达2500亿港元；9月14日，招商银行在香港、欧洲和美洲市场的国际配售分别于下午5时截止，冻结资金约964亿美元，获50倍认购额。

在确定发行价的过程中，招行主动提出，给投资者让利5分钱，以每股8.5港元发行。承销商却答复，投资者更在乎招行给他们带来的长期回报，接近100%的下单率和无限价的订单也说明，让利没有必要。

事实说明，招行受到了市场的普遍信任，让投资者充满期待。有一家承销商曾在公开发售前一天，让其工作组成员预测招行的超额认购倍数，结果多达12个人的预测结果在150倍到270倍之间。一般来说，一个IPO项目若能达到150倍就已非常成功。这位承销商人士笑言："由于订单太多、供不应求，因此，最后分配订单时只要能不得罪人就是最好的结果，这是幸福的头疼。"因为需求量太大，路演第二天，承销商即向机构要求下单的上限为1亿美元。

9月22日，招行H股正式在香港挂牌上市，以10.9港元开盘，收于10.68港元，较8.55港元的发行价上涨25%。招行成为第一家在股改后以A+H形式到香港上市的内地企业，也是第一家上海交易所挂牌到香港上市的内地企业，创立了AH的新模式，并创下H股路演97%的下单率和99.7%的无限价订单，公开招股和国际配售部分超额认购倍数分别达到266倍和51倍，成就了内地企业海外IPO的诸多第一。

融资能力不断增强，招行对各个产业发展的支持也不断加大。实体经济发展对招行的期待，要求招行不断做大做强。所以，2008年，招行发行了300亿元次级债券，这是招行首次在全国银行间债券市场公开发行次级债券。当时媒体在报道此事时评价说，"无论从发行利率还是从认购倍数看，这都是自2007年下半年以来中国证券市场上发行效果最好的商业银行债券"。

招行的投资价值不断得到投资者的认可。2010年4月，招行又成功完成了约220亿元A＋H配股资本金募集。本次A股部分流通股股东认购比例高达98.6%，是2008年以来实施的21个配股项目中获得的最高认购率；H股部分股东总体认购率达426%，是2000年以来亚洲金融业国际配股融资的9个项目中获得的最高总体认购率。

从市场上募集到大量资金后，招行的产品创新能力也得到大大增强。马蔚华总结说：“中小企业业务方面，我们与多家私募股权基金开展合作，推出了1000家科技创新型中小企业的‘千鹰展翅’计划，创新形成了股权投资与银行信贷之间的‘投贷联动’融资模式。我们为企业提供了包括银团贷款、股权质押贷款、过桥贷款等在内的一系列创新融资产品，并通过资产证券化将一笔较长期限的信贷资产对外销售，构建多元化的资产组合。财富管理业务方面，招行大力发展代理基金、代理保险、受托理财等业务，受到了私人银行客户的认可与欢迎。”

招行一小步，中国银行业一大步

经济全球化发展，中国企业必然要走出去。随着中国企业对外投资高速增长，对金融服务提出了要求。马蔚华说：“客户走出去了，银行服务也得跟着走出去。很多客户到境外开展业务，希望我们给予支持。”

2002年，招行在国内股份制银行中第一个设立了香港分行。

而为让招行进入美国，设立纽约分行，马蔚华辗转于深圳和纽约之间，打了9年的持久战。

从20世纪90年代初开始，中资银行就在做进入美国的尝试。但是直到2007年才实现突破，而突破这一困局的是仅有20年发展史的招行。所以业内评价：“招商银行一小步，中国银行业一大步。”

招行进入美国分两步走，先是设立代表处，而这也花了4年时间。

要让业务打进美国，也需要沟通，特别是和主管部门沟通。通过基辛格先生介绍，马蔚华认识了时任纽约联储主席盖特纳。第一次拜访盖特纳，他给马蔚华出了三道题，都是货币政策方向的题，要考考这位马行长。马蔚华在央行从事过货币政策研究与制定工作，他胸有成竹，三个问题迎刃而解。盖特纳用中文脱口而出：“不错。”马蔚华也顺口说：“幸亏没骂你。”原来，盖特纳曾在北京大学学过7个月中文。从此，马蔚华和盖特纳成为朋友。

即便是在美国设立代表处，也迟迟批不下来。于是马蔚华请教盖特纳，盖特纳告诉他，问题其实不在招行，而在于美国人认为中国的监管体系有问题，说中国既没有反洗钱的法律，也没有严格的监管制度。

这个问题如何突破，一时找不到办法。但只要有准备，时机总是有的。美国拒绝中资银行进入，但他们的金融机构却要来中国建立分支机构。在亚行年会上，马蔚华得知，美国一家大银行要来天津设立分行。因为与该行两位联合董事长是好朋友，马蔚华半开玩笑半认真地说："这事没戏，招行在美国的办事处批不下来，美国银行来中国自然行不通。"后来，在美国那家银行的帮助下，说服了美联储，获批了代表处。招行也给予了对方帮助。最后，双方的事都办成了。

而设立纽约分行，更是颇费波折。一次次努力，一个个突破，一步步进展，可谓坎坷，甚至都被作为议题列入中美战略经济对话的内容。最终，问题得到破解。美国当地时间2007年11月8日，美联储正式对外发布消息，批准招商银行设立纽约分行，从事批发性存款业务、贷款业务、贸易融资业务以及其他银行服务。

但这个时候，华尔街百年不遇的金融风暴爆发。招行没有回避这一背景，选择抓紧时间开业。马蔚华在纽约分行开业典礼上表示："今天是一个值得纪念又异乎寻常的日子，纽约分行在华尔街的寒冬中诞生，用纽约市市长彭博的话说，我们为寒冷的华尔街带来了暖意。"

招行纽约分行的设立，是美国自1991年实施《加强外国银行监管法》以来批准中资银行成立的第一家分行，开启了中资银行进入美国市场的大门。

开业以后，纽约分行清算结算、贸易融资、银团贷款等业务全面开展，到2010年6月末，资产已超过3亿美元，并提前实现了盈亏平衡。

打开美国大门后，招行又瞄准了英国市场。但一开始，困难重重。根据FSA（伦敦的管理局）的规定，招行不能建分行，只能建子银行。子银行即法人银行，至少要花3亿英镑。马蔚华不愿意投入这么大，只愿意建分行。

为了设伦敦分行，招行通过很多伦敦业内高层说服FSA，都没有结果。在这个为难时刻，卢森堡财政大臣到深圳拜访马蔚华，请招行在卢森堡建立分行，而且承诺建分行、子银行都可以，政策可以放宽。这无疑让招行很兴奋。做伦敦金融城中国事务委员会成员时，马蔚华提出："既然进入伦敦这么难，我们就放弃了，卢森堡欢迎我们。"这时，FSA

才开始松动。直到2013年，英国财政大臣访华时，同意中国的银行可以在伦敦建分行，事情有了转机。

经济的发展，对招行国际化提出了更高的要求，需要加快国际化步伐。在海外建立分行或者代表处，是一个必经之路，但一个一个地建，进展比较缓慢，何况许多地区都面临一定的阻力。这个时候，收购就成为一个重要选择。

2009年，招行收购香港永隆银行，成为香港银行业近10年内最昂贵的收购。

收购永隆银行的事2008年上半年已经谈好签约了，下半年却正好赶上金融危机。永隆银行作为香港的上市银行，股价也下跌了，因此还要不要继续收购就成了难题，外界对这宗收购并不看好。但董事会和马蔚华没有犹豫，尽管市场价格变了，但收购永隆的战略意义没有改变。招行需要在海外有零售机构，而永隆现在的弱点正是招行未来的亮点。“华南、珠江三角洲的客户和香港的客户互相有很多业务来往。招行的零售业务比较好，在香港应该有网点。在香港并购一家银行机会难得，特别是百分之百并购一家银行的机会更是千载难逢。永隆银行对于我们来说就是这样的一个机会，而且收购永隆是招行海外扩张战略的首个练兵场，收购的钱不会白花。”

最终招行斥资193亿港元收购了永隆银行53.1%的股份。这除了如马蔚华所说的不愿失去机会，也是为了招行的品牌考虑，但最重要的还是永隆银行对招行发展的战略意义，这是并购的宗旨。

但这次收购还是引起了很大争议。193亿港元的收购价创下了一定时期的纪录，加之当年永隆银行亏损8.16亿港元，特别是当时处在金融危机的大背景下，是否物有所值，不少人持怀疑态度。收购前三年的各种场合，马蔚华都要不停地回答这些问题。

事实证明了收购的正确性。永隆银行从2008年到2013年的5年间，总资产翻了一倍多，从亏损一跃成为香港最具活力、业务增幅最大的商业银行之一。更为重要的是，招行的私人银行补上了一块重要的短板——具备了海外做离岸业务的能力。永隆银行成为招行走出去的重要平台。

全球银行并购案中70%是失败的，而招行的收购能够成功，不但在于收购方案的慎重设计，还在于收购后的合理经营。以前收购失败的主要原因是整合失败，而整合的关键是文化。所以，招行选择了永隆银行作为收购对象。永隆银行在香港，兼收西方文化和东方文化，没有文化的严重冲突。而且，马蔚华还敏锐地看到，一旦被收购，永隆银行的弱点会变成发展的优势。比如它是港资银行没有内地网点，招行内地有很多延伸的渠道；永隆银行是一家比较保守的银行，没有多少新客户，被招行收购以后就不一样了。更重要的，招行为永隆银行设计了一个新的增长空间，不是让其在香港市场抢业务，而是谋求其在跨境业务上的发展，比如"内保外贷""外保内贷"。所以，这次收购被英国《金融时报》评价为"不具备可复制性"的收购案例。

在马蔚华看来，永隆银行的收购不仅带来实实在在的经济效益，而且带来无形的价值，即完全市场化环境下的竞争经验以及混业经营的做法。

"中国加入世贸组织后，300多家国外银行机构进入中国，使国内银行不走出去也处于一个国际化的环境之中。国内银行业游戏规则、监管条例都趋向国际化。国际化不仅仅是在境外设几个网点，搞几笔业务，最重要的是管理。国际化很重要的一个内涵是管理国际化。中国的银行缺的不是制度方法，更不是产品服务，而是一个先进的理念。"

在实践中，招行积极借鉴国际先进的管理方法与手段，推广使用了管理会计、管理驾驶舱等精细管理工具，引进开发了现代商业银行管理信息系统430余个，建立健全了覆盖各业务、各岗位、各环节的制度体系，在管理变革和管理国际化的道路上坚持不懈。

打造"零售之王"

很长一段时期，中国银行业存在一个普遍现象：间接融资占社会融资总量的90%以上，银行都以批发业务为主，客户几乎都是大企业，零售业务基本没有，中小企业无人问津，利差收入占银行收入的90%以上。

这种现象要不要改变？会不会改变？马蔚华在银行业率先思考这个问题。在深入研究世界金融发展趋势后，马蔚华认为，中国银行业的未来必然重视零售业务，零售业务是趋势。

银行零售业务，主要指商业银行以自然人或家庭及小企业为服务对象，提供存款、融资、委托理财、有价证券交易、代理服务、委托咨询等各类金融服务。事实证明，零售业务是商业银行开辟新市场、新领域、新经营方式的主要工具。随着电子银行互联网的出现，零售有无限现实空间。

“不做对公业务，今天没饭吃；但不做零售业务，明天没饭吃，或永远没饭吃。”基于马蔚华的这一判断，招行果断出击零售业务，决定走出一条差异化竞争之路。

这个决定，在招行内部引起震动。一位负责零售业务的分管领导，初次出击零售业务，设定考核指标让员工去代销保险，遭到基层普遍反对。“做成一笔企业贷款上千万元的利息就拿回来了，到处求人买一份保险挣不到几百元，做这个到底图什么？”这是他们想不通的地方。这位领导只好召集各地支行行长做动员说，一时挣不挣钱不是最重要的，重要的是从现在开始培养这个能力。

为推进这次转型，马蔚华下了很大的决心。招行管理层提出了“三级会议制度”。如果有分行不愿意做零售业务，先由总行零售部门负责人约谈，说不通接着让分管零售的副行长约谈，再不通就由马蔚华亲自约谈。马蔚华约谈，意味着什么，员工心里明白。这一强硬态度，让各分支机构负责人意识到，总行在发展零售业务这一战略上不会动摇。

当时，招行并不像国有大行有开展零售业务的硬件优势。招行比什么？比服务。

“银行是什么？银行是个服务型机构，要想在客户那里建立信用，首先要叫他喜欢你，这一点招行做到了。我们是在中国最早推出人性化服务的，那时候大银行还普遍存在‘门难进、脸难看、事难办’的现象。”马蔚华开启了银行的服务化之变。

于是，在招行出现了各种之前没看到过的事情。之前，去大银行办业务，长时间排队是常事，动不动就是一两个小时，耗时间不说，还累得人腰酸腿疼，招商银行率先使用叫号系统，顾客可以选择坐等叫号，也可以选择根据号位安排自己的时间；大银行在法定休息时间不营业，而招行选择休息日也营业，大大方便了顾客；招行还首创给客户发放礼品，这在之前是不敢想的事，所以招行沈阳分行给顾客发放牛奶的时候，在当地引起轰动，顾客感慨还有这么好的事！

很快，信用卡业务被马蔚华提上日程。1999年，中国人民银行下发了《银行卡业务管理办法》，为中国的银行开展信用卡业务开了绿灯。

招行打造了一卡通、一网通。随着一卡通客户群体的逐步扩大，招行在2002年推出了国内首个面向高端客户的理财产品——金葵花理财。

而信用卡无疑是招行的另一个创举。2002年年底，招行正式发行国内首张国际标准双币信用卡，开启了我国居民信用卡消费新时代。招行之前曾在深圳发行过2000张信用卡，但不久后就停止了。一方面，国人当时还不习惯欠钱消费，信用卡推广慢；另一方面，银行本身也在犹豫，当时刷卡商店少，个人资信体系空白，一旦恶意刷卡欠钱不还，几乎没有办法制裁。

但在国外，信用卡业务利润丰厚。到底要不要推广信用卡业务？招行请来IBM金融顾问授课，该顾问提到：只要大多数持卡人是值得信赖的，风险敞口可控；允许一定空间的欺诈和违约，只要为此获得的利率增幅能够覆盖坏账损失，就是一门可行的业务。马蔚华受到启发，决定推广信用卡业务。

恰逢其时，花旗银行主席桑迪·威尔在北京国际俱乐部宴请马蔚华，要和招行信用卡合作。马蔚华开始受宠若惊，因为他加入招行时读的第一本书就是《花旗帝国》，桑迪·威尔是他的偶象。但后来一想，不能合作，原因一是花旗信用卡后台在新加坡，招行只是发卡工具；二是即使合作成功，国人也会说“因为花旗银行”，招行要的是自己的品牌。于是婉拒了桑迪·威尔。

后来，在当年的海峡金融研讨会上，马蔚华认识了台湾中国信托商业银行董事长辜仲谅。当马蔚华提出合作的要求后，对方表现出浓厚的兴趣。一番商谈，合作达成，董事长亲自拍板，在中国做真正的信用卡。

信用卡首发仪式在北京举行。马蔚华在由深圳飞往北京的途中，因为大雾，飞机迫降太原，他连夜坐火车赶赴北京，在火车上不幸腿又受伤了，但他不能错过这样一个重要时刻。

第一年，招行发行信用卡 60 万张，刷新 VISA 在亚太地区的纪录。3 年时间，发卡量突破 3000 万张。2006 年，招行信用卡占据国内 1/3 的份额，单卡月均消费 1560 元，接近美国水平，不良率 1%。原本估计 8 年盈利的项目，仅仅 4 年后就开始产生可观的利润。之后招行信用卡依靠产品创新、服务升级，不断刷新持卡人的用卡体验，成为了信用卡行业的领导品牌。马蔚华决策的前瞻性，再一次得到证明。

再后来，国内首个个人财富管理的金融产品——财富账户，拓展金葵花高端客户群和金卡中端客户群的第一张白金信用卡，瞄准中国高净值人士和富豪阶层的私人银行，在招行相继登场。

从 2004 年开始的优化业务结构、大力发展零售业务、中小企业业务和中间业务，是招商银行的第一次转型。实践来看，这次转型获得巨大成功，截至 2008 年，招行资产规模突破 1.5 万亿元，存款余额、贷款余额平均年化增长率超过 30%，市值突破 3000 亿元，成为规模仅次于四大国有银行的股份制商业银行。其中，零售业务已占整个业务的 35%，中小企业业务占整个业务的 50%，中间收入占整个收入的 22% 左右。这一切奠定了招商银行成为“零售之王”的基础。

到了 2009 年，招行“一次转型”带来的强劲增长势头开始减速。当年银行净利润为 182.35 亿元，同比下降 13.48%，利润负增长在历史上是绝无仅有的，而这也触发了马蔚华再一次的思考。

“在中国经济可能出现波动、利率市场化在即、互联网金融方兴未艾的大背景下，特别是在监管对资本要求越来越高之际，招行不得不全面提升自我。”马蔚华说。

2010 年，招行开始实施二次转型。“二次转型的战略构想，即在继续推进一次转型的基础上，加快转变经营方式，真正走集约化经营的道路。二次转型的任务是要彻底颠覆过去那种高资本消耗、高成本投入、靠低定价降低风险的外延粗放型经营模式，以持续稳定地提高股本回报和银行价值。为此，招行以降低资本消耗、提高贷款定价、控制财务成本、增加价值客户和确保风险可控为主要目标，着力采取改进绩效考核体系、强化经济资本管理、提升贷款定价能力、降低成本费用开支和完善组织管理体制等举措，走一条较低资本消耗、较高经营效益的发展新路子。”马蔚华接受媒体采访时说。

事后社会评价，二次转型不是简单的业务发展方式的转变，其实质是一场管理的革命，通过精细化管理把“外延粗放型”发展道路转向“内涵集约型”。

截至2012年末，招行小微贷款的增幅和增量均跃居同业第一。年报显示，2012年，招行小微企业贷款余额为1771.39亿元，较年初增长104.91%，小微企业贷款占零售贷款比重达到26.36%，较年初提高10.84个百分点。同时，零售客户总数超过5000万户，其中金葵花以上客户超过91万户。而私人银行客户则超过1.95万户，连续5年保持高速增长，户均资产2224万元，二次转型初见成效。

两次转型成功，招行步入了效益、质量、规模协调发展的良性轨道，在资本消耗较少、资产增幅较低、风险不断降低的情况下，实现了利润的大幅增长，成为中国境内盈利能力最强、经营风险最低、剔除风险后资本回报率最高的银行之一，因此被境内外投资者视为国内最具成长性的银行。

“马氏烙印”

“人生峥嵘几度秋，岁月悠悠情长留”，2013 年 5 月，马蔚华以一封情真意切的信，告别了招行全体员工，卸任行长。

马蔚华在招行 15 年，净利润增长年均超过 40%，不良率只有 6‰，总资产翻了 40 多倍。招行由于高速成长被国际金融界公认为创造了从一个小银行成长为大银行的发展奇迹。

招行无疑被打上了明显的“马氏烙印”。招行迅速发展，很大原因在于战略上的成功。“所谓战略，就是比别人早看三五年，积极适应经营环境变化，比别人早一点、快一点、好一点。”马蔚华的前瞻性眼光让招行获得很多市场的发展先机。

从零售银行的转型、信用卡的首发，到美国纽约分行开设、永隆银行的收购，再到节支降耗的成功转型，每一次都主动求变，都给银行业树立了榜样、开拓了新路。马蔚华带领下的招行，俨然已经成为整个中国银行业改革的风向标。

马蔚华对招行的文化也有重要的影响。招行的文化是“向日葵文化”，把客户比作太阳，“更无柳絮因风起，惟有葵花向日倾”，招行永远以客户为中心。“因您而变”的口号，就是招行文化的提炼。要知道，在马蔚华提出这些理念时，整个行业的服务意识较为淡薄，员工都以“铁饭碗”的姿态自居。招行的做法开行业之先，不但需要远见，更需勇气和魄力。

招行的每一次变革，都是从业务模式到管理体制的创新，但根本上是理念创新。创新是招行的文化基因。马蔚华很喜欢一副对联：鸟在笼中，关羽不能张飞；人处世上，八戒还须悟空。第一句含意，指不能束缚自己，必须不断寻求自我突破；第二句，则意指光有制度不行，还得有先进的文化。马蔚华说：“不创新连活下来都难，更无法参与竞争。”招行创新文化的基因缘于招行是第一家完全由企业法人持股的银行。

马蔚华卸任，意味着招行一个时代的结束。他留下的招行，无论企业规模、资产质量、盈利能力还是品牌美誉度，都成为业内标杆。

尽管马蔚华在对员工的信中说，“招行的辉煌与荣耀，决不是我个人的能力与作用有多大，而是 26 年来全行上下共同奋斗的结果”，但谁也不能否认，马蔚华对招行功不可没。一声“马行长”，道出了大家心里的敬意。

2012 年 9 月的一次股东大会上，招行董事长傅育宁说：“蔚华是一位非常优秀的商业银行行长，招行取得的进步与他个人的贡献、个人魅力都有很大的关系，他也赢得了众多投资人的信任和拥护。马行长非常有经验，对招商银行又熟悉，对中国经济的把握也有独特之处，在这一点上他的作用还将得到继续发挥。”

但马蔚华对自己的评价只是“及格”。

做公益比做银行更难

马蔚华一告别招商银行，各种商业邀请纷至沓来。时任壹基金执行理事长的王石和壹基金的创始人李连杰，共同向马蔚华发出邀请。

马蔚华早有意做公益慈善。在招行时，他就十分热心公益事业，给公益事业很大的支持。所以，在众多的邀请中，他选择了壹基金。

壹基金选择马蔚华，是想基金会有新的发展；而马蔚华选择壹基金，也想在新的领域有新的尝试。所以，壹基金的马蔚华时代，注定要走和之前不一样的道路。“像我当时办招行那样办壹基金，或许能走出一条比较好的路子来。”马蔚华说。

“我要做一件事，肯定是倾注全力，肯定一丝不苟地把它做好。”2014 年全国“两会”刚刚结束，马蔚华专门在北京宴请公益界资深人士，征求公益管理的意见。当然，马蔚华没用壹基金一分钱。他给自己定下一条原则，不会在自己身上花壹基金的一分钱。

马蔚华首先给壹基金带来了三个变化。

一是强化服务。马蔚华认为，每一个捐款人，哪怕是捐一角钱、一元钱的人，都是壹基金的主人。像银行业务一样，他们都是客户，都是“上帝”，都要服务好，让他们有权或能够知道捐的钱用到哪儿去了。捐款人有主人感，才能提高壹基金的公信力。“‘因您而变’这个理念，实现了从以产品为中心到以客户为中心的转变。壹基金也要开创这样的进程。我们要把每个人都当成客户经理，把捐款人当成客户。我们必须因他们而变，用心唤起人们的公益之心，用心做好捐款人的服务工作，让他们感受到即使捐一角钱也能知道用在何处。”

在马蔚华的推动下，壹基金按照商业银行的客户服务体系，建立了捐款人的服务体系。有的客户经理专门管理航空公司的捐赠，有的客户经理专门管理银行信用卡的捐赠，有的客户经理专门管理支付宝募捐。对受助方也实行客户经理制，负责与 NGO 一道，用好善款，用出效益。

二是制定战略。“企业都有一个发展战略，壹基金也应该有一个比较远的理想和中长期战略。”马蔚华一上任，立即向壹基金的理事会和秘书处抛出了制定中长期战略的布局，要把“人人公益，尽我所能”的愿景，落实到战略目标和措施上。

制定战略非常慎重，不是某个人意志的体现，而要集思广益。在壹基金内部，马蔚华就他所期待的战略谈了两次，接下来则是内部全员参与讨论，让每一位员工增加对战略的认同感。经过讨论，壹基金接下来 3 年的工作重点，从之前的聚焦灾害救助、儿童关怀和公益支持，调整为聚焦灾害救助。

三是完善制度。在研究了西方尤其是美国的基金会管理制度后，马蔚华发现，利用现代企业制度管理基金会，是重要的倾向。所以，他以企业家的思维方式、管理理念，在壹基金建立了理事会领导下的秘书长负责制，像董事会领导下的 CEO 负责制一样，是一个高效的决策机制和执行力量。

要实现人人公益，社会的信任很重要，这要求建立一个充分透明的财务制度。马蔚华提出，要像上市公司一样建立信息披露平台，加强内、外部的审计监督，“要大胆实践，搞财务的，经过 3 年，写一本书，就是中国公益慈善的会计准则；搞审计的，写一本书，就是中国公益慈善的审计准则”。

基金会的运作不断走向高效和规范。但马蔚华也发现，做公益比做银行更难。

在和工作人员聊天时，马蔚华得知，他们普遍素质高，有的毕业于哥伦比亚大学，有的毕业于伦敦政治经济学院，有的在国际慈善机构工作过，有的在慈善行业工作了许多年，对慈善事业充满热情。但是，他们的收入却不高。在一次雅安灾后重建考察中，马蔚华见到了壹基金的两位员工。两个女孩皆毕业于名校，放弃了条件更好的工作加入壹基金，她们的月收入只有 2000 元 ~3000 元。

马蔚华深受感动，觉得应该为员工做点什么。那年春节，他自掏腰包，给工作人员发放红包。但一个红包显然不能解决员工福利问题，要让员工在工作中获得相应回报，还得着眼长远。于是，在马蔚华的推动下，壹基金建立了一套绩效考核体制，包括薪酬的激励和约束，以此来调动积极性，避免吃大锅饭。在马蔚华看来，提高工作效率即可提高收入水平。

公益事业也常受到公众的误解。雅安地震一周年之际，壹基金对外发布了雅安地震善款使用报告：2013 年壹基金共接收雅安地震捐款及赈灾物资总价值约 3.85 亿元，截至 2014 年 3 月 31 日，共发生捐赠支出约 4907 万元。报告一发出，立即有人提出质疑：《基金会管理条例》规定，公募基金会每年用于从事章程规定的公益事业支出，不得低于上一年总收入的 70%。壹基金支出只有 4907 万元，还有 3.36 亿元的善款去哪里了？这个质疑一提出，立刻形成热点，舆论口诛笔伐，甚至直指贪污之嫌。但真相是，壹基金根据雅安市政府制定的 5 年重建期，对善款制订了为期 5 年的使用计划，既合情理，也符合民政部规定。

马蔚华没有纠缠于口水官司，而是反思自己传播工作没做到位。事实上，他早就意识到，由于公益事业在中国还很年轻，还没有获得普遍的关注和参与，要花很大的精力进行理念和文化的传播，推动公益氛围的形成。

马蔚华早把自己变成了一个宣传员，在演讲中、课堂上、媒体采访时，不厌其烦地宣讲着公益的相关概念和精神。但是，一开始回应却并不符合预期。2014 年全国“两会”期间，马蔚华计划利用这一机会，好好做一次公益宣传。可是，媒体问到的却多是关于支付宝、余额宝等的金融问题，对公益明显没有多大兴趣。他在联组会、政协大组上做了精心准备的公益慈善主题演讲，很少有媒体报道，大家还是感兴趣他对金融与经济的看法。这更让马蔚华认识到，中国的公益事业任重而道远。

但是，马蔚华也更加坚定了信念。为了公益事业，走到哪里就宣传到哪里。

探索公益新路

为公益事业，马蔚华一直在宣传，也一直思考下一步如何发展？新的路径在哪里？

在哥伦比亚大学做访问学者时，马蔚华发现，近年来国际公益事业发展出现了“公益＋金融”新趋势——在公益的发展中引入金融的思维方式，用金融的商业模式促进公益的创新。马蔚华觉得这是中国公益事业的突破口。通过进一步思考、总结，他成熟了公益金融的理念。在宣传中，他反复解释这一理念的内涵与外延，并且以实际行动推动其发展——开办相关课程，构建知识体系，带队出国考察，筹办主题论坛……

他也不断向政府呼吁，希望完善相关制度。2017 年的全国“两会”上，马蔚华递交了一份《关于完善慈善信托配套政策，推动慈善信托健康发展的提案》，建议有关部门尽快放松对慈善组织设立信托账户的限制。因为 2016 年 9 月 1 日出台的慈善法虽然规定公益组织和信托公司都可作为慈善信托受托人，但现实中公益组织很难获准在银行开设信托账户，也就无法真正履行受托人的职责。

不知还觉中，马蔚华又做了一次先行者，即公益金融先行者。

公益金融中，马蔚华特别推崇影响力投资。传统公益只是捐款，这是中华民族的美德，但实践中，这样的公益很难持续下去。影响力投资就是解决公益的可持续发展问题，就是用公益的理念、商业的模式、金融的手段来解决社会问题。“所有的社会问题，当变成有利可图的商业机会时，才能根本解决”，经济学家德鲁克这一句话，是影响力投资的形象说明。

马蔚华解释说：“我们每一笔投资，它不是捐赠，它有正面的财务效应，可以高于或等于平均利润率，也可以低于社会平均利润率，但它同时必须有可量化的社会影响力。我们把社会影响力用联合国 17 个指标 SDG 来表示，是对资本的逐利性进行引导，发挥资本推动生产力发展、促使社会财富增加的正向作用，同时对不当逐利所带来的贫富差距、环境污染等一系列社会问题进行控制。”

“影响力投资也符合中国五大理念，即创新、协调、绿色、开放、共享。我认为，影响力投资既是金融的创新、投资的创新，更是公益的创新。”

马蔚华举例说：“浙江有个绿康养老，过去是民非企业，有 500 张床，因为没钱，经营上出现困难。后来有个上海影响力投资机构叫禹闳资本，投入 3 年变成 1 万张床，而且成为亚洲最大的失能半失能的养老机构，经济效益上有 20% 的回报率。”

影响力投资的本质是资本向善，即投资行为不只是追求经济效益，也要追求社会效益。当投资行为以社会效益为目标时，就会产生正面的外部效应，对市场秩序、消费者权益、社会风尚都会产生积极的作用。一个个向善的投资行为，汇成社会洪流，让整个社会向绿色、和谐、文明的方向发展，这是社会的福祉所在，会引导社会向上。

“我们非常高兴地看到，过去说商业是一心掉在钱眼儿里，我认为现在越来越不是这样。金融危机以后，第一个确认影响力投资的就是摩根大通，杰米·戴蒙把影响力投资和贷款投资一样列入金融的概念。高盛为了做影响力投资，花 100 亿美元收购一个做影响力投资的公司。我去过美国很多学校，也接触了很多中国的大学生，他们这些千禧一代对社会责任的认识令人可敬。投资成为一种向善的力量是有基础的。”马蔚华对影响力投资的未来非常乐观。

整个社会向上了，社会也就获得了可持续发展的基础。可持续发展是一个世界课题，该概念 1987 年由以挪威首相布伦特夫人为首的世界环境与发展委员会（WCED）在其著名的《我们共同的未来》一书中提出，得到了国际社会的广泛认同和响应。

马蔚华关注社会责任投资，从根本上说，是关注社会的可持续发展。在“2020《财经》可持续发展高峰论坛”上，马蔚华发表了“坚持可持续发展，推动新商业文明”的演讲。马蔚华表示，可持续发展是经济、环境、社会协调统一的发展，这要求我们既要追求经济效益，又要努力实现环境和社会价值；不只要实现股东利益最大化，更要关心环境、社会效益的最大化；不仅要为社会提供好的产品和服务，还要尽自己的努力，让这个世界更美好。这既是一个新的发展理念，也是一种新的商业文明的体现。

在推动社会可持续发展上，马蔚华一直在率先垂范。

任职中企会，仍在开创路上

2018 年 12 月，马蔚华又获一个新的职务——中企会企业家俱乐部主席。

中企会企业家俱乐部简称中企会，是由知名企业家、经济学家、管理专家及其他社会各界名流共同搭建的一个综合性资源整合服务平台，提供招商服务、融资服务、会展服务、国际商务服务和产业服务等多元化服务，旗下拥有中企会投资集团、中企会上市公司俱乐部、中企会科技、中企会基金、平安金石基金等全资子公司，拥有会员企业 6000 多家，泛合作企业 8000 多家，辐射范围企业近 10 万家，会员企业总资产合计超过 10 万亿元。

2018 年 12 月的第六届中国企业家发展年会上，马蔚华正式出任中企会主席。马蔚华在会上说，他喜欢企业家群体，作为企业家的一员，能够跟中企会几千名企业家一起发扬企业家精神，在未来的征途中继续创新求进，他感到荣幸。

在这次讲话中，马蔚华仍突出创新。“这个世界在变化，充满了不确定性，‘黑天鹅’‘灰犀牛’随时可能出现，作为企业家一定要因势而变，炼就应变能力，适应形势的变化。创新是企业家精神的本质，我们所有成功的企业家都是靠创新、进取、探索造就了自己的企业，成就了中国的今天。所以，我们要发扬企业家精神，就是要不断地创新，不懈地创新，不怕失败继续前行，这是中国的希望所在。”

任职中企会不久，马蔚华提出总体发展目标——打造高端的企业家教育培训平台。2017 年 9 月，《中共中央国务院关于营造企业家健康成长环境、弘扬优秀企业家精神、更好发挥企业家作用的意见》指出，要加强企业家教育培训，以强化忠诚意识、拓展世界眼光、提高战略思维、增强创新精神、锻造优秀品行为重点，加快建立健全企业家培训体系，全面增强企业家发现机会、整合资源、创造价值、回馈社会的能力。新时代的经济发展，需要具有新型品质的企业家，马蔚华把企业家的教育培训作为抓手，推动企业的转型升级和高质量发展，无疑又是一次先行尝试。

马蔚华相信，在新的平台，通过所有会员企业的共同努力，一定会有新的建树。“但是，距离我们目标的实现，还有很长的路要走。习主席讲过，我们已经走过千山万水，但是我们面前还有很多急流险滩，我们还有很长的路。这句话用在中企会身上再合适不过。中企会的企业家，需要继续发扬开拓创新的企业家精神，为民营经济的再次辉煌，为中国经济高质量发展和世界可持续发展不断进取。”马蔚华的这句话，既是自励，也是共勉。

在马蔚华的讲话中，我们读出了他的又一个远景目标，读出了他的坚定决心，读出了他的事业热情。无论是在金融领域，还是在社会公益领域，马蔚华都谋在他人之先，走在他人之前，不断开拓新局面，取得了令人瞩目的成就。在企业服务这个全新的领域，马蔚华又将开创出怎样的新天地，我们充满期待。

储吉旺*：西林之子如意心

沙志亮

他是一个文人。不仅有着“中国作家协会会员”的头衔，还有着北京大学硕士研究生校外导师的名号，先后著有《我与外商打交道》《商旅风云》《风雨四十年》等多部作品，并在2013年携手《文学港》杂志社设立永久性“储吉旺文学奖”，捐赠基金达1000万元。

他是一名商人。自下海创业以来，带领公司坐上国际搬运车业头把交椅，成为世界工业车辆制造业巨头，产品销往156个国家和地区。

他更是一位慈善家，认为慈善是快乐的事业。基于此，他先后捐款达1.5亿元，占其总资产的1/4，先后获得“中华慈善奖”和“中华慈善突出贡献（个人）奖”，还是浙江省和宁波市的“慈善楷模”。

他就是中国工业车辆“终身贡献奖”获得者、全国优秀退伍军人、六次跟随习近平主席出访的宁波如意股份有限公司董事长储吉旺。

* 储吉旺：宁波如意股份有限公司董事长，中华慈善奖获得者。

求学路·从军路·就业路

在宁海东部有个当地海拔最高、最大的山脉叫茶山。茶山西麓的小溪旁，有一个叫西林的小村庄。那里曾是一片荒野，一条小山沟，当地百姓一代代开山种地，用自己的双手和汗水建造起真正属于自己赖以栖息的家园。

这个位于宁海县茶院乡的小山村，原名叫西淩，后来改作了西林。1942 年 12 月 3 日，唐代著名诗人储光羲第 43 世后裔储吉旺就出生在这里。

童年的小吉旺是幸福的。他被家族的亲情浓浓地包裹着，像泡在蜜水里。那时候，小吉旺最高兴、最感兴趣的是到茶院看戏。锣鼓响了，琴声起了，好动爱玩的小吉旺便爬到台柱子旁边的木雕狮子上。因为，那里看得清演员的表演，虽看不懂戏剧内容，他还是如痴如醉。那些激昂的锣鼓、帮腔，至今仍回响在他的脑海里。太阳从东边山头升上来，又从西边山谷落下去，日复一日，年复一年，小吉旺慢慢长大了。长大在父母双亲温暖的怀抱里。

解放后的第 3 年，小吉旺 10 岁。那一年，他走进了西林村 4 里路外的铜岭脚小学。储吉旺的父母不识字，却知道读书的重要性。他们深知，不识字就要受人家的欺侮，就会吃苦一辈子。父亲劝他入学说："一个人不读书，就是一头牛啊！"父亲用这样的话告诫儿子，激励儿子，斩钉截铁，毫不含糊。

父亲的鞭策，成了储吉旺用功读书的动力。他在心里对自己说，一定要读好书，可不能去做一头牛啊。

初小四年，时光就像门前那清凌凌的溪水，很快就流走了。储吉旺的书读得很认真，学习成绩很好。他考进了茶院中心小学，开始读高小。他的人生翻开了新的一页。

从铜岭脚小学到茶院中心小学，储吉旺的视野忽然被打开了。在这里，他常常用孙敬悬梁、苏秦刺骨、匡衡照壁偷光等勤学故事来激励自己。

家里没有油灯，是用油柴树、竹白、麻秆当灯点的。点完了，他就干脆坐到月光下背书……

夏天，山里蚊子实在多，干扰他读书。于是他想了一个办法，让母亲拿来两只空酒埕，将一双小脚插在酒埕里，这样的办法还挺灵，蚊子再也咬不到他的双脚了……

星期天，他是不会休息的。作业虽已完成，但家里农活多，正等着他去干。已经十四五岁的他，除了犁田外，其他的农活基本都干遍了。

两年的时光，又像流水一样过去了。储吉旺取得了优异的成绩，高小毕业了。这在当时，算是当地有文化的人了。

那年，正值他家新楼屋落成，父亲为庆贺，也有意考一考储吉旺和上初中的哥哥储根生，于是让二人写两句话。谁知，根生嗫嚅着说：“这个……我不会……”

父亲不高兴了，沉下脸色：“你是初中生，书都白念了？”

不能让父亲失望。这时，储吉旺不知哪里来的勇气说：“我来写！”

只见他提起笔，蘸了墨汁，站直身体在车门两旁的墙柱上，歪歪斜斜地写了两句话：互助石成玉，合作土变金。

写得好！立刻召来众人的称赞。有文化的舅舅说：“写得好，内容好，字也好，吉旺有才。石能成玉，土能变金，很符合刚刚开过的合作社会议的精神。”

一时间，储吉旺成了西林村有文化的人。父亲高兴，母亲高兴，全家人都高兴。

小学读书，是人生的起步。储吉旺心里想的是，父亲让读好书，不能做一头牛，自己再也不是牛了……

1957 年秋，储吉旺“中榜”了，考进了宁海县长街初级中学。那一年，他 16 岁。

录取通知书是茶院中心小学的鲍老师送来的，那是一种何等的荣耀！储吉旺知道，中榜，就意味着优人一等，就是出人头地。也许，从那时起，这已经在储吉旺心里深深扎根了。诚然，这也成为了储吉旺最初甚至毕生的原动力。

长街初级中学是一所新办的学校，建于 1956 年 9 月，当时又称宁海县第三初级中学，学校离西林村有 60 里路程。

60 里路程，对于一个 16 岁的孩子来说，不能不说有点远。清晨从家里出发，到长街已是红日当空的午饭时分了。何况，储吉旺身上还挑着行李、书本。他在学校寄宿，一周回一次家，粮食要带足。

那是一个特殊的年代。初中三年，本是十几岁的青年学生长身体、长知识的最好时光，而储吉旺和他的同学们却花了太多时间在劳动生产上。特殊的年代特殊的经历，就这样鲜明地留在了那一代学生的脑海里。后来，储吉旺曾撰文写道：

“我们成天劳动，把学习、读书全忘了。中学语文，尤其是古文部分大量删除，不读了。数理化的学习也很少。从此，我们的学校教育质量每况愈下，我的学习成绩也节节降下来。可是我政治上却十分长进，由于我不怕劳动，能劳动，时时受表扬，并且第一批加入共产主义青年团。奖状每学期都有，每年全校开大会，我总上台讲话、受奖。”

也许是劳动累了，储吉旺每逢闲暇时机都会找来一些唐诗宋词阅读。也就是从那时起，他对文学产生了浓厚的兴趣。储吉旺爱记日记的习惯，也是从那时养成的。这个习惯，伴随了他一辈子。日记中也有他的诗作。那时候，他还不懂写诗，尤其是格律诗，只是觉得喜欢，便依样画瓢，四句八字，写了出来，记在本子上。时间一长，他就慢慢掌握了韵律，这是写这一类诗的最基本功夫。虽然还不懂得对仗和平仄，但这已让他感到很满足。看着一行行稚嫩的诗句，常使他的心如小鹿乱撞。多么美好，多么幸福，他常常陶醉在自己诗歌的天地里，神游八极。

三年的初中生活，转眼即逝。虽说这三年的时光大都是在劳动生产中度过，但这并没影响到储吉旺继续升学。他的学习成绩仍然是最好的。

1960 年 8 月，他考进了宁海中学。去宁海读书，对储吉旺来说，无疑是人生道路上的一个里程碑。因为，他终于从山村、乡镇走到了县城。

宁海中学是当时宁海县的最高学府，不但格局宽敞、设施齐全、环境舒适，而且还集中了一大批威信高，文理俱全，具有真才实学的优秀教师。可谓群星闪耀，储吉旺为此感到十分欣慰。

然而，现状却不尽如人意。从 1960 年下半年开始，国家经济陷入最困难时期，要想静下心来好好读点书比较困难。

首先是吃不饱肚子。二十来岁正是长身体的时候，但每个月 27 斤的粮食定量怎么能支撑正在生长拔节的身体？而且大米也不能全部供应，必须掺和着吃一些乌糯粉、番薯根甚至是糠之类的东西。

储吉旺从来都不舍得到食堂去买菜。下饭的菜大多是从家里带来的炒盐。从长街初级中学到宁海中学，他从家里带来一瓶又一瓶的炒芝麻盐、炒黄豆盐作为小菜。课余时间，肚子饿，就想到那几颗喷香的黄豆。每每这时，他总是将瓶子摇了又摇，这样，炒盐就会沉到瓶底，黄豆便会翻到上面，倒出来正好当零食吃。吃到后来，瓶子里只剩下炒盐了。那就只好以光盐下饭了。

那年月，不少学生为能多学点东西，都在悄悄地勤工俭学。储吉旺也不例外。

那年月，储吉旺的学业也出现了偏科。他喜欢语文，讨厌数理化。储吉旺说，到了高中，数理化越来越深奥，那些立方、开方、求证、演算，以及物理、化学里的各种定义、推理、符号等，搞得他整天头昏脑涨。不像语文，仿佛前世和他约定好似的，无论古诗、古文、记叙文、议论文，还是是阅读、背诵、写作，他都如鱼得水，如鸟入林，自由往来，信马由缰。

凭借着这么一点点的文学功底，储吉旺便当上了首届宁海中学“柔石文学社”社长。当时，储吉旺的积极性很高，他很珍惜这份荣誉，同时也感到了责任的重大。平日里，除去负责召集大家，做好联络工作外，储吉旺便把精力放在了写作上。

《新祥林嫂》是储吉旺作为柔石文学社社长创作的小说作品。小说的原始素材是发生在西林村的真实故事，是储吉旺在农村亲眼看到的真实一幕。当时，他非常愤怒，并告诉家人一定要把它写出来。作品明显是受了鲁迅先生的小说《祥林嫂》的影响，对中国农村妇女寄予了深深的同情。小说内容说的是农村有一位贫穷的老大妈，遭受儿媳妇的虐待，常常吃不饱肚子。一次，儿媳妇不在，她饿极了，便拿了一块番薯放在灶膛里煨，煨熟了偷偷吃。没想到，却被儿媳妇看到了。儿媳妇怒不可遏，夺过滚烫的番薯，猛地涂在她的脸上。顷刻间老大妈的脸上被烫出了很多水疱，痛得放声大喊……

储吉旺终于把埋藏在心里多年的一幕写了出来。这篇作品在他心中蕴藏了多年，也让他构思了多年，难怪指导老师会给他 99 分的高分。

得到指导老师的认可，储吉旺高兴极了。他的作家梦越来越强烈了。若干年后，他的著作《风雨四十年》一书，由新华出版社出版发行。新华社的沈国亮老师在序言中写道："我有时想，储吉旺要是不下海办厂，或许能成为一名作家……"而事实告诉我们，即便他经商办企业，也没有忘了这个作家梦。业余时间，他坚持写作，写了一部又一部的作品，且已成了中国作家协会的会员。他的作家梦早已圆了。

转眼间，三年的高中生活就要结束了。这时，摆在储吉旺面前有两条路：一是继续升学，考大学；二是入伍当兵。

如何抉择？那段时间，储吉旺处于两难境地。当兵入伍的念头已在心中扎根，可他受不了老师们殷切的期盼。师恩如海，储吉旺心里盘算起来，不能对不起老师们：先参加高考，考上就上大学，考不上再去参军。

正是因为有了这样的盘算，储吉旺洒脱地参加了高考。没有升学压力的储吉旺，自认为考得还不错，特别是语文和政治两门。接下来，就是填写志愿。这对储吉旺来说，不过就是走个形式罢了。第一志愿，他填的是南开大学，因为他酷爱文学；第二志愿，他填的是大连海运学院，因为他从小对大海有兴趣，况且他已准备去当兵了，填这个离愿望更近些……

等待录取通知书的日子，其心情是煎熬而复杂的。储吉旺自知，第一志愿是没有希望的，预测要录取也是第二志愿。

可第二志愿的录取通知书迟迟没有来。他心焦，他的家里人心焦，他的老师们更是心焦。

不能再等了，再等就会错过入伍时机了。

1963 年 8 月 23 日，等不下去的储吉旺，应征入伍穿上了心仪的军装，成了一名光荣的中国人民解放军战士。那一年，他 22 岁。

也许上天有意要和储吉旺开玩笑。刚到部队没几天，储吉旺家里就收到了大连海运学院寄来的录取通知书。

虽说错过了上大学的机会，但走进军旅却给储吉旺的人生增加了厚度。新兵集训结束后，储吉旺被分配到原南京军区后勤部船舶大队警卫通讯班。

一个时代有一个时代的潮流，那个时代的潮流是学习《毛泽东选集》。爱好读书学习的储吉旺，很快便引起了部队首长的注意。因为，他学习《毛泽东选集》的体会写了一篇又一篇，日记写了一本又一本。

那时，全军正在选拔学习毛主席著作的标兵，各级都在寻找典型。因此，储吉旺被挑选为原南京军区后勤部的典型。

大会介绍、小会交流，一直到了军区后勤部的万名军人大会上，让他介绍学习《毛泽东选集》的体会……

储吉旺一下子红了。不到一年，他就被评上“五好战士”，提升为上等兵。这让和他一起来的同乡战友们好生羡慕。

就在这时，组织上认为储吉旺有文化，值得培养，便让他到大队新接的 N112 交通艇上当舵手。所谓交通艇，实际上就是部队用的小型客船。上面装有一些枪炮设备，亦可用于战时。这艘交通艇是我国自行设计的，组装最为新颖，速度最为快捷，设施也最为舒适。

舵手是掌握交通艇方向盘的，犹如人之大脑。领受任务后，储吉旺就钻研起《航海指南》《航海学》等专业书籍来。因为，上艇前，艇员都要经过考核才能胜任工作岗位。那时，N112 交通艇上也安排了紧张的军事和理论学习，军训的任务很重，各部队都在大力推广郭兴福教学法，练一身过硬的军事本领。储吉旺和战友们也不例外，他们使用航海仪器，测量天体星座，计算沿海潮汐，熟记航道灯标，掌握驾驭技术，还有驾驭救生艇等，每一项，都要经过严格训练。

考核如期而至，储吉旺被评为二级技术能手。在大队会议上，他领到了技术能手证书、光荣证以及二级技术能手纪念章。这是储吉旺调到艇上后十分重要的荣誉。不久，他便当上了航海班班长。

当兵5年，让储吉旺始终不能忘怀的是，他曾多次给南京军区原司令员许世友上将开船。在N112交通艇上掌舵的4年间，他已记不清有过多少次与许司令员在一起，他深深记住了许司令员的音容笑貌。1985年10月22日，一代名将许世友因病逝世，储吉旺深深为之哀悼。之后，他一口气写成几万字的《我为许世友将军开过船》的回忆录，先后在《宁海报》《华东信息日报》上以连载形式全文发表。

1968年2月28日，储吉旺告别了5年的部队生涯，复员回到了宁海。5年来，他在部队培养的勇敢坚毅、吃苦耐劳等品质，直接影响着他日后的成长和发展。

回到家乡，他面对的是人生一个新的起点。寻找工作，是他的头等大事。他万万没有想到，寻找工作竟是如此艰难。他仿佛从谷顶摔到了谷底。

然而，他不甘心。

“只有人断路，没有路断人。”这是他祖母的话。此时此刻，他越发觉得祖母临终前说的话有道理。他认为，人活在世上，不怕眼前没有路好走！眼前的路有千万条，自己终究会走出一条属于自己的大路来！想到这里，储吉旺的心里平静了。

一个偶然的机会，储吉旺高中时期的语文老师王学渊对他说：“要不，你先去做老师吧，先解决眼前的困难再说。”

储吉旺并不乐意当老师，可是求业那么难，还有让他挑选的余地吗？眼前，他更需要一个暂时的栖身之所。

城西小学有个老师当时正患喉炎不能讲课。因此，有了一个教师的缺额。王学渊老师便推荐了储吉旺。

储吉旺的文学功底不错，便顶替那个老师担任五年级甲班的班主任和语文老师。

然而好景不长。就在储吉旺想大展身手之时，他看到一则消息，山东有两位教师向《人民日报》写信，建议公办教师下放家办，由大队、生产队打分，借以消灭差别。《人民日报》加了编者按，让大家来讨论。这是一个重要信号，储吉旺马上警觉起来了。

他要另谋生计了。再说，那位休病假的老师也康复了。

1968 年 11 月，储吉旺离开城西小学，进入宁海县家机二厂，时称县实验厂。储吉旺进了该厂，心情很好。他担任的是仓库保管员，后来又兼开票。

听说他要当仓库保管员，好多人都劝他说，保管员不好当。在他之前，有好几位保管员因为小偷小摸、贪污盗窃零件器材而被关押，有的还上吊自杀。面对好心人的劝说，储吉旺认为，这一些于他不是问题。

报到当天，刚进仓库，储吉旺心里就一凉，这哪是个仓库：黑洞洞的，光线阴暗，蜘蛛网飘下来，随时可以粘住你。满地的纸屑、垃圾、灰尘；再看那些堆着的材料，横七竖八，就像一个乱糟糟的杂货铺。各类工具、钻头、电器、成品、半成品，压在底下的都已发霉、生锈，放在上面的杂乱无章……

于是，他向厂领导提了三点建议：一是材料、产品、工具等细细清点，一概按实有的库存量移交；二是重新建账，实物记账，账物相符；三是建立严格的领发料制度，出入库都必须有严格的手续，采用大写三联单，以防涂改之嫌。

三条意见，条条在理，领导自然同意。从此，他下定决心，短短一个月，将几千种材料、零件、工具等整理出来，并把它们的名称、规格背得滚瓜烂熟。放在第几只橱，第几格，他都可随手拿取。即便停电，他也可摸黑取来。

全厂的职工领导服了，仓库变了一个样，储吉旺以自己的成绩赢得了全厂职工的好评。

1972 年 2 月，农机二厂党支部改选，储吉旺被选上了支部委员，负责政工宣传，并兼任团支部书记。走上领导岗位的储吉旺，开始忙碌起来。

1976 年 8 月，储吉旺被推选为农机二厂的代理书记，担任主要领导职务，主持工作。

1979 年，中国大地正在悄悄地发生着巨大的变化。党的十一届三中全会已经召开，邓小平登上了历史舞台。党中央做出决定，结束“以阶级斗争为纲”，把全党的重心转移到经济建设上来，震撼世界的中国改革开放新时期到来了。

储吉旺毕竟是个能人。熟知他的人都这么认为。这不，宁海县交通局长裘天邦瞄上他了。裘局长想让储吉旺担任县公共汽车站站长。因为，宁海县公共汽车站的事让他很是焦头烂额、束手无策。

该汽车站由原县搬运公司发展而来，主要业务是汽车运输，有货运，也有客运。集中着一批拉手拉车出身的“绿林好汉”，他们个个力气大、技术好、脾气犟、火气旺，稍有摩擦就拍桌打凳，拳脚相加。近年来，由于诸多原因，使企业陷入困境。

当裘局长第三次登门请求时，储吉旺提出三条要求，答应了就走马上任。一是人事（包括副职）以及班组长的任命由自己定，二是工资待遇由自己定，三是还要协调批一趟宁波的路线。

这三条要求，裘天邦都答应了，只要能改变车站的落后面貌。

储吉旺说，口说无凭，要县里行文。裘天邦说可以，就去找了县长和书记。

此时已是 1983 年的春天，改革之风已经吹得人心开始暖和了。储吉旺的这些要求，正是顺应了改革的潮流。

走马上任那天，是一个小雨稀疏的日子。那天，简易会场上坐满了全站 300 多名职工。一时间，烟雾弥漫，人声嘈杂。有的人把双脚搁在前排的凳子上，弄脏了别人的裤子，开始吵架；有的人把鞋子脱下来，放在桌子上当玩具似地敲；坐在第一排的用雨伞敲着讲台，弄得水珠四溅，一片狼藉。

这样的“欢迎会”，很是少有。

储吉旺实在按捺不住了。只见他“砰”的一拳砸在桌子上说：“你们要听就听，不听就走！”会场上倏地静了。没想到这一拳竟有这等威力。

接着，储吉旺说："这像开会吗？比乡里的农民还不如！我把话说清楚，想要工作的回去写申请报告，不写就没了。申请报告写来，我们要研究，经过讨论批准，重新上岗。上岗的，我保证你们都有饭吃，都有工资发。从明天开始，必须遵守上班时间，按时报到，完了，散会！"

众人愣了，仍坐着，好像话还没听完。众人没有想到，新来的"站长"也是一个火爆性子。

其实，储吉旺早已胸有成竹。除了统一班子认识，健全规章制度一些事外，当务之急是要把轮子动起来，让车子开出去。只有开通路线，广开财源，才能改变"公共汽车站"的局面。

曾几何时，一家穷得只能发生活费的企业，经过储吉旺大刀阔斧的整治，开始红火起来了。继而，又成了浙江省交通系统的先进典型单位。

涉商海·掘金矿·闯世界

1984 年的下半年，储吉旺经过反复考虑，决定"下海"，与朋友们一起办厂。

下海，意味着他的"铁饭碗"敲破了，不能再去公交站领那份丰厚的工资了。那时候他的月工资连奖金，已经有五六百元了。这在当时，是令人羡慕的。

他已经有几个月没有去领那份工资了，也没有把辞退的事报告给交通局，他怕局里挽留他。他认为，既然决心已下，就必须有壮士断腕的勇气，必须义无返顾、不惜一切。

1985 年 2 月 28 日，储吉旺和朋友合伙创办的"宁海县塑料九厂"正式挂牌。塑料行业在当时非常热门。许多家电都离不开塑料，以塑料代替金属，已成趋势。为什么叫"九厂"，因为宁海已经有了八家塑料厂，可见时兴，按次序，他们只能做"老九"。

"宁海县塑料九厂"就这样办起来了。开始牌子挂在县环卫管理所的旁边；后来，他们向县圃村租了三亩土地，用油毛毡搭成一个简易的新厂房，牌子挂到了小北门的田畈上。

田畈上原来是长稻谷的，现在要让它长出工厂。这就是如今已成气候的宁波如意股份有限公司的前身。

办厂之初，储吉旺向县环卫管理所借了 3 万元、向城关镇政府工业办公室借了 2 万元作为启动资金。5 万元钱能做什么用？搭个简易工棚，钱就差不多用光了。接下来，进设备、买原料都得花大把大把的钱。没有资金如何办厂？如何把机器运转起来？缺乏资金成了头等难题。

就在这时，储吉旺得到一个消息，北京有一家租赁有限公司，专门为企业放贷。于是，他决定北上。

第二年的春天，北京的 20 万元贷款终于打到了宁海县塑料九厂账面上。3 年借期，真是一场及时雨啊。这让濒临困境的企业又活了起来。

一天，储吉旺在《浙江日报》上读到一则消息：中国人口多，劳动力便宜，拓展外贸市场是中国企业的一条出路。对此，储吉旺深受启发。他认为，再走人家走过的路看来是没有出息的。

能不能走出一条别人没有走过的路呢？他在反思：塑料行业这条路实在太拥挤了，而且他也不懂行；开发外贸市场，或许是一条充满生机的大道。他决定，必须要敲开浙江省机械设备进出口公司的大门。

机会终于来了。美国钢链公司带来一个新样品，叫拉紧器，想通过浙江省机械设备进出口公司寻找生产厂家。

拉紧器是什么东西？当时国内还没听说过。但是欧美一些发达国家已经在使用了。它是一种打包捆扎用的连接部件，两头一扣，中间抽紧，既省力，又牢固，大多用于货车打包。

见储吉旺一天到头都盯在浙江省机械设备进出口公司的门口，业务员吴华便将此事告诉了他。储吉旺一听，心里立即活跃了起来，真如久旱遇甘霖一般愉悦。但是吴华却告诉他说，有 5 家企业竞争招标。

储吉旺和前来助阵的人一同研究了样品，认为此活可接。首次接这样的活，只要能保 30 元钱的本钱就行，总比没有业务好。这样，工厂就可以生存下去。

第二天招标时，最高的企业报了 56 元，一般的企业都在 45 元上下，有一家企业报了 32 元，储吉旺咬了咬牙，报了 30 元。

公平竞争，他获得了胜利。吴华说："我给你加 1 元，31 元，让你有一点利润。"就这样，他得到了办厂以来的第一笔外贸业务。

样品带回厂里，就像抱了一个金娃娃。储吉旺自是一番欣喜。但是厂里也出现了冷言冷语：塑料厂不做塑料咋改做铁了？31元，能有什么利润？设备、资金、技术力量呢？不亏本才怪！储吉旺面临极大的压力。

那是一个相当痛苦的过程。厂小设备差，原来的设备都不能用了，有的要找协作厂家。每一道工序，每一个环节，都得精心设计，不断试验。多少个日夜，多少个风雨黄昏，储吉旺和工友们用手工做出了铁件样品。

样品虽说做出来了，但它不等于成功。因为，还要测试，能过这一关吗？这时，储吉旺心里反倒没了底。

那是个值得纪念的日子。储吉旺清楚地记得那一天。

1987年4月25日，美国钢链公司的罗伯茨先生来了，他要亲自参与测试。陪同的还有省进出口公司的领导、宁海县的相关领导以及城关镇的主要领导。工人们都围在大门外等候消息。

罗伯茨足足高了储吉旺一个头，一把花白的胡子，半秃的脑门发着亮光，目光像鹰一样。他亲自挑了10件样品。

决定命运的时刻到了，全场肃静。指针在扑扑在跳着。

2吨1、2吨2、2吨3……

3吨、4吨、5吨、6吨……

拉紧器的实际使用用力只要达到2吨就够了，但是按照美国规定的质量标准必须达到8吨6。

8吨1、8吨2、8吨3……

一颗心被吊到了天上。多少个呕心沥血的日日夜夜，全都凝聚在最后一声断裂里，成败在此一举。

嘎地一声，断了，撕心裂肺似的。指针凝固了：8吨6。

成功了！储吉旺长长地吁了一口气，有关领导和工人们也长长地吁了一口气。

全部试验结果，合格率达96%，有几只已达到12吨。

罗伯茨的脸上露出了笑容，吴华的脸上也露出了笑容。

于是，储吉旺便有了一万套合同的订单。

西林牌拉紧器的开发成功，是如意公司前身的一个转折，也是储吉旺人生的一个转折。

他的眼前顿时开阔起来。但是，如果仅仅满足于这一点点成功，是远远不够的，仍然是小打小闹。因为，拉紧器的利润确实不多。

储吉旺要做强做大，他开始把目光投向手动液压搬运车。

搬运车是一种搬运工具，用机器代替人工。轻捷、方便、省力，车站、工厂、企业、码头都少不了它，其利润当然比拉紧器高。

1988年8月，储吉旺第一次出国，参加美国的展销会，考察搬运车。展销会上，储吉旺非常认真、仔细地了解了搬运车的性能、结构以及市场行情。他发现生意非常好，立即决定：可以做。他要在最短的时间内，搞出样品来。

从美国归来后，储吉旺立即成立了“搬运车试制小组”。他亲自挂帅，还从国营工厂招聘来不少技术人员以及原来厂里的业务骨干。

其实，那时候的条件是何等简陋。所谓的金工车间、装配车间，全部家当只有7台车床、2台刨床、1台摇臂钻、1台铣床。油毛毡搭成的厂房下，做了仓库、热处理、油漆车间，职工每天自带饭盒，在地灶大锅里蒸饭，这就是食堂了。

当时也没有电脑，更谈不上什么CAD制图，仅靠几块画板、几把卡尺，参照国内仅有的一家工厂生产的搬运车进行测绘、画图、分析。经反复测试确定产品的配件名称、材质和精度，制定出搬运车的生产图纸。

搬运车共有209个零部件，涉及多个行业。全部要自己生产是不可能的，很多零件要靠采购才能进行装配。

经过一个月的苦战，第一台搬运车样品终于试制成功了。在这么短的时间里、这么差的条件下，居然迈出了第一步。谈及当初的这一步，储吉旺由衷感慨说："这在当时就是一个奇迹。"

当年开发，当年试制，当年成功，当年就拿到了首批120台的出口清单。他们开始少批量生产。

1988年10月9日，经上级批准，"宁波如意机械有限公司"的牌子披上了喜气洋溢的红绸，挂在了厂房的大门口。

与厂牌交相辉映的还有储吉旺撰写的16字建厂宗旨：吉祥如意，兴旺发达，出口创汇，富我中华。

这16个大字，嵌进了如意的厂名；这16个大字，嵌进了储吉旺的名字；这16个大字，鲜明地提出了办厂的宗旨和方向，如意从此要大踏步走向世界；这16个大字，预示着储吉旺的人生将要走向如意的境界……

果不其然。在储吉旺的苦心经营下，企业的产值、利润年年翻番。如意公司由两大块构成，一块是工厂，生产着搬运车、平台车、拉紧器等产品；另一块是外销，除了部分产品还是通过进出口公司销售外，大部分产品都已经直销。这省去了中间环节，利润自然要高得多。至此，由如意公司生产的西林牌搬运车、平台车、堆高车、拉紧器、风动工具等五大系列产品已出口到68个国家和地区，其中搬运车销售量雄踞国际同行第二位。

如何能适应正在日益增长的外贸业务？储吉旺面临着这样的思考。

燃眉之急是扩建厂房。2000 年 10 月 15 日，如意公司搬进了占地 9.2 万平方米的新厂房。

搬进新厂房后，储吉旺很是欣慰。为此，他重新为大门提写企业的名称——宁波如意股份有限公司。

同时，他还将原来的“吉祥如意，兴旺发达，出口创汇，富我中华”16 字建厂宗旨改为“兴旺发达，吉祥如意，万商云集，四海畅通”。当被问及为什么要这样改，储吉旺说他要把眼光放得更远，让万商云集、四海畅通，旨在把生意做得更大更好。

这是一种远大的理想。储吉旺心里清楚，要想让搬运车真正走出国门，走向世界，占领国际大市场，必须得把好质量关。为此，储吉旺分别从德国和日本请来了行业专家，传授高超精致的质量意识和质量技艺。从此，如意公司有了“GS”与“CE”的产品质量认证。但是，仅有这两项认证还是不够的。接下来，他们在取得国内首家 ISO9002 国际标准质量体系认证的基础上，又获得标准更高的 ISO9001（质量）、ISO14001（环境）、GB/T28001（职业健康安全）三项国际标准认证。2006 年和 2007 年间，西林牌搬运车还先后被认定为中国驰名商标、国家免检产品和中国名牌产品证书。

一家企业，对产品的质量有着如此执着的追求，是一种精神，一种境界，一种让人感动的历史画面。宁海作家浦子在《中国如意》一文中的精彩描写如下：

夜幕降临，厂里的食堂座无虚席，黑压压的人群集聚在那里，把头昂着，像是池塘里等待喂养的鱼。储吉旺也坐在那里，持着一个笔记本，听着老师的讲课，不时将笔在笔记本上划拉几下，然后又抬起头来。

食堂里静静的，只有老师的讲课声，还有全体员工的写字声，沙沙地，像春蚕在吃桑叶。储吉旺有些欣慰，这些职工们终会学有所成，会像春蚕一样吐出丝来。这是他的希望所在。

就这样，三番五次地锤打，储吉旺让西林牌系列产品一一攻破了质量关，攀上质量的高峰。与此同时，如意公司也大踏步地前进着。因为，他们掘进了一座金矿。

储吉旺经营外贸产品，常年与外国人打交道，发生了许多耐人寻味的故事。

这是一场太阳底下的谈判。1995 年 7 月，正是大暑季节。宁波华园宾馆紫红色的外墙被炙热的阳光一烤，就像一团燃烧的火，而室内却清凉得像一潭春水。

储吉旺与美国 JLC 公司的董事长唐蹦正在进行商务谈判。谈判进行得很不顺利，双方僵持着。

1994 年底，如意公司与美国 JLC 公司合资，成立了宁波吉珂风动工具有限公司，唐蹦任董事长，储吉旺任副董事长兼总经理。主要生产风动砂轮机。如意方面负责生产，美方负责经销。可是在产品出了五批以后，美方的经销便出现了困难。他们以产品质量不合格为由，不接受还在生产的产品。储吉旺当然不能同意。如果停产，房租要支付，机器要折旧，工人要付工资，这些损失谁来承担？如果不修改协议，改一家销售为共同销售，如果不解决流动资金继续生产，储吉旺说他要辞去总经理的职务。

唐蹦感到棘手，他束手无策，但又不肯接受储吉旺的提议，他抓耳挠腮，陷入沉默。突然，唐蹦说：“储先生，我们去楼顶露天阳台谈，好不？”

这让储吉旺感到有点意外。心想，美国人真是花样多，好好的室内不谈，到室外去谈什么？是不是户外的空气新鲜些，就有了思路？他说：“为什么要到太阳底下去受罪？”

唐蹦诡秘地笑了：“储先生怕太阳？你的体力吃不消是吗？”

储吉旺明白了，他这是一种挑战，心理上的挑战。心想：今天，我倒是要与你们美国人比比高低。

储吉旺说：“可以！”

走出了清凉的房间，一头扑进了滚滚的热浪中。

谈判又是一番唇枪舌战，火药味似乎更浓烈了。唐蹦就是不肯让步。

两个小时过去了。炽热的太阳明晃晃地悬挂在两个人的头顶。

不多时，唐蹦白皙的面孔就变成了酱红色，像喝醉了酒。

储吉旺也是汗流浃背，头也似乎眩晕起来。但他不断地命令自己：挺住！再热再乏也要挺住！决不能倒下！

也许商界角逐就是一场比赛。比意志、比毅力、比勇气、比战胜对手的决心和信心。

唐蹦终于退却了。他领教了储吉旺这个小个子的坚忍和毅力。他答应签订单，立即开工，15 万元人民币的流动资金立即支付。

回到房间，储吉旺摘下手表，其手腕上就只有一小块圆圆的皮肤是白色的，而余下都是通红的。

多年来，储吉旺与数以千计的外商打交道，各有形貌，各有性格，有的印象还挺深。比如，意大利某公司总裁闻凯利多就是一个。

闻凯利多的经历与储吉旺颇有相似之处，当过兵，阅历丰富；写过书，学识渊博；言谈举止，彬彬有礼。五十开外的年龄，经商颇有建树。储吉旺与他一见如故。

闻凯利多是来洽谈手动液压搬运车业务的。双方话闸子一打开，就如源源不断的泉水，竟然没有谈业务。

闻凯利多全神贯注地听着，兴趣十足，被深深地打动。他们好像不是为谈生意而来的，是为久别重逢叙友情来的。翻译告诉他，储吉旺当过兵、写过书，现在当总裁。

闻凯利多立即站了起来。用扇子般的手握住了储吉旺的手说："我们是知音。我也当过兵、写过书，现在当总裁。"

20 世纪 60 年代，闻凯利多也是一个热血青年，正准备考大学，却赶上了应征入伍。于是，放弃了读书，当了一名炮兵。在部队，他背着 62 公斤的背包，在零下 40 摄氏度的冰天雪地里行军。艰苦的军营生活磨炼了他的意志，让他日后成为公司总裁有了精神支撑。他说，如果他不当兵，去上大学的话，也许会有另一种命运，成为一个学者，或者作家……但是，他现在成了一位有文化的老板。

储吉旺说："当兵会让人后悔一阵子，我退伍回来，找不到工作，自怨自艾，心里很不平；后来明白了，不当兵，才会后悔一辈子。"

说得多么畅快，多么贴心！商谈签订业务协议已经没有任何悬念。一切都如生产流水线那样顺畅，就像欣赏美文那样舒心。

1999 年的全年出口协议，就这样一锤定音了。有人说，商海永远不会风平浪静，永远充满着狂风巨浪。这是一切有头脑的从事经贸业务的人的切身体会。

大家不会忘记，2008 年，由美国房地产泡沫破灭所引起的国际金融危机席卷全球。全世界的经济形势倏然间变得寒流滚滚，一片萧条。

覆巢之下安有完卵？在世界经济一体化如此紧密的时代，哪一个经济体可以逃避其祸？一时间，欧美各国的经济体纷纷陷入困境，企业破产，贸易停滞，订单被一一取消。

多米诺骨牌效应自然波及中国，波及储吉旺的如意公司。

如意公司是一家外贸型的企业，它躲避不了这场迅猛的风雨，自然是深受其害。订单被取消，贷款被卡住，产品被囤积，一切都是那么现实，那么残酷。

但是，储吉旺有办法，他的智慧过人。

其实，他早就有了预感。还在 2008 年 7 月份之前，他便敏锐地感受到了这一点。那时候，生产、贸易情况还是很好的，而且还有一点异常火爆。这不是一种反常吗？他想到了自然界的天气，冷空气来之前不是异常闷热吗？如果不做准备，一待寒流突降，不就感冒了吗？

这种热，是一种假象，必须防范。为此，储吉旺果断地制定了三条措施。一是不向银行贷款，否则无法偿还；二是不进原材料，否则会空关在仓库里；三是抓紧收回应收款，趁现在尚在暖流时。一句话，他要汇拢流动资金，犹如冬眠的动物，备足食物。

果然，“风暴来了”“寒流来了”。好多没有准备的中小型企业，猝不及防。关的关，停的停，一片狼藉。

看到这种境况，储吉旺又制定了三条措施：一是产品价格下降，只要有成本价就可以了，尽最大努力减少库存积压；二是把仓库里的原材料做成半成品备着，同时也让工人有活干；三是减少一切外购的费用及支出。这三招一下子稳住了行驶在激烈风暴之中的企业之舟。如意公司没有被倾覆。

那时候，多少厂家的工人被辞退。如意公司当然也有工人离开，但不多。对此，储吉旺又对员工制定出三条举措：一是工人的工资适当下降，让工人与企业共渡难关；二是自愿离开的，可以离开，按劳动法付给一定的善后补助费；三是趁机抓培训、抓攻关、搞创新。犹如农闲季节，养足精力，迎接农忙。这样一来，如意公司留住了大部分的工人和基本的技术力量。

三个方面，各三条措施，一共九条措施。如意公司的工人有饭吃了。

2008年，全国大中小企业的产值都普遍下降，但如意公司却稳住了，靠的就是这九条措施。

2009年上半年，经济气候转暖，不少厂家也在恢复生产。然而，工人辞退了，技术人员也走了，如何生产？而如意公司的员工都在，依然“兵强马壮”，丝毫未损。又因为生产了许多半成品，加工成品又快又好，订单一来，立即交货。如意公司再次抢占了先机，又是一炮打响，靠的还是这充满智慧的九条措施。

储吉旺说，应对危机是不可复制的。金融危机时时都会有，可以说，从未停止过。新的问题来了，你要以新的思路去解决，不能用老办法去对付。而创新则是企业的灵魂，既要重视质量、重视人才的引进，更要保持资金的实力。这是他久经磨砺得出的真知灼见。

其实，储吉旺还特别重视环境保护工作。他说，环境是天，环境是地，环境是人。天地人为上，不能有丝毫的含糊。

为什么这样说？这是一个永久的具有生命力的话题。世界性的环保事业已经成为全球的共识。一旦危机爆发，政府要关闭的是非环保企业，要扶植的是环保企业。必须要具备这样的眼光，也必需要这样去做。只有这样，才能使企业立于不败之地。

帮扶贫·接济弱·善结缘

储吉旺的血管里流淌着父母的血，父母的慈善精神滋润着储吉旺长大。扶贫济弱、乐善好施，是他一生奉行的信条。

他的慈善事业是从一些小事做起的。一次，储吉旺从《宁海报》上读到一则消息，越溪有位姑娘头上长了一个瘤，急需开刀。然而她没有钱。村子里一些好心人凑了些钱，只有500多元，离手术之需6万元还差很多。姑娘痛苦煎熬，如果不动手术，则有生命危险。于是，她求助于媒体。储吉旺动了恻隐之心，立即委托报社汇款，并不让留名。姑娘有了这笔钱，头上的瘤顺利被切除，身体恢复健康。两年后，她还结了婚，有了孩子。为感谢这位不知名的救命恩人，她写信给《宁海报》，信中还夹了张她的“全家福”。宁海县新闻中心把这封信转给了储吉旺，读着那些朴素而感恩的文字，储吉旺很是欣慰，也很感动。他感到了助人为乐的快乐。

又一次，《今日宁海》登了一篇文章，题目有点悚人：《我要一条手臂》。看到报纸标题的储吉旺吃了一惊，怎么啦？手臂没有了？看了全文才知道，一位姑娘手臂上长了一个瘤，必须动手术，昂贵的9万元手术费让她走投无路。储吉旺心里不忍，便联系县慈善总会，立即捐了9万元，以解姑娘之困。

还有一次，《宁海报》一位记者带着一位年轻妇女和她的孩子来到报社。那位妇女说，几年前，她得了脑血管阻塞的病，要花8万元钱，可她只凑了2万元，剩下那6万元钱怎么也没有办法凑齐了。储吉旺知道了，便给她送了6万元钱，帮助她成功地完成了手术。如今她一切都已康复，想当面谢谢这位恩人，就来到报社，求助报社帮她联系储吉旺。电话很快打通，可储吉旺在外地出差。通过电话，储吉旺祝贺她身体康复，说见面道谢就不用了。

宁海青年作家林备军在《我印象中的储吉旺先生》一文里也讲述了类似的事情：大约七八年前，作为报社记者的林备军去宁海长街采访。通讯员冯晓燕告诉他，当地某村有个女孩子患有严重的风湿病，危及生命。于是，他们去走访了那个女孩家。这是一个一贫如洗的家庭，看了令人心酸。两间又矮又破的瓦房，屋里黑咕隆咚，没有一件像样的家具。女孩子已经20多岁了，骨瘦如柴，佝偻着卧在床上。严重的风湿使她全身疼痛，不能下床。行动全靠家人抱她下来。她的父亲抹着眼泪说，就是因为家里贫穷，没钱求医，每天只能看着女儿在痛苦中生活。

林备军很受触动。人间的疾苦竟如此活生生地展示在他的眼前。回县城后，他写了篇报道。稿子见报后的第3天，县慈善总会打来电话，询问这个女孩的详细地址，说是一位企业家看了报道很同情她的遭遇，愿意定向捐赠她5万元医疗费。在慈善总会和其他一些好心人的安排下，女孩被送到上海某医院治疗。3个月后，林备军又去长街回访。见到女孩子已经恢复了很多，状态良好。林备军感叹，人的生命状态因此而发生了质的变化。

于是，林备军便打听这位乐善好施的企业家，可是慈善总会的人却说这位企业家不愿透露自己的姓名。当然，作为记者，这一点办法总是有的。后来，他打听到了，这位企业家就是储吉旺。

事实上，受储吉旺资助的不单有本县的一些困难户，还有外省外县的许多打工者。在各种资料里都可以看到这些名单和故事。来自湖南凤凰县的苗族同胞小欧，在宁海打工期间产下双胞胎子女后大出血，生命垂危，抢救需要大笔费用；河南籍民工小牧，在西店镇一家企业打工，突发急性脑出血，送医院抢救；贵州籍民工小冯，在茶院一家企业打工，上班途中车祸重伤，送医院急救；云南籍女工小何，患脊柱骨肿痛求医无钱……都是储吉旺设立的“吉旺助医基金”为这些远离家乡、举目无亲的弱势群体送去了温暖，提供了医疗费。

对于储吉旺来说，这样的故事实在太多，他自己早已记不清，但他不会忘记最初定下的对慈善捐款的“四不宣传”原则，即对病人捐助不宣传、对学生捐助不宣传、对天灾人祸捐助不宣传、对贫苦家庭捐助不宣传。那是因为《金刚经》里有句话：“应无所住，而持布施。”

然而，储吉旺对红十字会、慈善总会、残联、教育基金的捐助是要求宣传的。为什么？储吉旺说是为了启迪人、教育人，大力弘扬慈善事业，让更多的人投入进来、参与进来。

这就是储吉旺。

储吉旺有段名言：“企业是靠社会资源生存发展的。一个企业发展得越快、规模越大、档次越高，对社会资源的占有和原材料的消耗就越多，相应承担的社会责任也就越大。富而思源、回报社会、反哺社会是企业家应尽的责任。”

他又说：“慈善是一座山，山不嫌泥沙多少，无数粒泥沙堆成山；慈善是一条河，河不嫌滴水太少，无数滴水汇成江河。”

他希望自己做慈善，大家都来做慈善。他真切地体会到，慈善是快乐的事业。除了扶贫济弱，有关公益的事他都热心参与。30 年来，有关敬老、救孤、助残、赈灾、扶贫、济困、助医、助学等活动，他总是走在前面。各级慈善总会、红十字会、残联等慈善机构都有他的捐款。

1995 年开始，如意公司为宁海县农村 13 位抗日老战士增发每人每月 150 元生活费，2002 年提高至 300 元，并年年上门慰问。

1998 年，宁海县民政局筹建宁海综合福利院，如意公司捐款 30 万元。

2002 年，为激励“白衣天使”救死扶伤的天职，储吉旺向宁海县第一人民医院捐资 30 万元，并设立了“如意医学奖基金会”。

2003 年，如意公司向宁海县公安局捐赠一辆价值 51 万元的东风牌消防车，另捐 6 万元设立“如意消防基金”。

2005 年，宁海县残联建造康复中心，储吉旺捐款 60 万元，并向省残联捐款 50 万元，用于发展残疾人事业。

2007 年，为改变我国西部地区教育落后面貌，储吉旺通过宁海县慈善总会向宁夏平罗县通伏中学捐款 30 万元。

扶助教育事业，是储吉旺的毕生心愿。他对宁海中学的关切之情，尤其深切。自 1996 年设立“西林文学基金”起，一次次地追加，基金总额已达 403 万元，这在全国中小学中绝无仅有。同时，他还支持了茶院小学、茶院中学、跃龙中学的教学楼建造，还向西藏、内蒙古、宁夏、四川等省（自治区）的有关学校捐了款。

正如储吉旺所言，慈善事业是无尽的，它犹如一座山，天天在增高；犹如一条河，总是源源不断地流淌着。据不完全统计，他的慈善捐款累计已达 1.5 亿元。

1.5 亿元！这是一个非同寻常的数字，一个沉甸甸的数字，一个占了如意公司总资产 1/4 的数字，一个包含着所有员工一片直诚热血的数字！

这是一份殊荣。2005 年 11 月 20 日，中华慈善大会在北京人民大会堂举行。大会对慈善工作做出突出贡献的人物进行表彰，颁发金灿灿的“中华慈善奖”。这是国家民政部颁发的国家级大奖。首届获奖者共 116 名，来自全国各条战线。李嘉诚、霍英东、曾宪梓、邵逸夫、成龙、关牧村等一批著名人士名列其中。当然，储吉旺也在此列。

众所周知。储吉旺的一生有很多朋友，从政的、从商的、从军的、从文的，朋友有难他也是尽力帮忙。

朋友张文宽得了急性黄疸型肝炎，人像一张蜡黄的纸。那时候，他是机构改革后首任的文广局局长，县里很重视，请来宁波名医钟一棠为他治病，然而没有效果。在县人民医院住了一个月，病情越来越重，GTP 高，黄疸指数下不来，医院发出了病危通知书。

储吉旺夫妻来看张文宽。泪眼相望，心情沉重，这可是生死攸关的事啊。

经商量，他们想将张文宽送往东海舰队 412 医院抢救。储吉旺整夜坐在电话机旁，不停地打电话，千方百计把转院事宜办好。

第二天清晨，寒气袭人，天空中飘着稀稀落落的雪花。储吉旺夫妻早早来到医院，他们亲自送张文宽去 412 医院。黄疸型肝炎是一种高强度传染病，一般人“谈虎色变”连近身都不敢，可他们夫妻俩就坐在张文宽的身边，守护着他。张文宽的双眼蓄起了泪水。

这种情谊，张文宽怎能忘得了？陈士伟也有类似的经历。一次得病，他被误诊为肺癌，直接送到上海某医院。储吉旺一听消息，撂下工作，直奔上海，病房不能进，他在外面整整等了 3 个小时才得以进去探望，令陈士伟感动不已。

宁海中学的龚怀源老师在一篇文章中写过这样一件事：2014 年秋，

宁波小百花越剧团在宁海演出，其中一场是“如意专场”。龚老师的夫人是个越剧迷，想看一场越剧而苦于无票。龚老师便打电话给储吉旺，寻求帮助解决。当时，储吉旺正在杭州办事，接电话后立即帮龚老师联系。十几分钟后，储吉旺就给龚老师回了电话说：“师母要看越剧，票子已解决，可向宁海越剧团的负责人要。”龚老师十分感动，也有点不安，这么一点小事还麻烦了他的学生。事情虽小，情义深啊。

储吉旺就是这样的人。他真诚待友，助人为乐。在朋友们看来，这也是他大爱慈善之心的一个侧面。

何谓大爱？何谓大善？何谓大义？

有人给出这样的诠释：储吉旺创办的企业为国家创造了多少税收，他为社会解决了多少人的出路，他为人民群众做出了多少服务，是谓大爱；储吉旺创办的如意公司处处洋溢着善意，吹拂着助人为乐的春风，暖意融融，取之社会，回报社会，这是大善；储吉旺带领着如意公司的员工铁肩担道义，道义促和谐，以人为本，让每一名员工都感受到大家庭的温馨，感受到主人翁的荣耀与自豪，正气高扬，义气浩然，可谓大义。

这就是别人眼中的储吉旺。一心想着别人，一心期盼别人幸福、吉祥如意的储吉旺。储吉旺创业成功后，便开始惠泽社会，将收摘的慈善果，撒向神州大地……

这是一种境界。这种境界就是要让广大群众都感到心情舒畅、快乐幸福。正如储吉旺所倡导的：“吉祥如意！”

要让大家都过上好日子，这是储吉旺命名“如意”的本意，这是他对创办企业的寄托。因为，这个名字，是人世间的最好祝词，也是人生的美妙意境。

郑智[*]：不忘初心报家国，砥砺奋进铸辉煌

古　潼

郑智，香港维多利亚大学工商管理学博士，现任中商联合建设开发集团有限公司董事长、新香港投资联盟理事长、中国矿业投资联盟创始人、中国矿业联合会副会长、中国安全产业协会常务理事长、全国老龄委智能生态养老基金办公室常务副主任等职务。他从2009年国家发改委核准首只国际矿业基金开始创业，经过十年的奋斗，发展到今天拥有200多亿资产，投资领域涵盖数字金融、矿业能源、食品安全、水电环保、航天科技、碳电交易、医疗康养、海上文旅、城建开发等多元化大型产业。

* 郑智：中商联合建设开发集团董事长。

郑智在自己的人生中，不仅专注于亲情的眷念和自我圆满，更多的是将家的情意深凝在他对人的大爱和对国家的担当上，从而完成了个人、事业的真正圆满。

难忘的岁月

“难忘的岁月里虽然蕴涵着我的酸甜苦辣，但培养了我不畏艰难的豪情，我无愧于那段短暂的知青历史，我骄傲有过这样的人生……”每当谈起年轻时下乡的时候，郑智总会这样说他的那段经历。

我国的东北地区，地域辽阔，物产丰富，在解放前，许多山东人被生活所迫，举家迁移到那里讨活路，郑智的爷爷辈人也像千千万万个“闯关东”的家庭一样，为了一家人能活下去，打点家什，扶老携幼，经过艰难的长途跋涉，来到了东北地区的中部居住下来。

1953 年 3 月 22 日，郑智出生在了吉林，少年时代的他就读于解放军 3305 子弟学校。受家庭教育的影响，他从小就秉承了老一辈人刚强的性格，有着不屈不挠、敢拼敢闯的不服输精神。在那个火热的年代，他幼小的心灵里就充满了对中国共产党、对伟大领袖的无限热爱和崇高敬仰。

1968 年，毛泽东主席发出了指示：“知识青年到农村去，接受贫下中农再教育，很有必要。”1969 年初春，年仅 16 岁的郑智积极响应号召，主动报名，兴高采烈地投入到了“上山下乡”的大军中。

农村是一个广阔天地，在那里可以大有作为，到农村去，到边疆去，到祖国最需要的地方去，接受贫下中农的再教育。这是那个火红年代里掀起的滚滚洪流，在这股洪流的裹挟下，郑智舍弃了本想继续的学业，和一群有志青年一道，告别了学习和生活的小城，离开了父母和家人，满怀豪情壮志奔赴到延边农村上山下乡，他坚强地度过了一生中最难忘的日子。

郑智怀着满腔热情和一群刚刚离开校园的年轻人来到了延边偏僻的农村。一群在城里长大的孩子，初来乍到，看哪里都感觉新鲜，安排好了住处，放下行李，他们就接受了一堂深刻的思想教育课。由村里的老书记给新来的知识青年们做了忆苦思甜报告，青年们听得眼含热泪，热血沸腾。最后，老书记语重心长地要求大家，要听伟大领袖毛主席的话，努力学习毛泽东语录，要扎根农村，接受贫下中农的再教育，在农村通过劳动锻炼自已，争取早日成为无产阶级革命事业的接班人。听了老书记的报告，郑智心情无比激动，他暗下决心，在今后的日子里，一定要好好接受贫下中农的再教育，在这片广阔的天地里好好锻炼自已，让毛主席放心。

会议刚刚结束，年轻人就迫不及待地围着老书记，要求安排生产任务。当时下乡的知识青年住的是村里安排的“集体户”，也就是来的年轻人在一起统一吃住。老书记安排他们先安顿好生活需要的一切东西，第二天开始，就统一跟着村里的社员一起下地参加劳动。

激情和兴奋，使郑智翻来覆去睡不着觉，虽已春天，北方的天气还是天寒地冻，尤其是到了晚上，外边的风呼呼作响，身子底下的火炕有些发烫，但身上的被子薄，上半部分又有些发凉。大家又说又笑，折腾了一阵，好不容易迷迷糊糊睡着，就听到外边传来了几声咳嗽声。到底是谁下半夜的来到了院里？郑智听到声音正纳闷呢，窗外传来了拍打和招呼的声音：“年轻人，赶紧起来，上工了。”是村里老书记的声音。

什么？这么早啊！郑智拿起临走时爸爸从手腕上摘给他的手表看了看，才凌晨三点多钟，外边的天黑乎乎的，这么早能去干什么？不多想了，赶紧起床，第一天参加生产劳动，不能拖拖拉拉的让人笑话。所有的青年人听到老书记的喊声，都快速地穿上了衣服，拿着村里早就给准备好的锨镢等工具，跟着书记来到了村外的田地里，村里的社员早就在地头聚集了，有抽烟的，有说笑的，在黑乎乎的夜里吹着冷风站着。郑智和同学们加入到人群里，也不知道干什么，就和他们一样站着，等着队长安排干什么。社员们在冷风里等了好长时间，有人就干脆跑到背风处蹲了下来。

郑智感到奇怪，又黑又冷的天，又看不清楚地里的东西，早早跑到地头上来干什么？因为第一次参加生产队的劳动，也不敢大声问，就小声问身边一个中年的汉子：“大叔，这么黑的天，又怪冷的，来了又不能干活，都早早跑这里来干啥？”

中年人低声告诉郑智：“狠抓革命，猛促生产，宁要人等天，不要天等人，等天明了再出工，会耽误时间，提前来地头等着，天明立即干活。”听完，懵懵懂懂的郑智似乎懂了：这是在抢时间。

在寒风中等了半个多时辰，人们冻得禁不住跺脚取暖。不知道是因为在黑暗中待得时间久了，眼睛适应黑暗的环境，还是天真的明了起来，反正影影绰绰地能看到地里东西的轮廓了，队长大喊一声“干活了”，人们就“呼啦”一声到了地里，知青们就学着社员们的样子到地里每人一垅刨玉米根。由于大家在寒风中冻了这么长的时间，到了地里，就都使劲干了起来，不一会儿身上就热乎了。

太阳终于升了起来，大家伙的头上都冒起了热气，每个人的脸上都红扑扑的，没有冷的感觉了。队长抬头看了看东边红彤彤的太阳，招呼了一声“回家吃饭了”，大家才扛起手里的家把式，回家吃饭。

郑智回到宿舍，一路上干活使劲的热乎气儿又凉透了，脊梁背后的棉衣里湿乎乎的，干活的时候没有感觉到累，停下来了才觉得胳膊和膀子酸疼。吃饭的时候看了看表，七点多钟，已经在地里干了三个多小时，郑智活动了一下疼痛的双臂，算了算，这一大早就干了三个小时了，等到天黑，还有十多个小时呢，他在心里开始怀疑自己是否能够坚持到天黑了。

第一天的劳动，同学们互相鼓励着，忍着浑身的酸痛坚持着，怕被社员们看笑话，给上山下乡的知识青年丢脸，终于熬到了傍晚，在队长“收工”的吆喝声中，郑智一屁股坐到了地上。这时，大队书记又走来对同学们喊道：“回院里先进行政治理论学习，学习完了再开饭。”郑智赶紧坚持着爬起身来，顾不得拍打身上粘的泥土，一瘸一拐地跟着大家回到了集体户大院。

大家都在院里坐好后，老书记从棉袄口袋里摸出了一本崭新的《毛主席语录》，向眼前坐着的同学们扫了一眼，最后把眼光看向了郑智说：“小伙子，你出来。”

郑智不知道书记为什么叫他，就赶紧站了出来。老书记双手把文件递给了郑智，郑智忙伸出双手接了过来，不解地看着老书记。老书记说：“今天你们第一天参加生产队里的劳动，我发现这个年龄小的同学干活最积极，也最出力。我宣布，聘任他为政治理论学习辅导员，从今天开始，由他每天带领大家进行理论学习，大家鼓掌。”

刚来村里第一天，就被大队聘为了理论学习辅导员，年轻的郑智非常高兴和激动，顿时感觉浑身又充满了力量，酸痛也没有了。从此，郑智除了每天傍晚收工后辅导同学们学习外，还不定期地辅导全村的社员进行政治理论学习，在同大家一起出工之余，忙得不亦乐乎，却感觉劲头十足，热情高涨。不久，村里的干部和社员都喜欢上了这个年龄不大的“小知青”。

郑智下乡一个多月时间，到了四月初，水田里开始放水泡地，准备插秧了。这个时候北方的天气还很寒冷，水面上还浮着一层冰碴儿，村里的社员们下水劳动，都穿着专门准备好的水靴水裤，知青们可是什么准备也没有。看到社员们都下水干活，知青们脱掉鞋子试一试冰凉的水，迟迟不敢下到水田里，队长和社员们都说，水太凉，知青们没有水靴，就不要下水了。郑智看着在水田里劳动的社员，心里想：我们是来接受贫下中农再教育的，不能光站在旁边看。于是，第一个赤着脚跳进了水田里，知青们随后也跟着赤脚下了水。赤脚在冰冷的水里，脚冻得像刀割一样疼，十分钟就没有知觉了。几天以后，大多数知青出现了排尿困难，老支书知道后催促他们到医院诊治，医生检查后才知道，是由于赤脚下了冰凉的水，身体受凉造成的。

由于郑智表现积极，加上他勤奋好学，村里安排他做了水稻管理技术员。假期回家，父母知道了这些事，心疼得直掉眼泪，尽管插秧季节已经过去了，但还是拿出了一个月的工资给郑智买了水靴和水裤，让他带着回了知青点。

刚到农村时，郑智除了生产上的劳动锻炼外，在生活中也遇到了不少的难题。这些在部队大院里长大的孩子，从小喝的是自来水，没有见过冬天溜滑的大口井，更没有用水桶从井里打过水，也没有挑过水。刚开始水桶打不满，站在结冰的井口沿上害怕滑下去，挑起水桶不会用力，不能保持平衡，走起路来前边水桶碰地后，后边水桶又碰了地，样子非常狼狈，社员们看了都哈哈大笑。为了不被社员们笑话，保持知识青年的形象，郑智就和大家商量着，利用晚上到井上挑水，先锻炼好了再白天打水。经过一段时间的锻炼，终于能挑水自如了。

郑智除了是大队理论学习辅导员外，还是知青集体户的户长。第一次去山上打柴烧，郑智自己就用牛拉着雪橇上了山，打完柴装满雪橇后，在前面拽着牛就往山下走。由于雪橇下山滑得快，催得牛也越跑越快，郑智牵着缰绳在前面，牛蹄子踩在他的脚上，他也只好在前面快跑。两边的树枝把郑智的衣服都刮破了，他什么也顾不上了，如果被牛追上，牛蹄子就会踏在身上，雪橇随时都有被牛拉到树林子里毁掉的危险。郑智拽着牛跑了十公里的山路，终于安全到了山下，牛停了下来，他也大汗淋漓地瘫倒在了雪地里。有社员看到后，赶紧把郑智和雪橇送了回来。社员说："你太冒失了，没有雪橇的经验就敢这样上山，能下山来真是捡回了一条命啊。"

经过几个月的农村生活和劳动锻炼，尽管苦和累，但凭着一股不服输的精神和敢闯敢干的勇气，郑智基本上学会了农村的日常劳作和生活常识，也逐渐适应了那里的一切，那段日子里，他经历了"早上三点半，晚上看不见，地里两顿饭"的生产劳动，经常累得浑身疼痛，回到宿舍躺下，别人喊他吃饭都不想起来。尽管累，他还带领知青和社员们学习，活泼勤快的他与村里的社员们相处融洽，经常帮助社员们做一些力所能及的事情，得到了大家的好评和爱护。

夏锄大会战是最累人的。天不亮，大队人马就赶到地头，队长根据人头分配任务。"一个脑袋一条垄"，人们依次排开，在各自的垄上锄草。望着一望无际的田野，还没有动手，心里就发怵：这什么时候到头啊？当然，也有机灵的，等队长一不注意，倒拿锄把，管它是草还是禾苗，拖着就走，到了前面没有人的地方，人就躲了起来。当时年龄最小的郑智就从不这样做，他凭着一股倔强劲，尽管手磨破了，腰、胳膊累得酸痛，但他从来都是坚持认真地把草锄干净。

最难忘的是秋季打场扛粮袋，标准的麻袋要装一百七八十斤的粮食，年纪最小但不服输的郑智一开始扛麻袋时，沉重的粮袋几乎就要把他压趴下，他咬着牙，一点一点爬着走也不放下麻袋。郑智和同学们咬牙坚持，经过了十多天的磨炼，终于能和社员们一样扛起麻袋快步行走了。

秋收结束，所有知青又积极投入到大搞水利建设的劳动中。郑智他们负责抬筐运沙石，装满沙石的大筐足有两百斤重，郑智他们没有经验，两个人抬筐走起来步调不一致，扁担压在肩膀上晃动，不到半天时间肩膀就磨起了血泡，但郑智硬是坚持了下来，在社员们的帮助下，知青们学会了两人步调一致，两个人抬着大筐也轻松自如起来。

劳动，不仅锻炼了郑智的技能，同时也锻炼了他刚强的意志。在农村的阶段，农民的朴实和辛勤深深地教育了郑智，使年轻的郑智有了坚强的意志，奠定了郑智艰苦创业的精神基础。

在农村一年多的时间里，鉴于郑智积极突出的表现，他光荣加入了共产主义青年团，并担任了团支部领导职务。后来，经过组织考察，回调进城，进了工厂，做了一名配电工，由于这个岗位太清闲，也学不到更多的技术，郑智又多次申请，希望能到一个能学习到更多知识和本领的岗位上去，后来被安排到了最苦最累的外线电工工作。工作了一段时间后，由于车间里的机电设备经常出现故障，车间里需要有一个技术水平高、心细认真的人负责机电的管理和维修，厂领导想到了郑智，把他调到厂里做了维修电工。郑智虚心好学，在辗转的几个岗位中，他学到了很多专业知识，也从老师傅的身上学到了高尚的品德，为他以后事业的辉煌打下了坚实的基础。

奋进的历程

回到了城里，郑智已不再是那个上山下乡的小知青了，历经一年多艰苦磨炼的他完成了从初中生到知青，再由知青到一个具有高超技术的工人的人生转变。

郑智在工厂里工作一年后，由于他认真负责，各个方面表现都很突出，1971 年 10 月，经组织推荐，他被考核选拔为人民保卫部的一名保卫干事。那时的人民保卫部与公检法属于一个系统，郑智先被分派到派出所做了一名民警，后经过申请又到了刑警队锻炼。

刚到刑警队不久，郑智第一次跟着老同志出现场办案，看到现场那个上吊自杀的人，他心里感到非常害怕。但是，队长偏偏让郑智上前去勘查现场，郑智硬着头皮把尸体放下来抬走，事后的好几天吓得不敢一个人走夜路，睡梦中几次都被那种惨状吓醒。

后来在刑警队经历的这些事还有很多，解剖一个喝卤水自杀的人，三伏天里停放了两天的尸体，那种气味让郑智回家几天后吃饭还吐。

在人民保卫部的五年，郑智做过警员、刑侦干事、政保干事等，他走过了大江南北，办理了大量的刑事、政治案件，纠正了多起冤假错案。

由于工作积极认真，郑智被领导推荐到了企业机关，担任了劳动人事处的副处长，分管职工教育、记工考核、劳动定额、人事分配等工作，一干就是好几年。

1980 年，郑智被选派到省政府企业整顿办公室，负责企业整顿、劳动定员和干部考核等工作。

郑智在机关工作的时候，感觉自己文化基础比较薄弱，就坚持去夜校学习，整整三年的时间，他坚持白天上班，晚上去夜校学习，补习了整个高中课程。以后郑智又参加了一年高考补习班，1983 年，郑智被组织安排到后备干部学习班学习。

郑智边工作边学习，后来又学习了企业管理，1987 年毕业后，郑智参与了企业管理的标准制定、企业管理经理责任制的考核方案制定，为吉林的企业整顿做了大量扎实的工作。

1989—1990 年，郑智被任命为吉林省朝鲜族经济技术开发总公司总经理，一年的时间，郑智带领着公司员工与韩国、朝鲜、日本、俄罗斯、中国香港、新加坡等国家和地区做了大量的经济贸易项目。

1991 年，郑智被任命为吉林省珲春办事处主任兼珲春经济技术开发公司党委书记和总经理，也就是在这期间，更加锻炼了郑智的执行能力。当时的经协是政府和物资局八大机构唯一能够执行专营的机构，所以郑智管理的经协涉及了多种行业的贸易经营。郑智率领的公司既有进出口贸易权，也可以做边贸、五金、化工、建材、钢材、石油、能源、粮食、医药、木材、金融等四十多个行业的经营。作为公司的总经理，管理这些陌生的行业，一路摸爬滚打，在经营中逐渐练就了经商本领。

1997 年，郑智面临着人生道路的抉择。按照国家政策，党政不能经商，郑智所在的公司进行了改制。当时他有几种选择：一是回机关任职，二是调动其他工作，三是保留公职继续经商。郑智经过慎重考虑，最后选择了继续实现这十几年来在商界创造的成果，把自己学到的本领发扬光大，继续走经贸战线，努力去寻求创造财富的机会。

“活到老，学到老”，在郑智的身上真正看到了这种渴求知识的愿望。在工作和生活中，他时刻不忘的就是学习，他深深地理解到，只有不断地学习，才能适应瞬息万变的市场形式，牢牢把握住国际国内市场的潮头。郑智在顺利取得了香港维多利亚大学工商管理学博士学位后，仍然不满于所学的知识，他怀揣着一份更加远大的理想，走进了中国最高学府，报读了清华大学矿业与金融高级研修班。

郑智在清华矿业总裁班学习了国际矿业金融管理的经验，提高了在这个领域管理的能力，同时，他又去了北京大学，学习了金融投资方面的理论知识，最后，他被选为北大 PE 常务理事长的常务副理事长兼矿业投委会主任。

郑智在经营中总是一丝不苟，为了扎实办理业务，他多次去大庆油田和松原油田等地方。有一次，他起早去大庆油田，下午办理好业务以后又赶回来提交相关的材料和货款，晚上又连夜赶回大庆，500 多公里的路程，司机一天一夜驾驶疲劳，神志有些模糊，郑智也在朦朦胧胧中，突然他一睁眼，发现他们的车和一辆大货车齐头并进，他们的车头马上就要钻进大车车底，他急中生智，一把把方向盘扭了过来。司机也惊醒了，总算是有惊无险，俩人都吓出了一身冷汗。

经常出门办业务，郑智经历了多次生命危险，2005 年 1 月 1 日，是他一生难忘的日子。这天早晨五点多钟，郑智和司机开车从内蒙古回北京，路过公路转盘处时有一个很大的土堆，由于车速比较快，车直接冲向了土堆，一瞬间就失去了平衡，又冲向右侧十几米的深沟，只听到车子落地时四个轮胎的爆炸声，接着就是气囊冲出去的爆炸推力。郑智当时就晕了过去，当他清醒过来后，顾不得自己身上的伤痛，想伸手把司机拉起来，但努力了几次，后背疼痛难忍，没能成功。送医后得知郑智胸椎压迫性骨折，比司机伤势还严重，但他在危难的时候第一时间想到的却是他的司机，想把司机先救出来。

扬帆起航

都说时世造就英雄，虽然郑智赶上了世界经济变化的大潮，但机遇总是留给有准备的人。郑智作为一个有着多年企业管理经验的大集团掌舵人，偏偏就有一股不服老、不认输的倔强性格。“只要付出了努力，就会创造出奇迹”，郑智坚信这句话，因为在以前走过的路程中，每前进一步，都是对这句话的印证。在清华大学的研修班，郑智不仅系统地掌握了高端的矿业知识，也学到了国内外最先进的金融理念。对今后事业发展更为有利的是，郑智在高级研修班学习期间，零距离接触到了全国知名的矿业科研人员和金融巨头，为以后事业向更加广阔的领域扩展奠定了基础。

2008 年，郑智在清华大学矿业与金融高级研修班结业，也就是在这一年，世界金融危机给了郑智一个崛起的机会，让他肩负着国家的战略走出了国门。

2008 年世界金融危机，矿场资源价值被严重低估，这是一个最好的并购机会，经过认真考察，在中国矿业联合会的安排下，2009 年清华大学组织了“走出去”高峰论坛，在这次高峰论坛中成立了中矿联合基金，郑智被任命为中国矿业联合会副会长、中矿联合基金董事长。

2009 年，中矿联合基金成立，同年 8 月 6 日，中矿福曼海外基金成立。基金自成立以来，成功投资了美国 KLONDDEX 金矿、巴西钾矿、蒙古铁木真铜金矿、内蒙古卓资山钼矿等十几个海内外优质矿业项目。

2010 年 12 月 21 日，天津中矿联合贵金属公司成立。

2012 年 7 月 18 日，黄金储量为 18 吨的陕西旬阳大沟槽金矿开工建设。同年 12 月 21 日，与中国生态促进会成立中林金。

2013 年 5 月 30 日，与云南锡业集团成立中矿云锡基金。11 月 16 日，与四川省政府发现集团成立四川水务环保、物流、军民融合、城市建设基金。

2014 年，在国家生命爱晚领导小组的支持下，组建生命爱晚基金。

2015 年 12 月，诺贝尔可持续发展基金会主席迈克尔·诺贝尔博士等一行人到访中国，筹建诺贝尔科技成果转化基金。

2016 年，郑智当选为香港投资联合会理事长。同年，组建中商联合能源集团，开展全国跨省售电及碳交易业务。12 月 12 日，国医汇成立，中国真正开启了中医药外交之路。

2017 年，与中国华融成立华融中安产业基金。同年，与赛伯乐、航天科工联合正式进军无人机领域。

2018 年，控股海南詹尼游艇，启动海南、北海医养文旅项目。入股缅甸数字交易所，与中钢集团联合投资蒙古国布罗巨特煤电一体化电厂。

2019 年，与航天科技十二院、海南农垦集团共建军民融合航天产业园。2 月，并购华夏食安，建设食品产业园区，与国家老龄委共同打造全国健康食品电销商城。3 月 23 日，分别与国家航天育种成果转化中心、太空巡天科技（北京）有限公司、王浩院士研究团队、北京北航星空科技发展有限公司达成合作，共同推动国家航天农业、循环经济、环境治理、绿色材料、创新平台等领域的发展。

基金会成立以后，多次获中央电视台《中国影响力》、《经济半小时》、中国网《中国访谈》、和讯网《领袖对话》、新华社、中国经济网、中国企业家网、中国矿业报、融资中国等主流媒体的跟进报道，郑智获优秀华人企业家、共和国功勋人物等荣誉称号。

“长风破浪会有时，直挂云帆济沧海”，肩负着国家战略发展的重任，郑智率领他的团队不懈奋斗、锐意进取、与时俱进、奋勇开拓，为实现伟大的中国梦做出了重大的贡献。

砥砺奋进，勇立潮头

奋进，是一种动力，能将人生推向高峰；奋进，是一种坚持，能将高峰踩在脚下。企业的发展经营中，会遇到许多困难，很多人都问过这么一个问题：“郑总，这么多的困难，您是以什么样的精神来克服这些困难的？”郑智总是回答得很简单：“责任和使命！”一份对团队和投资者的责任，让郑智这个领头人时刻牢记自己的初心，全心全意为企业服务。强烈的使命感使郑智在任何时候都没有忘记国家的利益高于一切。

在企业发展的道路上，郑智凭着自己不服输的韧劲和顽强拼搏的精神，带领团队客服了重重困难和挫折，让企业傲然屹立在市场的潮头。

在企业经营和资源并购过程中，经常遇到一些信用度差的合作企业和个人，或者在业务洽谈中突然出现不速之客，各种意想不到的问题经常出现，每每遇到这样的情况，作为企业的领头人，郑智总是临危不惧，积极想办法妥善处理和解决问题，让业务顺利开展下去。

郑智刚刚走上管理岗位不久，当时所在单位还属于政府经营的企业，生意往来的伙伴多数和政府部门、部队打交道比较多，在合作的诚信度上还是比较高的，但总是会有一些始料未及的事情发生。有一次，公司和部队所属的企业合作了某个油田一个两万吨油的业务，定金交了，钱款也付了一部分，等去拉油的时候发现，油田根本没有他们的这个业务。这下郑智可急了，耽误了政府正常的业务不说，钱款追不回来的话，给政府造成的损失可就大了。郑智多次寻找当事人，经过多次博弈，钱款终于追了回来，挽回了经济损失。接着，他又亲自跑油田，争取到用油指标，保证了本地区工业生产和人民生活的用油。

郑智在内蒙古做董事长的时候，在乌兰察布市有个多年勘查没有出结果的矿产，由于多年投入不达标，已经废弃，当时的书记就表示，地方政府有权把矿产证吊销另行招商。郑智带人勘查后，当地政府要求保留 20% 的股份。就在郑智把一切办好，和政府达成协议的时候，当地一个经营矿产的老板想把项目争取过去，并且安排了地痞流氓天天到矿上捣乱，扬言让郑智的企业干不成，让他们滚出去。面对这种情况，郑智争取到了书记的大力支持，将这些地痞流氓绳之以法，创造了一个平稳的环境。后来，勘查结果不断扩大，产生了非常好的价值，矿储量惊人，郑智让利当地政府持 40% 的股份，最后矿山成了日处理一万吨金属矿的大型矿山，并且成功上市，创造了非常可观的收入。

2008 年，金融危机席卷全球，正是并购海外矿产资源的有利时机。中商联合建设开发集团经过一系列周密的准备工作，准备投资并购美国 KLONDDEX 金矿，经过多次洽谈，双方已顺利签约，可正准备履行合同时，加拿大的一家上市公司横插一脚，声称中方恶意并购，提出了更高的价格要求并购这家金矿，这一事件在当时引起了海外媒体的广泛关注。并购成功与失败，不仅仅是企业的利益，它代表的更是一个国家的尊严和中国在海外的企业形象。郑智带领他的精英团队和对方多次较量，凭借博弈团队的经验和实力，最后仍然成功并购了这家美国金矿，成为真正的股东。当时加拿大的一些媒体及《金融时报》等都给了中商联合投资集团很高的赞誉。这次投资成功，让中国的矿业基金享誉海内外，郑智也在国内外的同行中成了一个传奇。

矿业投资，最关键的工作就是实地考察，每次大的投资项目郑智总是亲临现场，一丝不苟地仔细考察和研究。其间，恶劣天气经常遇到，因为路况差或者迷路，吃不上饭、喝不上水也是常有的事，但郑智那种不畏困难、勇于前行的精神始终激励着团队一班人，在这条充满着艰辛和曲折的道路上砥砺前行。经过十年的努力，中商联合建设开发集团成功运作了十几个海内外优质矿业项目，为国家获取海外优质矿业资源做出了重要贡献，受到了国际媒体“CMU FUND 不可小视”的赞誉。

不忘初心，回馈家国

《华严经》中有这么一段话：“不忘初心，方得始终。”不要忘记最初时候所确定的目标，矢志不移、有始有终地坚持下去，才能取得好的结果。一个人，时时记得珍爱初心，努力纯净自己的初心，就能给自己一双澄澈的眼睛，找到人生的方向。这颗初心，一直珍藏在郑智的心里。

根据中商联合建设开发集团长远的发展规划和国家的长期战略，2015 年，集团把诺贝尔可持续发展基金会主席请到了中国，在人民大会堂和钓鱼台国宾馆探讨如何把诺贝尔的科技成果与中国梦相结合。在清华大学金融学院，双方就诺贝尔的科技成果与中国的新兴产业和金融发展进行了深入的交流。目前在诺贝尔科技成果转化方面，集团已经建立了几个院士工作站，着手开始了今后的合作开发工作。

2018 年，中商联合基金和航天十二院、海南农垦集团共同在海南三亚建设了航天产业园，把航天的军民融合与海南农垦集团的航空育种和航空医疗结合了起来。

目前，中商联合投资集团拥有五个优质建设施工单位，21 个行业一级施工资质，并多次获得鲁班奖。集团优秀的建筑开发实力，为军民融合产业园高质高效落地保驾护航。

遵照国家中医外交的战略规划，2015 年，国家中医药管理局国际交流中心的示范基地——北京国医汇医院成立，医院与世界卫生组织传统医学合作中心等单位通力合作，会聚以国医大师金世元、石学敏、王琦、刘敏茹、孙光荣等为首的高水平中医专家团队，积极组织策划中医药文化主题活动、国际合作交流等项目。这家中医机构，主要是为驻华的178个大使馆、世界500强驻华高管、100多家驻华新闻媒体和20多个联合国机构，包括亚投行、亚洲基础设施投资银行、国际组织和国际友好人士等打造的服务平台，为他们提供更加便利的健康管理和中医服务。医院建成以后，有140多个国家的病人来医院接受过治疗，两年多的时间里，已经把中医药带进了100多个大使馆、1万多个外交官的家庭。集团组建的国医汇医疗科技集团，与瑞典的卡斯罗琳卡医院免疫力防治科技公司、美国斯坦福大学、英国莱斯特大学中国生命科学园等机构合作，以传统中医中药结合西医检测细胞生物医疗等，进行未病调理，提供慢病康复等健康管理、医养旅游的一体化服务。目前，以北京国医汇、三亚国际中医养生保健中心、天津国医汇斯坦姆等为母基地，向全国及全世界孵化布局中医医疗康养产业。

为积极响应节能减排、电力体制改革、新能源开发等方面的号召，2016年中商联合能源集团成立，其致力于推动新能源、碳电交易、大数据智能匹配技术研发、水电环保等领域的发展，是全国第一家碳电融合企业。通过售电和碳电交易两个大平台，又衍生出了集团的P2C线上交易平台。集团共有售电、碳交易检测、电力大数据、电力金融、智能软件研发中心等几大主要板块，支撑整个用电企业和电厂服务。

从2009年到2019年，从单一的矿业投资基金到如今的数字金融、矿业能源、食品安全、水电环保、航天科技、碳电交易、医疗康养、海上文旅、城建开发等多领域产融并举的大型产业投资集团，十年的发展凝聚了中商人的为国为民、不懈奋斗和锐意进取，凝聚了中商集团领路人郑智不忘初心、勇往直前的领导艺术和家国情怀。

坚守责任，规避风险

梁启超有一句话：人生须知负职责的苦处，才能明白尽职责的乐趣。职责是一个永恒的话题，一个人拥有了责任心生命就会闪光，一个人拥有了责任心就有了至高无上的灵魂，他在别人的心中就如同一座高山，不可逾越。

作为企业领路人的郑智，有着坚定的政治立场和政治信念，在企业运营过程中，他自觉贯彻执行党和国家的各项方针政策，始终把维护投资者和股东的利益当作自己的责任。既考虑企业的效益，也要想到投资者的利益，又要兼顾职工的待遇，只有三者共赢，企业才能健康稳步地向前发展。

对于投资者，郑智总是努力给予他们最大的回报。中矿联合基金目前在国内外募集到一些基金，作为基金的管理者，企业有责任、有义务为投资者理好财、服好务，给股东最大的回报。集团联合一些企业和股东，共同扩大发展基金规模，把资源拿出来共同开发，谋求企业的发展。把公司引进的先进技术通过产业基金变成产品，再应用到社会，创造最大的价值。

矿业投资是高风险、高回报的。所以，为了保证投资者的利益，郑智在规避投资风险管理中，首先选择的是投资环境，那就是所投资的项目是否符合国家政策，是否违背国家的利益。在每一个投资项目中，郑智都要部署专业人员进行详细审核，国家《矿业法》规定的手续是否齐全，劳务问题、环保问题、进出口关税等问题，当地政府和老百姓的合作关系，各种因素一旦考察不好，就会对以后的开发经营带来不利，造成企业和投资者利益的直接损失。

例如非洲一个世界级的大磷矿，初步考察品位很高，储量也很大，对投资者很有吸引力。但在后来的考察中发现，矿区离居民的饮用水很近，直接开采会对环境造成污染，尽管是在非洲，但也应该考虑到那里人的健康问题，如果再做一些额外的环保投入，股东们的回报就会大大降低。最后，郑智拍板，放弃这个项目的投资。

还有一次，匈牙利有一个铀矿，通过集团专家论证，认为矿储量非常大，矿产品位非常好，但是集团经过认真仔细地调查，了解到这个项目离一条河比较近，已有当地居民联名上诉政府，使这个项目十多年一直没能开发。通过这次尽职尽责的认真考察，集团没有贸然投资，避免了资金的损失，保证了投资者资金的安全。

郑智在企业投资方面，不仅考虑国家的绿色环保，也维护着投资国家的环境，这就是一个成功企业家的社会责任，正是有了这份责任感，才能让他在矿产资源领域的投资越做越大、越做越强，让投资者得到了最高的回报，让中商基金得以向着健康的方向稳步扩展。

以人为本，共创未来

一个人要赢得别人的尊重，首先是要尊重别人。同样，成功企业的魅力就在于它能最大限度地尊重人、理解人、关心人，并用人性化的经营，调动企业每位员工的积极性、主动性，为企业的发展提供持续不断的活力。如同做人要有自己的办事风格和行为准则，企业文化无时无刻不体现着企业员工的价值观念和行事方法，它是企业员工的工作态度，是企业发展的动力和源泉。

日益激烈的市场竞争，给中商联合建设开发集团带来了巨大压力与挑战，也赋予了其具有时代特色的企业文化，富含人情味和人性魅力。

以人为本的企业文化，领导者是关键。郑智作为一个把握企业发展方向的经营者，有着良好的素质，也有一套多年来自己在企业管理中形成的哲学思想，对于企业的发展前景，他有明确的目标。他坚信：不怕路远者，就有希望达到目标。这一目标的实现过程，就是企业从小到大、从弱到强的奋斗历程，是企业精神的提炼，企业形象的展示。企业的目标，决不仅仅是某些经济指标的完成，还包括企业全员的理想、抱负和社会责任的实现。

“人”，是企业中的核心要素，郑智作为企业的领袖，能真正做到与自己的下属和员工互动，他也要求各板块的企业领导与自己的员工经常举行活动，既让员工熟悉企业的发展现状、理解企业的困难、熟知领导安排的良苦用心，也让领导熟悉员工的工作状态和内心需求，理解员工的心理，这样，才能真正实现“人”在企业中的地位和价值。郑智要求企业的管理人员真正做到从内心去理解员工，在企业中做到人与人之间的平等、真诚、合作、发展，保持企业的持续良性发展。

中国有句古话：“千人同心，则千人之力；万人异心，则无一人之用。”意思就是说如果一千个人同心协力，就能发挥一千个人的力量；如果人心各异，一万个人就连一个人的力量也发挥不出来。这就是团队的力量，更是企业需要的团队精神。郑智做企业领导者多年，不论在哪个岗位上，他都特别注重处理好同事和下级的关系，在日常工作中出现的问题，做到人性化的处理，用精神和物质方面的有效激励，激发员工的动力和稳定员工的思想，对每一个员工都做到关怀、爱心、耐心、善用、信任和尊重，员工有了归属感，就会调动工作积极性，才能更好地完成各项工作，全心全意为公司服务。

现在，中商联合建设开发集团在郑智的领导下，已形成了一个高素质的领导团队，且不断引进国内外高端的管理人才，为集团今后的发展奠定了坚实的基础。

郑智在注重企业团队建设的同时，尤其关爱年轻人的成长。随着企业规模的不断壮大，业务量不断增多，年轻人逐步顶替着重要的岗位，承担着关键的角色，虽然经验不足，但不能否认，年轻人有活力和魄力，在不久的将来，更多的责任将寄托于他们身上，他们将是企业未来的主力。带着对年轻人的期望和对集团未来发展的长远目标，郑智对集团年轻人的培养主要体现在三个方面：

一、重视：年轻人在企业里犹如新鲜的血液，流淌在企业的各个板块，他们在完成一件件小事，做着一份份报告，接听着一个个电话，带来了一单单生意，因此他们的功劳不可磨灭。同时，在完成这些工作时，也存在着经验不足、业务技能短缺、频繁跳槽等问题。针对这些问题，郑智要求各板块领导对年轻的员工要时常鼓励，物质激励，激发年轻人的潜力，带给他们归属感，促成他们的成就感。

二、培养：任何人都是从稚嫩走向成熟，从经验欠缺走向博学多才，所以企业应该给予年轻人耐心，培养他们的大气、朝气、和气、才气，培养他们懂得争与不争的道理，培养他们“小事杂事成就大事”的品德。郑智要求集团把年轻人安排在艰苦的岗位上，对他们不断磨炼，以期打造出支撑未来的栋梁。

三、锻炼：年轻人进了集团，由于缺少实践经验或者专业不对口，开始可能是失望，但是，集团总是给年轻人足够的锻炼机会。比如，有的年轻人报告写得好，就让他写部门的报告、公司的报告；有的年轻人在基层表现突出，就给他更高的职位进行锻炼。通过这些举措，激发年轻人的成就感，发现潜在的人才。

由于年轻人的理念和上一代人的理念有些差异，在工作中难免出现不合拍的地方，对待工作，郑智要求严苛，一丝不苟，但工作之余，集团就会组织员工到不同的地方游玩，促进员工之间的交流。

对于年轻人的培养，最重要的就是责任。有一次，集团洽谈的一个项目需要企划材料，当时负责这项工作的年轻人周末正在外边游玩，不愿意回来加班，郑智就亲自联系这个年轻人说：“养兵千日用兵一时，现在正是集团需要你的时候。”一句“需要你”，让员工感觉到了自己在集团的位置，让他的心里有了一种归属感，立即放弃行程赶回来，如期完成了任务。

精神有了归属，生命就有意义。家国情怀是一股永不衰竭的精神源泉，心中有了这种爱国奋斗的精神，就能赢取新时代的伟大胜利。“打中国牌，唱亚洲戏，念全球经，走国际路”，这是中商联合建设开发集团紧跟国家战略步伐，积极响应党的号召，不忘初心，砥砺前行，开拓出的一条独领风骚的发展道路。我们相信，集团的未来，在董事长郑智的领导下，必能继续砥砺前行，成就非凡事业，铸就更加灿烂的明天。

顾三官*：背负期待，奋力前行

谢昱航

投资 58 家企业，有 53 家成功上市，这是苏州知名企业家顾三官身上的一个醒目标签。由顾三官任董事长兼总经理的苏州工业园区联合投资有限公司，投资遍及工业制造、商住地产、文化服务、生态健康、新能源等多个行业，投资成功率之高，堪称传奇。

也许有人会误认为顾三官就是一个专业的股权投资人，其实不然，他更多的还是一名实业家，从工业制造起步，他创办的企业从商贸到制造、地产、光伏、古玩，每一个都做得红红火火。

如果说，投资的准确率，靠的是眼光独到的企业家特质，那么，企业经营的成功率，则得益于一名仁厚者的责任之心。也是这种责任之心，让顾三官经营企业时没有了急功近利的短视，而是代之以一种共生共存、互促互惠的企业观。换句话说，顾三官每创办一个企业，想的不只是这个企业，还有行业的健康和长远发展，还有经营者和消费者的利益平衡。

* 顾三官：苏州工业园区联合投资有限公司董事长，苏州大学董事会副董事长。

从武德到企业品格

在顾三官的众多头衔中，有一个让人有些意外，那就是“苏州市武术协会会长”。顾三官的会长职位不是浪得虚名，熟悉内情的人都知道，他是个武术行家。

1959 年，顾三官出生于江南水乡的吴中区郭巷镇。从 12 岁开始，他迷上了武术。当时的他，还是一个懵懂的乡村少年，怀着美好的憧憬，决心要靠一身好功夫，打抱不平，行侠仗义。这种憧憬虽然带着天真，但也显现了一颗热心，一腔正义。

顾三官的师父还真是名头不小，曾是吴佩孚的保镖。由于师父的这种特殊经历，当时是不能公开收徒的，于是，顾三官只能暗暗地学。练功都是凌晨开始，早 4 点钟结束。当别人还在深沉的睡梦中，顾三官却在挥汗练功。这种苦，不是一般人能吃的，而顾三官一练就是整整 20 年。冬练三九，夏练三伏，不只是技艺的长进，意志也磨炼得像钢铁一样硬。

顾三官系统地练过大小洪拳、少林拳，还有器械、刀枪棍剑戟十八般兵器。说是武林高手，没有虚夸。后来形势好了，习武能公开进行了，一段时间还成了社会时尚，顾三官的师父能光明正大地收徒了。但师父年事渐高，顾三官是师父的大徒弟，技艺又深得师父信任，许多的教习都由顾三官主持。

“与武结缘，可以说让我终生受益。虽然我在与人交往中，从来不以习武之人自居，向人家展示自己的武功有多好，但我在心里一直以一个习武之人来要求自己，追求武品至上，要求自己光明磊落，一身正气。”顾三官在接受媒体采访时说。

熟悉顾三官的人都知道，他为人质朴踏实。新年会朋友，居然是足蹬一双平底布鞋，没有一点大老板的派头。对此，顾三官解释说，在武术界，大凡派头十足、浪头大得吓人的人，其实都是一些虚架子，就像湖中的鱼，浮在面上的，只能是一些小鱼，大鱼都是沉在水底下的。做人，还是低调的好，脚踏实地的好。

这种武术上的修为，深深影响了顾三官的人生观和价值观，包括他的企业观。顾三官所有的企业，都坚持一个宗旨："创造美好生活，真诚回馈社会"。用顾三官的话解释，就是尽自己所能，办好企业，在为社会创造财富和工作机会的同时，积极支持公益事业，为了社会进步增一分热、发一分光。

所以，顾三官旗下企业，都有相同的品格——着眼可持续发展，追求经济效益和社会效益的平衡。

信用奠定事业基础

1976 年，17 岁的顾三官成为郭巷微生物化工厂的一名普通工人，开始了职业生涯。工作中，随着年龄的增长和阅历的增加，顾三官的理想也开始丰满。1988 年，他放弃工作，开设了一家五金建材商店，主营五金建材、水暖配件。第一次开店，或许是天赋所致，或许是机遇造人，顾三官的生意十分红火。

如果满足于一个小店，顾三官就不会有今天的成就。商机总是属于有心人。在小店的经营中，顾三官发现，市场对钢材的需求很旺盛，但由于当时的政策限制，他们五金建材店不能经营钢材。商机就在眼前，不甘平庸的顾三官怎肯放弃？他开始了自我突破。经过多方努力，他找到了当地的一个村作为合作伙伴，创办了吴县新月物资供销公司。

创业总是艰难的。公司刚起步，困难一大堆。当时做钢材生意，有两个关键，一是货源，二是资金。通过不懈努力，顾三官成为武汉钢铁厂的代理商，稳定了货源；而资金方面，是朋友的信任让他能及时筹措到大量的进货资金。于是公司开始快速发展，顾三官也因此掘到了他的第一桶"金"。

顾三官总结说，供销公司的成功，缘于他良好的信誉。之所以能在众多的竞争者中胜出成为代理商，是因为对方看到了他的诚实可信；能筹到资金，也是因为他在生意中树立了良好的信用。在公司的经营中，顾三官始终把信誉放在第一位。一批货物一般一个月内就能销完，销完就及时归还借款。良性循环，使顾三官在行业的信誉一步步加强，很多大型公司都逐渐跟他建立了合作关系。

不久，机会又来了。20 世纪 90 年代初，变压器矽钢片是十分紧俏的产品，而全国只有武钢一家企业生产，要货的人常在武钢门外排起长队。武钢为了专注生产，决定寻找一批信誉好、有一定实力的公司做代理。已有一定名气和积累的新月金属材料公司幸运地成为江苏地区唯一的代理商。于是，全省三四十家变压器生产厂家都只能向顾三官要货。

这个时候，顾三官已成为举足轻重的代理商。但他依旧视“诚信”为生命。因为产品紧缺，价格变化非常快，今天一个价，明天说不定就涨了。但顾三官只要给客户承诺了价格，都坚决执行，哪怕是从工厂进货的价格比承诺给客户的价格还要高，他也以承诺价格交货。客户知道后，都伸出大拇指。顾三官的市场影响力不断扩大，无论是公司还是个人，都乐意从他的公司进货。

随着公司影响扩大，顾三官渐渐不满足于做一名经销商，他要成为实业家。1997 年，顾三官进军制造业，成立金月电器材料公司、金属制品公司，开始生产电器材料，并引进高速冲床加工矽钢片，为电动工具、吸尘器生产厂家加工配件。

公司成立以后，顾三官坚持自己的经商理念，以品质求生存，从国外引进了先进的高速冲床设备、模具加工设备及精密检测设备。聘请学有专长的工程师和技术人员，以丰富的生产经验和先进的工艺、完善的检测手段，为客户开发、生产优质精品。公司于 2001 年通过 ISO9001：2000 国际质量体系认证，被国家工商行政管理部门评为苏州地区首家国家重合同守信用企业，顾三官本人被江苏省政府评为九五期间优秀乡镇企业家。

如今的金月金属制品有限公司，“办公场地窗明几净，亭台假山古色古香，4 座宽敞明亮的标准厂房里，一卷卷原材料堆放整齐，一台台冲床高速运转，一批批成品刚生产出来就装车外运……”当地媒体的报道中，传递着一片欣欣向荣的景象。

金月金属制品有限公司现在占地面积 6 万平方米，建有标准化厂房 3.4 万平方米，主要从事精品电机定转子铁芯、变压器 EI 片等金属件深加工以及硅钢片分条、铁芯加工和各类级进模具开发、加工。公司每年无取向硅钢片加工量达 17 万吨以上，销售变压器硅钢片 8 万吨左右，年销售额达 12 亿元。

“项目做好了，人们会记住你”

成功属于有准备的人，事业属于有事业心的人。金月金属品公司稳步发展，不断做大，但顾三官没有就此满足，他在尽心经营金属品制造公司的同时，也在用心寻求其他发展机会，筹谋下一步的发展。2002年4月，时机成熟，他与6家民营企业合伙，成立了苏州工业园区联合投资有限公司。

苏州工业园区1994年设立，经过10年的发展，工业制造业有了一定的规模。但是，落户的企业不断增加，就业人数不断增长，配套的商业设施却没有跟上。顾三官早就看到了这个商业机会，进行了充分准备，当园区决定拿出一块商业用地进行拍卖时，他果断出手，拿下了这块7万多平方米的土地。于是，联丰商业广场应运而生。

联丰商业广场所在地块，属于工业园区的行政文化区域，居住用地面积大、规划人口多，事实上，看中这块地的投资者很多，有七八家公司参与了竞标，竞争异常激烈，但最后还是被顾三官的联合投资公司获得。

2005年5月18日，联丰商业广场盛大开盘。广场有“苏州徐家汇、园区新观前”之称，是园区湖东首家大型商业广场，总建筑面积约10万多平方米，集购物、娱乐、餐饮与商务居住为一体，可为附近30万人群提供各式生活服务。A栋为大型的综合类百货零售业；B栋为专题式百货街区；C栋为大型餐饮与娱乐总汇；D栋的一二层是特色餐饮街区，三四层为商务居住；E栋则为“世纪联华”湖东大卖场与“精品专营街区”。

顾三官曾表示：“我有个脾气，做事要么不做，要做就一定要做好。”这个“脾气”在联丰商业广场的建设中得到充分体现。顾三官和他的团队明白，这么大的商业项目，而且是工业园的窗口，容不得有半点失误，所以他们进行了详尽的规划，每一个环节都严谨实施。顾三官常常亲力亲为，一个细节也不放过。

建成的联丰商业广场，外观大气、现代，设施先进、齐全，更注重整个项目的实用性、服务性。联丰商业广场已成为苏州湖东的大型邻里中心，周边有几个商品住宅项目建成；在行政、教育方面，联丰广场以北，是总建筑面积逾10万平方米的园区行政中心；以南2.5公里，是研究生城；会展中心、高尔夫球场、苏州九龙医院等，都在此聚集。

“我们为城市创造一个有活力的中心，提升了本地段的价值。大型商业项目不似普通住宅楼的投资，周期长、风险大、投资大、回报慢。但项目做好了，人们会记住你的，因为你的投资，方便了周围老百姓的生活。”谈到联丰商业广场项目，让顾三官最感欣慰的还是他为当地创造了什么。当然，广场本身是顾三官和联合投资公司的一个品牌。在为社会创造价值的过程中发展自己，又一次在顾三官那里得到践行。

千万别忘了大多数人的利益

2019年5月17日，位于苏州工业园内的苏州古玩城鲜花盛开、彩旗飘舞，一片节日的气氛，第十一届春季文博会隆重开幕。这是一个文人雅玩交相辉映的盛会。全国各地的古玩市场、民间博物馆、拍卖行、文化产权交易厅以及收藏从业者、工艺美术师都齐聚这里，或展示瑰宝，或找寻商机。一时间，精美瓷器、稀世玉器、名家书画等争奇斗异。

这个在文博界负有盛名的苏州古玩城，就属于顾三官和他的联合投资公司。

作为生意人，顾三官总是在寻找商机；作为苏州人，他时常在思考，苏州有什么，苏州缺什么？长期在外考察和洽谈业务，顾三官到过很多地方，心中有一个全局，这为他提供了一个观察苏州的坐标系。在对比苏州和许多知名城市的情况后，顾三官觉得，苏州缺一个古玩市场。

“苏州是一座历史名城，有着深厚的文化积淀，全国很多地方，文化底蕴和氛围都还不如苏州，都有了古玩城，可苏州还没有。文化古城缺乏高档次的文玩市场，这说不过去。”于是，顾三官决心打造具有苏州特色的古玩城，要让其在国内外都具有知名度。

顾三官投入大量资金进行古玩城建设，在古玩城的设计上用了很多心思。除了展厅，他们还为古玩爱好者设计了配套办公区、住宅区，还有居住与商用一体的工作室。在运营上，他们与北京古玩城管理有限公司、厦门及深圳的几个规模较大的古玩机构合作，联合招商，利用他们的优质资源为古玩城的发展服务。巧妙的运营效果明显，很快就有130多家商户进驻古玩城，分别来自北京、上海、南京、杭州、厦门等地。在此基础上，团队又从申请登记的300多名本地客户中挑选合作者，扩充商户队伍，构建了古玩城运营的坚实基础。

古玩市场是一个特殊的市场，真真假假，似龙潭如虎穴。投资人可能因一次“捡漏”而获得珍宝，从而笑逐颜开；也可能因一次“打眼”而血本无归，遭受重击。面对琳琅满目的物件，要看破假象、识得真品，自己必须有相应的道行，但是，市场整体健康很重要。如果假劣充斥市场，让人防不胜防，那么上当蒙受损失的人就会很多。当然，这样的市场也是没有前途的。

所以，一开始，顾三官就在确保市场健康上进行了设计。古玩城坚持高门槛，只允许高品质的真品、精品进入。“我们要与收藏界的同道们一起努力，维护市场的洁净，为全市甚至全国的古玩爱好者提供一个交流合作的平台，为他们带来实实在在的福利。同时，也要为整个古玩市场注入正能量，促进古玩艺术品行业良性发展。”顾三官如此描述古玩城建设的初衷。

为了扩大影响，古玩城经常举办各类古玩艺术品交流活动。文博会已经举办了11届，影响力一届超一届。“我们的目标不仅仅是面向长三角或者是国内市场，而是依托文化古城的名城效应，面向全世界。”顾三官志存高远。

顾三官本身是一个书画和收藏爱好者，而且资历还不浅。从20世纪80年代开始，在练习武术的同时，他也练习书法，而且非常着迷。顾三官虚心学习，广交笔友，中国当代很多名望极高的书画大家，大多数是顾三官的好友。顾三官经常把自己的书法习作给名家看，询问有什么不足、该从哪些地方着手用功，以提高书法修养，那些朋友也真心直言。这种交流切磋，为顾三官营造了学习氛围，促使他进步。

在书法习作和艺术交流中，顾三官对文物收藏也产生了兴趣。“近朱者赤，我与那些大家交往，常接触名作，好东西看多了，自己当然也会有长进。而且，一旦入了门，有了兴趣，就会有研习的主动性。我收藏名流的作品，请他们做我企业的顾问，也是一种学习的方式。作品好在哪里？价值到底在什么地方？我会主动问，人家讲解后，我自己再琢磨，经常会有心得，眼界也在不断拓展。”顾三官如此介绍他和古玩结缘的过程。

对于古玩，顾三官还有一套自己独特的见解。“你可以翻翻中国历史或者世界历史，一代代的能人，一辈辈的富豪，他们最后留下的是什么？不就是古玩吗？能够传之后人、历久弥新的实物，就是古玩。说到这个‘玩’字，中国正统的观念对‘玩’是有些偏见的，好像玩就是玩物丧志，这分明以偏概全了。在艺术上，放松心态，以玩的感觉去创作，往往就能有佳作；相反，条条框框太多，创作出来的东西往往拘谨。一个书画家，甚至是所有艺术家，一生能创作不少作品，但真正的精品，足以传世的精品，也不过几件。而这些精品力作，恰恰是‘玩’出来的。排除了世俗杂念，摆脱了一切羁绊，物我两忘，自由创作，才产生了传世精品。一代代名家巧匠，将他们的才华智慧凝结成自己的作品，在岁月的河床中接受时间的洗礼，大浪淘沙，最后成为我们今天说的古玩。这古玩多么来之不易，完全是古往今来文化艺术品中的真金白银，是穿越苍茫烟雨幸存在岁月河床中的珍宝。这样的古玩，一旦有缘与你相遇，难道不值得收藏吗？货真价实的古玩，值得任何人收藏，这就是古玩爱好者那么痴迷的原因所在，古代从皇家到布衣，都有古玩爱好者，今天也是如此。”

顾三官对古玩收藏的投入越来越多，藏品也越来越丰富。目前，他的收藏涉及紫砂壶、铜香炉、瓷器、瓷碗、文房四宝、玉石、翡翠七大类。

顾三官在书法和古玩收藏上的造诣，让他在业内渐成名气。因此，他被推选为苏州市鉴藏协会会长。冠上这个头衔，顾三官更多的感受是责任，想得更多的是尽己所能为苏州的古玩事业做出贡献。“‘诚为先、信为根、人为本、和为贵’是我的核心价值观。我们将倡导‘以客为尊，引领市场’的经营理念，致力于推出优质的藏品、提供优良的服务和创建优秀的文化，同时构建具有时代特色的管理模式，实现客户满意、员工满意、投资者满意和社会满意，创造多赢的局面。”

为了拒假货于市场之外，顾三官也努力修炼识假法眼。他认为，鉴藏先必须自己有底气，有一双慧眼，能看出货的成色。通过不断学习、考试，顾三官成为国家注册艺术鉴赏师。他还聘请了艺术顾问，在一定程度上帮助他把关。

“在做大做活这个市场时，千万别忘了大多数人的利益，否则就是竭泽而渔。”在古玩市场，顾三官依旧坚持着他的生意观。

以创新求发展

奋斗是企家业的底色。成为企业家，首先要有一颗勇于进取的心，所以企业家总在捕捉市场的商机。一个偶然的机会，顾三官接触到了光伏发电。

光伏发电普遍被看作是朝阳产业。太阳能源，取之不竭；零排放，对大气环境的破坏极小。在全球环保压力巨大、各国都在为减排寻找出口的大背景下，光伏发电被寄予厚望，很多国家政府都通过税收、资金等手段，支持光伏企业的发展。顾三官判断，光伏是低碳发展的一个重要方向，具有无限发展潜力，更何况，投资光伏对国家的生态文明建设和老百姓的生活质量改善意义重大，符合自己的投资理念。于是，他毅然决定投资光伏产业。

2010 年 9 月，顾三官的江西共晶光伏科技股份有限公司成立，注册资本 2 亿元人民币，占地面积约 700 亩，位于江西省共青城工业园区。

公司创立之初，就决心做未来新能源领域的领航者，以新技术撬动全球新能源市场，打造中国乃至世界最大的专业太阳能电站投资、运营平台。为此，公司总投资额达到 20 亿元人民币，引进了国内领先的多晶硅太阳能电池、组件制造设备。

沿着光伏产业链延伸，公司的业务实现多元化。除了太阳能光伏发电系统开发、太阳能电池片及电池组件生产，还从事光伏应用产品、终端应用产品及工程设计、施工。完善的管理，先进的工艺，公司通过了 ISO9001、TUV、CQC 等质量认证体系，2017 年被评为国家高新技术企业，并且入围江西省 11 家“万家屋顶示范工程”供应商目录。2018 年公司进入江西省财政厅政府采购目录，也是九江市新能源骨干企业，产品成为江西省工业和信息委员会晶体硅光伏组件应用推荐产品。

目前，公司的产品除畅销国内，还出口东南亚、德国、意大利、西班牙等国家和地区。

“我们致力于成为一家面向全球的专业太阳能公司，在发展企业的同时，对经济社会发展和环境改善做出贡献。”顾三官始终没有忘记社会责任。

光伏属于高新产业，顾三官投资光伏产业，也体现了他对科技发展的热心。顾三官相信，科技是国民经济重要的助推器，中国要强大，就一定要大力发展科学技术，努力成为世界创新高地。对于企业来说，创新是不变的主题，一定要拥抱科技，利用科技创新提升企业的竞争力。正是这种热心，让他在光伏发电上敢于投入巨资。

光伏发电产业在中国的发展速度很快，应该说，政府补贴在其中起了很大的作用。政府补贴的初衷，是通过前期扶持，让企业大力创新，占领技术高地，然后能够自我发展和强大。所以，补贴政策不可能一直存在。近两年，政府的补贴开始减少，去年的“6.1”新政，引起光伏行业大地震，政府态度明确，补贴将会逐渐退出。这是一个试金石，那些依赖政府补贴过日子的企业，很快日子就过不下去了。而顾三官介绍，他的光伏企业，从2016年底开始，产品呈现旺销状态，企业进入快速发展期。这足以说明，顾三官的光伏企业已经赢得了自我生存的能力。

顾三官坚信市场配置资源是最好的方式。“作为企业，要遵纪守法，要处理好政商关系，不能依赖政府资源而发展，否则，企业一定不会长久兴盛。”

增资名酒，奉献佳酿

企业的发展壮大，意味着不断寻找商机、利用好商机。近些年，白酒市场上可谓“群雄逐鹿”，竞争激烈。但是，茅台酒却稳居强势地位，价格不断攀升。茅台酒的竞争力构成中，一个重要的因素就是酒厂所在地——茅台镇的地理位置独特，这里阳光充足、气候温暖、水质清甜、植被丰富……得天独厚的生产条件让茅台镇在中国的酒文化中成为一个特殊的符号。

其实在茅台镇不只有茅台酒，这里可以说名酒辈出。金茅古酒厂就是位于茅台镇的老厂。金茅古酒厂始建于清朝年间，是酱香型白酒原产地最古老的作坊之一，在茅台镇属于建厂时间较早、库存陈年老酒较多的企业。

金茅古酒厂总部位于赤水河畔安龙场，地处茅台镇7.5平方公里酱香酒核心产区内。制酒、制曲车间沿赤水河岸而建，厂区地表为茅台特有的“红土壤”，酿酒用水从赤水河直接引入，与国酒茅台同享得天独厚的地理、气候和微生物环境。

2010年，金茅古酒厂投资3.5亿元、征地130多亩，首批入驻国家新型工业化产业示范基地——仁怀名酒工业园区荣昌坝生产区。金茅古酒厂传承千年酿酒古法，以本地优质糯高粱、小麦、赤水河的水为原料，严格按照茅台镇酱香酒传统工艺精心酿制，产品极具酱香突出、幽雅细腻、酒体醇厚的风格。金茅古、金茅城、玉楼亭、思念等不同档次、不同口味的产品，满足了不同层次市场需求。

顾三官看到了金茅古酒厂深厚的底蕴和无限的发展前景，决定入股酒厂。目前，顾三官持有金茅酒厂的大部分股权。资本的投入，进一步壮大了酒厂的实力。目前，酒厂已有员工300余人，年产酱香酒3500吨，可实现年销售额60亿元以上。2019年5月18日，金茅古酒厂正式挂牌香港知识产权交易中心，市值100亿港币。

对公益事业的投入远远大于自己生活享乐的投入

像顾三官这样的老板，人们一定好奇他的生活。让人意外，生活中的顾三官，没有一点老板的“样子”。衣服没有名牌，有时连品牌也没有，好像穿来穿去就那么几件衣服，因为他的每件衣服要穿好几年才“退役”，不穿烂不换新；脚上蹬的常常是布鞋，价格只有12元一双。只有在非常重要和正式的场合，才能看见顾老板衣着光鲜，有点老板样。平时吃饭，顾三官基本在食堂，每顿一荤一素一汤。由于业务原因，他要经常出差。在北京，他经常吃大排挡，每顿花费不过二三十元。他说，吃大排挡既省钱又省时，要是上饭店，浪费时间。

然而在公益事业上，顾三官却舍得花钱。赚小钱小捐，赚大钱大捐，对于公益事业的贡献，伴随着顾三官的事业一起成长。

1990年，顾三官30岁，事业刚起步。一次，他到苏州市社会福利院的一个分院去看望残疾人，看到那些残疾人生活困难，他内心被深深触动，当即就捐了5000元。那时的5000元，算得上是一笔巨款，特别是顾三官还处于创业初期，自身也急需发展资金。这5000元捐助，足以说明他的仁爱之心。

当年的重阳节，顾三官回家乡郭巷，看到家乡的一些老乡家庭生活还很困难，他又给年龄在70岁以上的老人每人送上一个50元的红包。那些老人拿到红包，如获至宝，甭提多高兴了！50元对他们是莫大的帮助。这也激励了顾三官，他在内心勉励自己，一定要好好干，只有自己强大了，才能给社会更大的帮助。爱心，也是促人不断奋进的动力。

顾三官对社会的捐赠从没停止过。过年给老人发慰问金，“六一”节给儿童送去过节费，平时为学校建房捐款……

2001年起，顾三官以苏州工业园区联合投资有限公司的名义在苏州中学成立奖学金，每年出资3万元，奖励成绩优秀的学生。在苏州大学，顾三官听说一些孩子家庭贫困，在学校生活压力很大，于是主动联系，捐助5名贫困学生，直至他们大学毕业。

2004年底，一个偶然的机会，顾三官得知公司所在的唯亭镇有上百户贫困家庭连电视都看不上，非常难过，当即决定捐赠100台彩电。

2005年，顾三官赞助园区教育奖励基金20万元。苏州大学筹集研究生城建设资金时，想从顾三官那里募集30万元，可顾三官觉得30万元对教育投入来说太少了，于是捐出50万元……

苏州大学董事会成立后，顾三官连续三年每年为苏州大学赞助100万元。

顾三官的公益捐赠伸向社会各个方面。明末清初大诗人吴梅村之墓位于苏州。学界有一种说法，《红楼梦》的作者其实是吴梅村，曹雪芹只是“编辑”。红学专家冯其庸多次到苏州考察吴梅村的墓。冯其庸看到吴梅村的墓年久失修，十分破败，几乎要埋没于荒草杂蔓之中，于是向有关部门提出重修吴梅村墓的建议，但一段时间，并没有得到落实。得知迟迟不修墓是因为缺少经费时，顾三官当即表示，个人掏腰包进行资助。不久，吴梅村之墓得到了修复。冯其庸十分感动，亲自为顾三官的义举题字以表谢意。

顾三官的员工评价他：追求事业的乐趣，远远大于追求生活上的享乐；对公益事业的投入远远大于他对自己生活的投入。

顾三官的贡献，得到了社会各界的肯定。他担任了中企会副主席、苏州市人大常委、苏州市政协常委、苏州大学董事会副董事长、苏州市武术协会会长、苏州市鉴藏家协会会长、江苏省珠宝玉石协会副会长、苏州市商联执委、苏州工业园区重合同守信用协会副会长、苏州市工商联典当投资与拍卖业商会副会长等很多社会职务。这些社会兼职，是社会各界给予顾三官的鲜花和掌声，他并不贪恋荣誉，但也推辞不了，荣誉也是鞭策，鞭策其身负重托，奋力前行。

艾雅康*："世界鸟王"的大千世界

刘焕武

2019 年 6 月 17 日，江城武汉，"艾雅康世界爱鸟节"正在这里隆重举行。这是世界范围内首次以中国人命名的爱鸟节，吸引了全球的目光，来自十个国家的历届领导人和国内外 100 多名优秀企业家共同出席。中国生物多样性保护与绿色发展基金会的隆重推介，"世界鸟王"艾雅康先生"天空没有鸟，世界会变小"的真情呐喊，震撼着在场的每一位嘉宾。

斯洛文尼亚前总统达尼洛·图尔克、波兰前总统科莫罗夫斯基、乌拉圭前总统路易斯·阿尔韦托·拉卡列、乌克兰前总统维克多·尤先科、保加利亚前总统彼得·斯托扬诺夫、玻利维亚前总统豪尔赫·基罗加、圣马力诺前总统吉安·佛朗哥·泰伦齐、爱尔兰前总理伯蒂·艾亨和匈牙利前总理迈杰希·彼得等多国政要悉数到场，纷纷在"艾雅康世界爱鸟节"旗帜上签字，共同向世界宣示保护鸟类、保护自然、保护人类地球家园的意志和决心。

在全场嘉宾的共同见证下，首次以中国人命名的世界性爱鸟节仪式正式启动。各国政要和嘉宾竞相收藏艾雅康鸟类摄影精品力作，并向来自中国大凉山彝族的这位"世界鸟王"送上真诚的祝福。此刻，艾雅康的脸上挂着自信的微笑，浓眉下的双眸炯炯有神，他彷佛又听到了儿时彝族山寨百鸟的歌唱，俨然又感受到了母亲那慈祥的目光。

艾雅康，一个为鸟痴狂甘愿放弃巴拿马金奖和纳斯达克上市公司的商界奇才；一个立志用十年时间走向世界，以 9000 多种鸟为拍摄目标出版《世界鸟类百科大全》的自由摄影人；一个野生鸟类摄影作品被联合

* 艾雅康：中国绿发会鸟类生物多样性保护研究院院长。

国组织和世界多国政要视若珍宝而收藏的地球爱心达人！

炎炎夏日，我们慕名从首都出发，一路向西南来到雅安，走近“世界鸟王”艾雅康，探寻他从“商界”跨越到“鸟界”的传奇轨迹。

彝族少年的如烟往事

雅安，曾经的西康省省会，位于四川盆地西缘、邛崃山东麓，东邻眉山、西连甘孜藏族自治州、南界凉山彝族自治州、北接阿坝藏族羌族自治州，跨四川盆地和青藏高原两大地形区，汉文化与各民族文化在此融合共荣，现代文明与原始自然生态彼此相得益彰，素有“川西咽喉”“入藏门户”“民族走廊”之称，是一座充满历史积淀的文化名城。

1964 年，艾雅康出生在一个普通的彝族家庭。

彝族是中华民族大家庭的重要成员，是中国第六大少数民族。历史上，雅安就有许多彝族村落散居各处，而紧邻雅安的凉山则是彝族人的世居祖地，彝族文化和风俗在这块风水宝地上得到了较好的延续和保护。艾雅康在这样的环境中成长，被深深烙上了本民族血脉的印记，从小就对自然生灵有着天然的亲近感。他爱大山，喜欢森林，更崇拜彝族人的图腾——鹰和青鸟，畅想着有一天自己也会像鸟儿那样在天空自由翱翔、展翅高飞。

理想很丰满，现实很骨感。艾雅康自打记事起，就领略到了生活的艰辛和父母的不易。艾雅康兄弟姐妹六人，他排行老六，是家里最小的孩子。按理说，他应是那个在家里最受宠爱的孩子，可在那个物资极度匮乏的年代，靠打零工养家的父母，根本没有办法让孩子们都吃饱肚子。

回忆少儿时代的生活，艾雅康心酸得眼圈直发红：一个学期几毛钱的学杂费，报名时总也凑不齐，“赊账”被老师批评得抬不起头；上小学三年级了，还在穿姐姐穿小了的花棉袄，耐不住同学们讥笑，反过来里朝外穿了好几个冬天；至于饥饿，口吐酸水“饥肠辘辘响如鼓”的滋味实在是难熬。

更让艾雅康记忆深刻的事是，邻居为了5毛钱跑到家里来“催账”，母亲又是陪笑脸又是说好话，恳请宽限一些日子再还。或许出于好心，又或许催债心切，邻居竟说老艾家儿子多，不如送一个给她娘舅家抱养，5毛钱不用还，还可以再给艾家五十块钱。当时，艾雅康吓坏了。作为幺儿子的他，自然以为家里要送孩子第一个可能就会轮到自己。可他发现，母亲虽发白的脸涨得通红，声音颤抖但却斩钉截铁地对邻居说：“我家有什么值5毛钱的东西你都可以拿走，但我的儿子是不会离开我的！”邻居走后，母亲翻箱倒柜东拼西凑凑齐了5毛钱还给邻居。

区区5毛钱，足以让人颜面扫地。作为幺儿子的艾雅康，虽然是懵懂少年，但此刻也读懂了母亲骨子里的尊严。艾雅康说，父母给他们兄弟姐妹的最大“财富”就是自强不息向命运抗争的精神，这让他们受益终生。

儿时的艾雅康，每到不开心的时候，总喜欢一个人跑到林子里，去听鸟儿们的“对话”。或许身上流淌着彝族人的血液，他相信万物皆是有灵之物，相信人类与动物、植物有着血缘关系。他向鸟儿倾诉，给鸟儿讲他自己内心的事。鸟儿也叽叽喳喳回应着他，好似理解，也好似在安慰着他。那一刻，他幼小的心灵得以抚慰，不快也一扫而去，心情也变得快乐起来。

“从小我就想着，一定要挣钱，一定要改变生活现状。”中学时的艾雅康，没有对升学改变命运寄托什么希望，而是天天想着进入社会做小买卖。他说：“家境没法支持我们都上学，这一点我早早便意识到了。”

穷人的孩子早当家，艾雅康小小年纪就学会了自食其力。好在学校并不以追求高考升学率为办学目的，艾雅康中学时期学业也并不紧张，课余之际，他就琢磨着如何赚钱贴补家用，给母亲减轻负担。当时，改革开放刚刚开始，全国到处都在大兴土木搞建设，艾雅康发现挖土石方工地需要人手，而且是计件付酬工资制，每挖一立方能拿7毛钱。艾雅康算了一下，他每天利用课余时间可以挖2立方，一个月下来就能挣十多块钱。这笔钱对当时的艾雅康来说可是一笔巨款。于是，他说干就干，不仅自己干，还鼓动小伙伴们一起去干。这样，不仅有伙伴能互相照应，而且可以利用团队的力量提高效率。

艾雅康对商机有着与生俱来的敏锐。随着改革开放的推进，人民生活水平也慢慢得到改善，艾雅康发现把照相看作稀罕事的农村人都希望有一张全家福。可在那个年代，照相馆不仅少，而且多在镇上、县里，路途遥远不说，全家人能聚齐一起前去也不是一件容易的事。艾雅康从中看到了商机。于是，他跑到照相馆给老师傅们帮忙当义工。因长得乖巧又热心诚恳，很快便赢得了照相馆师傅的喜爱，也很快就学会了拍照和冲洗胶卷。在跟师傅们混熟以后的一天，他向师傅借了相机和五个胶卷，又从军属同学那儿借来老式军装，邀同学一起到乡下给人拍照。艾雅康至今仍对那段充实的日子怀念不已。他和同学挎着硕大厚实的120相机走乡串户，很是神气，也很赚钱，一趟便能赚十多元。当时，一个正式工一个月也只有不足二十块钱工资，他一个16岁的孩子几天工夫就比成年人一个月赚的还多。

拍照赚钱的小生意没做多久就被照相馆发现，照相馆不再借给他相机，反而循着他的思路开辟了“新业务”。后来，艾雅康从其他照相馆借相机又坚持了些日子，但总归不是一个可以做久的生意。但是，不管是做小工还是到乡下做拍照的买卖，艾雅康把全部收入都交给了母亲。

也是从照相这个“生意”开始，艾雅康不仅练就了摄影“童子功”，而且与商业结下了不解之缘。他倒卖过水果、虫草、木材，一步步积累起做更大生意的本钱。1983年，不到20岁的他已经有了自己的养鸡场和蛋糕厂。

正当艾雅康感觉自己快要“出人头地”的时候，“严打”政策席卷而来，当时年广久、牟其中等当红企业家都受到冲击，艾雅康也没能幸免。他被审查组反复问到的问题是：“你年纪轻轻的，买幸福 250 摩托车的钱从哪儿来的？”

几经折腾，艾雅康本就不多的积蓄全部化为乌有。

背井离乡淘到第一桶金

尽管艾雅康很快恢复了名誉，但身上仅剩 75 块钱的他已很难在雅安立足，生性要强的他没有选择留在雅安。

艾雅康买了一张火车站台票，漫无目的地登上一列火车，当火车经停绵阳站时，他又随着人流匆匆下车。

脚踏生地眼观生人，出了火车站的艾雅康心里一片迷茫。回想自己有做蛋糕的技术，也曾经营蛋糕厂，他觉得自己挂靠在一家单位办蛋糕厂可能要稳妥些，一来可以满足单位自身需求，二来也可以为单位创收，应该会被接受。他尝试着找单位、跑企业毛遂自荐，跑了 20 多家单位，无一例外全被回绝。艾雅康并没有灰心，因为他从雅安出来就没有给自己留退路。

艾雅康总结自己被拒的原因：一是可能自己太年轻，容易被人贴上“嘴上无毛，办事不牢”的标签；二是人生地不熟，没有可靠的人际关系，缺乏信任基础；三是单位可能都没认真算过“蛋糕能做大”这笔账，误认为是“蝇头小利”不屑一顾。

几经琢磨，艾雅康换了一种方式。当他来到绵阳精神病医院时，他没有像以前那样直接到单位公事公办，而是弄了一袋脐柑先去找院长。到了院长家里，进门看见院长爱人在扫地、抹桌子，他便抢过来干。院长爱人对勤快的艾雅康很是喜爱，便询问他有什么事。艾雅康于是讲出了自己的想法，还承诺每年为医院创收 1 万元。坐在一旁的院长看着长着一副稚嫩面孔的艾雅康，有些不相信，问他多大了，上过什么学校？艾雅康没有直接回答院长的问题，只是一再表示自己有这方面的专业知识，自己有能力将蛋糕厂办好，请院长给自己这样一个机会。院长夫人也在一旁为艾雅康说好话，让自己的老公帮帮这个勤快的小伙子。

院长终于勉强同意了，但当第二天艾雅康来到精神病院找他时，院长还是公事公办找来医院司务长，将办蛋糕厂的事情交给司务长处理。可能是懂业务，也可能涉及创收，司务长热情很高。艾雅康说要在锅炉房旁建三间房子，他也立即答应了。艾雅康自己的钱已经花光，他还帮助艾雅康预支了饭菜票并安排了住处。不多久，组合式三间房就搭建起来，第一炉蛋糕也很快端上了饭桌。不过，因为全是人工操作，蛋糕口感不错但形状不规整。于是，艾雅康向司务长建议，应该添 2 万元买搅拌机和电烤箱，这样不仅能保证质量，做的蛋糕品种也多。司务长一口答应，委托艾雅康全权经办。

不久，新添置的设备到货并安装投产，蛋糕厂的效益一下子提高了不少。艾雅康承诺的一年给医院创收 1 万元，开业后仅三个月便完成了指标任务，同时还为医院培养了一批蛋糕师。

在经营医院蛋糕厂期间，艾雅康发现医院蛋糕厂即使面临着供不应求的市场环境，也不会满负荷生产。工人该上班时上班，该下班时就下班。每当看到许多顾客慕名而来空手而归时，艾雅康心有愧疚的同时又看到了一丝商机。在征得医院同意后，他自己出资又新开了一家蛋糕厂，生意非常红火。

到 1987 年，艾雅康经营着两家蛋糕厂，同时还有一家贸易公司，资产已有数十万元。那年，他只有 23 岁。

长袖善舞的雅安之子

有了资本，艾雅康信心满满地重回雅安老家，眼界已打开的他一出手就让人刮目相看。那时，雅安的理发店就是理发，洗剪 0.25 元、烫发才 2 元。经常去广州的艾雅康看准了当时雅安人对美的追求，他去广州高薪聘请了美发师傅，在雅安开办了全市第一家高档发廊。他的发廊洗剪要 2.5 元，烫发要 15 元，即便如此，发廊生意都异常火爆。以此为开端，他陆续建起了橡塑厂、歌舞厅，还开办了多家矿厂。此后又陆续进入医药、酿酒等行业，事业发展得如火如荼。

"80 年代初是个体户的发展元年，万元户还不多见，我往前多走了一步，进行产业化，获得显著发展。”艾雅康不无得意地说。

因为许多事情都做得很超前，艾雅康名声大振，来自雅安社会的非议也时有发生。

艾雅康说：“跌倒了就爬起来，倾家荡产就重新再来，支撑我的是一种责任感，不可能期望所有的人都理解你，重要的是无愧于心，做真正的自己。”正是因为拥有这种良好的心态，每一次跌倒重来，艾雅康都会变得更加强大。

其实艾雅康遭受最莫名的伤害是在2003年，那一年他的公司正筹划上市，结果一件不着边际的事情就落到了他的头上，上市泡汤，很多计划也都变成了泡影。艾雅康说：“我很感谢许多朋友的信任与支持。我做人做事讲求‘得意时当想失意时’，‘得意时’我从不忘帮朋友，反过来，当我‘失意时’，朋友们也都乐于给予我支持。”

几起几落的经历，造就了一个性格坚毅、思想成熟的艾雅康。随着他不断地用事实证明自己，他的声名显于当地，也传扬于四川。不过，艾雅康也有遗憾。他的个人财富与企业财富早就达到了原定的目标，但他觉得仅仅满足于让旗下的员工过上小康生活的企业领导还算不上企业家，真正的企业家应该集劳模精神和工匠精神于一体，勇敢担当更多的社会责任，让更多的人与自己一样好起来。

苍天不负有心人，艾雅康终于盼来了一次超越自我、凤凰涅槃的机遇。

当时，随着新世纪的到来中国城市化进程加快，汽车产业发展迅猛，私家车拥有量也呈井喷态势，机动车尾气污染的问题日益严重，城市空气质量每况愈下。同时，国内润滑油市场鱼龙混杂，“5000公里”成为绝大多数国产品牌润滑油难以迈过的一道坎，而只占据20%市场份额的高端洋品牌却夺走了润滑油市场80%的利润空间。艾雅康听说位于成都高新西区有一家企业生产的润滑油品质不错，具有进军高端市场替代洋品牌的潜力，但受困于资金、技术、管理和平台渠道，“化茧成蝶”始终差把火候。艾雅康立即行动，现场考察的第二天便决定收购，并以事不过夜的效率落实相关事宜。

收购成功后，艾雅康给它取名“力达士”。擎持“绿色环保”这面大旗，他把战略目标定位于"打造世界高端润滑油第一民族品牌"上，不断加大技术研发力度，以精卫填海般的坚强毅力和顽强斗志填空白。他告诫员工："不能片面理解生产和销售产品，而是要站在履行社会赋予我们的责任和使命的高度上，用心做品牌，让中国的天更蓝，让民族品牌扬眉吐气！"

力达士畅通校企合作新模式，与国际石油工程师学会（SPE）、四川大学等科研院所结成战略合作伙伴关系，让实验室里的成果第一时间转化为生产力。艾雅康和他的团队更像是飞速旋转的陀螺，一刻也不停息。

努力付出迎来厚重回报，艾雅康旗下的品牌力达士润滑油在节能环保领域异军突起。力达士润滑油上市后，便一举打破了欧美润滑油巨头在我国高端润滑油市场一统天下的局面，被广泛应用到汽车、机车、航空、轮船和军事领域，被评为"四川省重大科技成果转化示范项目""四川省战略性新兴产业发展项目"。在第31界巴拿马国际贸易博览会上，力达士润滑油一举拿下金奖，并成功通过美国证券交易委员会（SEC）批准，成为西南三省首家获准在纳斯达克上市的民营企业。艾雅康个人先后荣获"中国优秀企业家""中国经济十大影响力企业家""全国交通行业十大诚信企业家"和"华人智造者——50位站上世界舞台的华人创新创意领袖"等殊荣。

时任四川省委书记的刘奇葆对力达士的发展给予了高度评价，他在四川省重大科技成果转化工程实施动员大会上说："像力达士润滑油这样好的创新项目，有庞大的市场需求、巨大的经济价值和社会效益，我们要给予大力支持，帮助其做大做强，实现科技兴川！"

在各级政府的关心支持和艾雅康的匠心独运下，力达士润滑油仅用了短短几年时间，便发展成为风靡全国、引领潮流的润滑油品牌。

母爱催生的大爱无疆

艾雅康兴办经济实体达到了众多企业家可望而不可及的高度，只要顺着这条路发展下去，前景一片光明。

然而，出乎所有朋友的预料，2014年，艾雅康来了一个华丽转身，由处于顶峰期的知名企业家蜕变成自然保护主义者。

回溯这个“转身”，从表面上看是令人错愕，也让许多志在事业的人匪夷所思。但就艾雅康来说，则一点都不奇怪，他说他听从了内心的声音。

彝族相信自然万物有灵，有自然崇拜信仰。相传鹰曾经保护过彝族祖先阿扣和阿七兄弟，鹰就成了彝族祖先的恩鸟，成了彝族人的图腾。鹰为百鸟之王，鹰是彝族人心中神的代表。

彝族人血脉的传承，加上儿时的经历，艾雅康内心一直有个声音在呼唤着他的本性回归。他也一直憧憬着自己能像鹰一样，自由翱翔于蓝天与白云之间。但最终促使他下定决心，听从内心那个声音的却是母亲，是对母亲的爱让他找到人生新的坐标。

2014年春节前夕，艾雅康的母亲病重住进医院。艾雅康是个大孝子，“百善孝为先”的观念早已融进了他的血脉，年过8旬身在雅安老家的老母亲始终是他的牵挂，母子连心。接到告急电话后，艾雅康放下手头繁忙的工作，匆匆赶回雅安。这些年，他一直忙着打拼事业，与母亲和家人聚少离多，亏欠老人家太多了。原本总以为来日方长，但岁月催人老，从母亲身体频频"亮红灯"的情况看，艾雅康已经感知到了爱在当下的紧迫感。

艾雅康想到企业需要发展，母亲更需要陪伴，自古忠孝不能两全。创办力达士后艾雅康全身心投入，历经几年奋斗，公司已步入快速发展阶段，他也再现了人生辉煌。艾雅康想只要能让力达士国际化发展，最大化回报社会，牺牲点自己的个人利益不算什么。思想淡定了，行动反而更加轻松。

"实打实地讲，放弃力达士主要是想尽一个做儿子的孝道，完全是为了陪伴母亲。"回顾自己19岁办养鸡场，21岁办食品加工厂，到后来创立的公司，30多年来一直在做企业，还带领了一个企业成为上市公司，为社会做出了一定的贡献，艾雅康可以说是无愧于企业、无愧于社会。但想到家人，想到这么多年来自己一直忙着打拼事业，与母亲和家人聚少离多，便觉得亏欠太多了。

母亲的一场大病，让艾雅康"大彻大悟"，也唤醒了他心中那个神灵。这一路走来过了大半辈子，不敢有丝毫的放松懈怠，苦过累过哭过痛过都坚强往前走，承担企业责任、社会责任。他要利用这段时间好好陪伴母亲安度晚年。

打定主意后，艾雅康随即将自己持有的力达士股权转让了，万事抛开一心一意陪护年事已高的老母亲，他要让操劳一生的妈妈成为世界上最幸福安享晚年的老人。

艾雅康整天整夜泡在医院，像孩提时代一样黏着母亲。母亲睡着了，他在一旁静候端详，母亲醒来就变着花样让她舒服、开心。

母亲喜欢音乐，过去艾雅康出门在外，她还时常在电话和视频聊天中让他"来一曲"，在医院陪护的这些天，她最开心的事还是听儿子唱歌。于是，医院的医护人员和病友们见证了人世间最温馨浪漫的一幕：母亲报歌名儿子唱。

这样的日子久了，母亲觉得好像哪儿有些不对劲。一天，她拉着艾雅康的手说："幺儿，我一时半会儿还走不了，有你哥哥姐姐们照顾，你忙你的事业去吧！"当听到艾雅康说工厂已转让，工作上的事情已由别人替代后，母亲沉默了好一阵子，然后开始数落："好儿郎志在四方，你是干大事的人，这样婆婆妈妈太没出息了！"

连着几天，同样的话题重复了多次，艾雅康也诚恳地向她老人家诉说了自己的心愿：想做环保事业，为社会做更多有益的事情，到世界各地去拍摄鸟类，用影像记录下鸟儿美丽的瞬间，呼吁人们爱鸟、护鸟，爱护大自然，爱护我们的地球母亲。郁闷了好几天的母亲脸上终于又出现了笑容，母亲拉着艾雅康的手说："妈妈支持你，要为艾家争光，妈妈也这么大的岁数了，迟早有那么一天，妈妈看到你成功了比你天天守着我还要开心。"母亲的精神状态好了起来，还哼起了歌曲。

"我们每个人与生俱来都有两个母亲，一个是生我养我的母亲，另一个是地球母亲，保护母亲是儿女的天职。"艾雅康解开了当时母亲由怒转喜的秘密。

他告诉母亲，自己后半辈子将把重点转移到公益慈善事业，用镜头记录珍禽异鸟，做好鸟类多样性保护大文章，唤醒人们对大自然的关爱。

艾雅康是个认准了事就坚决干，干不出名堂绝不撒手的硬汉子。

摄影本来就是艾雅康早就练就的"童子功"，他跟许多好友分享过自己的体会：当你在发现目标的紧张与兴奋中，快速地架起相机，把眼睛贴靠在取景器上，瞄准锁定焦点，屏住呼吸，按动快门，啪嗒、啪嗒、哒哒哒……随着一连串释放着快感的快门声，就能体会到拍到新鸟种的快感。

"工欲善其事，必先利其器。"鸟不受控，速度也快，比起拍人物和风景，自然也多了许多讲究。在艾雅康看来，拍鸟算是自己摄影的一个进阶，为了拍鸟，他也为自己的装备升了级。

追求美、发现美、欣赏美，艾雅康从来不缺乏这方面的特质。野生鸟类鸟种众多，绮丽多彩，出没无常，遍布各地。无须担心会像其他摄影那样，要反复在某个圈圈里周旋，要经常为获得拍摄题材和对象而苦恼。野生鸟类可以最大限度地满足"喜新厌旧"的嗜好，筹划、期待、寻觅、收获……牵挂着鸟儿时的情感跌宕起伏，要多新鲜有多新鲜，想多刺激有多刺激。

“天下鸟友是一家”，拍鸟可以结识众多本地的、外地的、男的、女的、老的、少的朋友，这是些有着共同语言、共同爱好的朋友。在艾雅康眼里，朋友就是“风”和“雨”，朋友多了就能“呼风唤雨”，野生鸟类摄影可以让自己的朋友遍天下。

拍摄野生鸟群离不开经济支撑，一次跨境追鸟，少则几万元，多则几十万元。对此，艾雅康早就算好了账：自己积累的财富生不带来、死不带去，肯定要用于公益慈善事业。这点钱投向常规的公益活动只是杯水车薪，解决不了多少问题，而通过鸟类摄影唤醒人们对大自然的关爱，符合“绿水青山就是金山银山”的时代潮流，这钱花得值。

艾雅康说：“我相信大爱胜过一切，我牺牲了对家人的爱，但我把爱分享到更多的人身上，让更多的人获得幸福，希望在自己老迈回首一生时，遥望天空，淡然微笑于大地，仰不愧于天，俯不怍于人。”不过，自知对家庭照顾不够的艾雅康，心里久存着对家人的歉疚。也因此，他多年来养成了一个习惯，只要条件允许每晚 8 点准时给母亲打电话报平安，稍有空闲必定待在她老人家身边多尽些孝道。

2018 年立春之后，母亲的身体每况愈下，已经进食困难，经常处于昏迷状况。

在重症监护室的母亲用虚弱的声音对艾雅康说：“忠孝……自古难……两全……你别因我……耽误正事……去！”母亲颤抖的声音和刚毅的表情，让泪如泉涌的艾雅康感受到一种强大的气场。母命难违，由不得艾雅康犹豫。

苍天有泪。就在艾雅康远赴南美洲厄瓜多尔等国家拍摄野生鸟群的当口，母亲离他而去了，子欲孝而亲不待的痛苦伴艾雅康熬过了一个个不眠之夜。他相信，母亲看到他在向“世界鸟王”的目标节节攀登时，一定会含笑于九泉。

“风雨中这点痛算什么！”

2017年11月8日，正值一年一度的记者节。中央电视台《发现之旅》摄制组一行专程来到雅安，跟踪拍摄艾雅康野外拍鸟纪录片。此刻的艾雅康，无须彩排，从雅安出发，一路向南，来到“老地方”石棉县以南的大凉山深山老林。

拍鸟是件苦差事。“远路无轻担”，背着几十斤重的设备穿行在荆棘丛生的山林里确实是件苦差事，艾雅康却乐此不疲，穿上一身迷彩服，背上一袋干粮，几瓶矿泉水，这和他平时光鲜亮丽的企业家形象有点不搭。

11 月初的川西，正是一年最美的季节，层林尽染，红黄点缀。雅安高速像一条隐藏在彩林里的丝带，很快把一行人从阴雨绵绵的雨城拉到了阳光灿烂的冕宁。

山下阳光灿烂，山上可是寒风大作冰冷刺骨，艾雅康他们在海拔近 3000 米的高山原始森林里“作业”。几天下来，饱尝忍饥挨冻和荆棘“破相”之苦的记者们直呼“上当”，什么“精彩之旅”，哪见“浪漫人生”，这分明就是“变相的酷刑”！

“风雨中这点痛算什么，擦干泪，不要问为什么……”

面对一群“报仇申冤”给自己开批斗会的年轻人，能歌善舞的艾雅康竟然乐呵呵地自唱自跳起来了，现场的气氛立马活跃了。

“曾经沧海难为水，除却巫山不是云。”当听说这次的经历与以往的历险相比简直就是小巫见大巫时，记者们向艾雅康这位事业有成的企业家放弃荣华富贵甘当鸟类保护神的义举投来了敬佩的目光。

“目前世界上还没有一本规范统一的鸟类百科大全，都是各唱各的调各拉各的号，我要在有生之年啃下这块硬骨头，给后人留下一本《世界鸟类百科大全》。生命是短暂的，我想通过自己的拍鸟行动，走遍世界每个国家，呼吁人们爱护我们的‘小精灵’，热爱地球母亲。我要创造世界纪录，让世界知道有个中国人用行动告诉人们，我们是热爱环保的国家。我一定会成为世界鸟王！”艾雅康从来就不是一个低调的人，他轰轰烈烈地做事情，轰轰烈烈地拍鸟，让后来的爱鸟人，能查阅到所有想知道的答案，让相关科研工作有一部权威规范的工具书。

其实各地都有一批拍鸟达人，他们拍了不少鸟，有的名气还不小，影响力也很大。可是，想在拍摄野生鸟群中“独树一帜”不难，“一统江山”可就是难题了。当世界鸟王，有这么大的口气和志气的，恐怕只有艾雅康了。为了实现心目中的这个理想，他义无反顾地向难题发起挑战。

2016 年初春开始，艾雅康便开启了他的“发现之旅”。从雅安城区到市外，从四川到省外，艾雅康扛着“长枪短炮”，身着迷彩装，奔走于全国各地拍鸟。3 年多来，他去过四川康定、若尔盖，云南那曲、白桦林，鄱阳湖、洞庭湖、洪湖、青海湖和陕西、河南、甘肃、黑龙江、内蒙古等数十个地方，拍下了文鸟、太阳鸟、白鹭、绶带、蓝翅希鹛、凤头雀莺等 500 多种鸟。

艾雅康戏称境内拍摄“只是浅海扎猛子”，他还时常带领他的团队向境外出击。3 年多来，他马不停蹄地出行几十次，足迹遍及肯尼亚、美国、马来西亚、泰国、越南、老挝、印度、尼泊尔、巴西等几十个国家，拍摄到近 3000 种鸟类。

称艾雅康的拍鸟过程为“壮举”，可能在很多人看来颇有夸大之嫌。不过真正知道观鸟或拍鸟过程的人，都会明白在 3 年左右的时间里，野外拍鸟的时间达到 500 多天是何等的不容易，这意味着每年有将近一半的时间在野外拍摄，而且所拍摄的鸟类绝大多数都属于特有鸟种，这也意味着可能刚刚在非洲拍完一种鸟，就要跑到南美洲或者大洋洲去追赶另一拨鸟，否则就要再等一年才能赶上拍摄的最佳时间节点。

艾雅康拍鸟有一个专业的团队，每次出门少则两三人、多则五六人一起编组出发，背相机的，扛镜头的，拿给养的，跑联络协调的，分工明确。艾雅康喜欢体育，他羡慕美国篮球“梦之队”、中国跳水“梦之队”所向披靡，名称响亮好记。于是，他也给自己的拍鸟团队起了个响亮的名字“艾之队”。

拍鸟是件苦差事，追鸟一族都知道：与舒适无缘。即便是“鸟运”极佳的艾雅康，翻山越岭，饱尝艰辛，也难免遇到拍不到新鸟种的时候。

川西亚丁，艾雅康最喜欢的地方，却也是最辛苦的追鸟地。

2017年春节前夕，去稻城亚丁的山路崎岖，越野车上不去，有很长的一段山路要靠步行，艾雅康给自己和助手定下的目标是天亮前必须到达指定位置。

凌晨2点，他们打着灯，一步一步向山上摸索前行。海拔3000多米时，助手的高原反应很大，走几十米就得停下来喘气，艾雅康不得不拽着他向前走。渴了，就找滴水的石头缝，用塑料瓶子接水喝。一路踉踉跄跄，终于在天亮之前赶到预定位置。接下来一连三天，他们没有正儿八经吃上一口饭、睡好一个觉。辛苦没有白费，艾雅康拍到了珍稀的鸟种。

野外意味着惊险，面对各种险象环生，艾雅康简直就是个拼命三郎。

2017年3月，艾雅康从鸟友那得知云南某地发现冠斑犀鸟的信息后立即出发，历经千辛万苦，好不容易才发现了冠斑犀鸟的踪迹。

云松长得好，冠斑犀鸟习惯在上面做窝。而那一棵几十米高的云松却长在悬崖边上。想要拍摄，艾雅康需要爬上悬崖，而且要爬到比树更高的地方，斜坡的土很松，他用绳子绑在腰上，腰上的绳子还连着三脚架，另一头系在树上。这样的拍摄简直就是在“搏命”豪赌，一个不小心真有可能坠下山崖。

孵化期的冠斑犀鸟很警觉，因此要非常小心翼翼，不能惊动它们。艾雅康一只脚踩着土，另一条腿搭着支架，苦苦支撑4个多小时才拍到那组冠斑犀鸟的“谍照”。

有一年的9月，为了拍摄稀有的高原特有鸟种“红胸角雉”“棕尾虹雉”等珍禽，艾雅康带着两名“艾之队”队员驾驶越野车奔赴西藏，在高原的深山里每天夜宿帐篷，凌晨3点便负重爬山，整日静静守候在丛林、崖壁间，克服高原反应、饥渴与寒冷，只有到晚上才吃上一包方便面，守候16天终于如愿以偿拍到难得一见的“红胸角雉”。

2016年12月中旬，艾雅康一行人开着越野车向云南出发，一路经过攀枝花、保山、瑞丽最后到达那邦镇。

在镇上的旅馆住下后，第二天凌晨3点多便去传说中的鸟点蹲守，没有亮天，鸟不会受惊吓。那邦镇与缅甸交界处有一条小河，河上挂着摇摇晃晃的吊桥。那里有一片农田，飞鸟很多，是大家公认的拍摄点。

他们扎好用来隐蔽自己的迷彩帐篷后，便找一棵树靠着，架设“大炮”，开始“伏击”会在这里出现的小鸟。漫长的等待开始了，几个小时不能走动，也不可大声说话，最难耐的是不能抽烟，而偏偏艾雅康的烟瘾又大。

突然，河岸对面传来了嗖嗖的枪声，开始是零星的枪响，中间好一阵子密集得像放鞭炮。面对突然出现的状况，艾雅康向同伴打出手势趴下别动。后来听镇上的人说，缅北那边近期一直骚乱不断，可能又在打仗。那一次，胆大福大命大的“艾之队”不但有惊无险地全身而退，他们还追到了黄腰太阳鸟。

有一年的4月份，为了拍摄一种仅存于南美洲的蜂鸟，艾雅康跨越重洋远赴哥伦比亚。到达哥伦比亚后，他们一行3人在当地鸟导的带领下，迫不及待地开始登山之旅。正当他们在一处拍摄点专心拍摄时，一队武装人员突然冲出来包围了他们，面对黑漆漆的枪口，众人都不免毛骨悚然。经过一番解释交涉，他们才知道误入了军事禁区，在弄清身份后，终于安全离开，一次生死危机才得以化解。

2017年，为了拍摄珍贵的蛙嘴夜鹰，艾雅康深入斯里兰卡的热带雨林，在地上匍匐等候夜鹰的时候，不知不觉双腿湿漉漉的，伸手一摸全是血。艾雅康小时候就听过远征军的故事，知道热带雨林中夺命蚂蝗的厉害。他赶紧退下裤子查看，双腿竟然附着七条奢血如命的蚂蟥！这帮家伙硬拽都拽不下来，最后还是靠烟头“烧烤”才解决问题。

比起蚂蝗，毒蛇更加恐怖。艾雅康不止一次与它们遭遇，有一次还被一条近两米长的巨蛇缠住了右腿，幸亏防护措施到位，衣服没被咬透。

“害怕吗？”

“当然害怕，一不小心就玩完，谁不怕？！”

“想过退却吗？”

“想过，不只一次想过打退堂鼓。”

“也没人强迫您，那为什么还在坚持？”

“我自己的初心，还有母亲的心愿。想当环保使者，成为中国人的骄傲，我艾雅康就得明知山有虎，偏向虎山行！”

面对记者的提问，艾雅康的回答是那样的大气、霸气。

不入虎穴，焉得虎子。艾雅康在斯里兰卡一丛林拍摄黑颈鹤时，在选择最佳拍鸟点时不小心误入沼泽。同行的“艾之队”队员千方百计营救难以成功，最后队员们急中生智，用三台相机的背带连成绳，硬是把艾雅康从沼泽中慢慢拉出来。浑身是泥的艾雅康精疲力竭地瘫在地上，相机在沼泽中已经损坏。幸好有惊无险，全体队员终于松了一口气。

队员说：“艾总，我们拉你时，你的另一只手紧紧抱住相机，紧要关头为什么不丢掉相机？”艾雅康说：“相机是手中的武器，人在相机在，必须像爱护自己的眼睛一样爱护相机。”

在“艾之队”，流行着这样几句玩笑话：“宁借老婆，不借相机”“宁可自己摔断腿，不可三脚架少颗钉”“抓拍靠手，追拍靠走，离开相机，啥都玩球”。玩笑归玩笑，但“艾之队”队员几乎人人身上都有说不完道不尽的“英雄壮举”。他们中有的不小心落入猎人设下的陷阱，脚被竹签刺穿了，鲜血染红了陷阱内的积水，被救上来时人几乎虚脱了，相机还紧紧抱在怀里；有的从陡坡上滚落，人翻了几个“后空翻”，摔得鼻青脸肿，相机始终没摔脱手；有的在滴水成冰的林海雪原脱下防寒服给相机保温，自己冻得感冒发烧……

“风雨中这点痛算什么，擦干泪，不要问为什么……”

回忆过往，艾雅康又一次唱起这首歌。他说，这首歌特别励志，唱一唱所有的心惊胆战都会云淡风轻，而一张张弥足珍贵的图片就会问世。

“天空没有鸟，世界会变小！”

如果说，将一只只飞舞的精灵以最美的姿态定格在方寸之间，是艾雅康最大的追求，那么通过展示这些“灵性天使”的美妙来唤起人们对自然和生态的珍惜与保护，则是他最大的愿望。艾雅康说：“鸟类是大自然颜色最丰富的动物，身上的色彩是大自然的鬼斧神工之作。当你看到片中漂亮可爱的鸟时，还会忍心去伤害它们吗？”

在艾雅康看来，鸟的生存状态，不仅仅只是如同我们常常拍摄到的“飞翔”和“停歇”这样简单化的内容。要想把鸟拍好，拍精彩，需要细致地观察鸟的生存状态，比如鸟有飞行、歇息、鸣叫、饮水、进食、交配、哺育、睡眠、争斗、排泄等状态，鸟的形体在不同状态下会有不同的变化。同时，鸟也有一定的情感表现，快乐时的蹿动跳跃和嘻戏缠闹，惊吓时的怯生生逃离，争斗时怒目凶狠，求偶时的“魅力”展示，等等。当我们细节化地观察和了解后，就可以发现鸟的“精彩”存在。

有一次，艾雅康看到一只雄鸟在给雌鸟喂食，雌鸟的两只眼睛空洞洞的，什么也看不见。喂完食物后，雄鸟小心翼翼地从头到尾帮助雌鸟整理羽毛，随后，两只恩爱鸟依偎在一起温存。艾雅康迅速抓拍了这一感人场景，并给这幅照片起名“不离不弃”。不久，这张照片便蹿红微信朋友圈，感动了无数人。

这些年，艾雅康在野外拍摄了大量鸟类题材的精品力作，引起社会各界关注。

2018年6月30日，在联合国艺术基金会、突尼斯中央银行、新非洲杂志和中国世界和平基金会联合主办的2018首届“一带一路”数字经济高峰论坛暨“一带一路”数字经济联盟成立大会上，组委会的一项特别安排，让艾雅康和他拍摄的《三生有幸》成为万众瞩目的焦点。

面对地中海地区主席Basly、马达加斯加总统代表Perceau、突尼斯总统部长顾问Jalloul、突尼斯央行行长Trabelsi、突尼斯前财政部长Ayed、西班牙前外交部长Moratinos、摩洛哥总统代表Hmidouche、德国律师协会代表Naujoks等多国政要和驻华使节，以及来自全国各地的企业家，艾雅康隆重介绍说：“这幅摄影作品命名为《三生有幸》，寓意今天我能和大家见面，既是上天的旨意，也是缘分。我们每一个人来到世上，最重要的是要有感情交流，就像我在捕捉它（蜂鸟）的影像一样，虽然难度大，但是我很幸运，这叫“三生有幸”。这幅作品奉献给大家，奉献给社会，让更多人知道保护大自然。地球是我们的母亲，我们每个人要尊重她，保护她，爱护她。我拍鸟就是要唤醒大家对自然的保护。我要把这些美丽的小精灵奉献给所有的朋友，让人们知道鸟语花香是多么得可爱、祥和。”

从2014年算起，艾雅康从事鸟类拍摄至今也不过六个年头，但其鸟类摄影作品精品迭现。他的作品不仅为联合国组织和世界多国政要所珍藏，而且还有作品被以高价拍卖收藏。艾雅康表示，以高价拍卖不是目的，我们的目的是唤醒更多人喜爱鸟类，保护鸟类，进而保护我们赖以生存的自然和地球，这才是我们追求的最高目标。

2019年6月，在“艾雅康世界爱鸟节”启动仪式上，艾雅康向世人发出“天空没有鸟，世界会变小”的呼吁和宣示，得到了与会领导人和嘉宾的高度共鸣和热烈回应。目前，“天空没有鸟，世界会变小”这句虽简单明了但寓意深刻的话语已得到了广泛认同和传播，为国内外许多环保组织和自然保护团体采用。

2019年7月12日，艾雅康与中国生物多样性保护与绿色发展基金会（简称中国绿发会）共建鸟类多样性保护研究院签约仪式在北京世纪金源大饭店隆重举行，艾雅康正式履新该研究院院长。

新华社、中国网等众多主流媒体第一时间向世界发出报道：中国绿发会鸟类生物多样性保护研究院的成立，是我国继2016年以来连续多年开展国际观鸟活动的进一步提升，意义非凡，这是中国绿发会在生物多样性保护方面又一个深入且专业化的项目，标志着其在鸟类保护方面又迈上了一个新的台阶。而该研究院由专业爱鸟人士艾雅康领衔，相信在不久的将来，中国的护鸟、爱鸟、生物多样性保护事业必将蓬勃发展，在构建人鸟和谐生态系统，共同推动地球生态文明建设、绿色可持续发展上贡献更多的中国智慧、中国力量。

当天下午，德高望重的中国绿发会理事长胡德平亲切接见艾雅康，高度评价艾雅康对鸟类多样性保护工作的真情付出，对国家倡导的生态环境保护所做出的贡献。勉励他铁肩担道义，当好鸟类多样性保护研究院院长。

7 月 25 日，国际鸟盟（Birdlife International）理事会主席、《生物多样性公约》（CBD）前执行秘书长迪亚斯博士和国际鸟盟亚洲区负责人 Vinayagan Dharmarajah 先生到访中国绿发会，与中国绿发会鸟类生物多样性保护研究院院长艾雅康研讨交流，并连连称赞艾雅康镜头下记录的鸟类活灵活现、魅力无穷。

新的使命，不变的忠贞。艾雅康表示，作为一名企业家，不仅要在经济生活中获得成功，更应该在环境保护中做出贡献。目前世界已知鸟类 156 科、9000 多种，但是已有 139 种灭绝了，保护鸟类已是刻不容缓。濒危鸟类是全世界的宝贵资源，其保护工作更是当今国际社会关注的焦点之一。生态保护和生物多样性在维系自然界能量流动、物质循环、生态平衡、改良土壤及调节小气候等诸多方面发挥着重要的作用，某些物种的消亡可能引起整个生物链的失衡。

在接受媒体采访时，艾雅康饱含深情地说："人与自然的和谐不能缺少鸟类的自由翱翔，人类社会的幸福生活更不能缺乏鸟儿的欢唱。为了这个目标，我将继续行走在高山峡谷、山间林海、高原湖泊，倾已所有保护鸟类、保护环境、回报国家、回馈社会，促进世界生物多样性与绿色发展，实现人与自然和谐共生。"

谈到下一步的计划，艾雅康成竹在胸：

建立专家数据库，加强科研攻关和学术交流，为我国鸟类多样性保护事业提供科技和智力支持。

走大众化路线，在公众环境教育、科普等方面不懈努力，提升公众科学观鸟、尊重自然的生态理念，引导和普及鸟类及生物多样性保护的相关知识。

发挥桥梁纽带作用，把鸟类多样性保护研究院打造成爱鸟护鸟人士之家。

随着中国绿发会鸟类生物多样性保护研究院的成立，鸟王艾雅康捐助的首批爱心善款也将陆续定向用于全球性鸟类多样性保护研究领域，包括针对鸟类栖息地、保护地、观鸟地等自然环境的保护、治理、研究，以及相关科普宣传等。

最美的风景在征途，最倩的景致是下一张。就在记者采访的几天，艾雅康已与他的厄瓜多尔友人、世界知名的“鸟导”鲍里斯策划好了一个为期3个月的行动方案。行程计划在2019年到达南美州的巴西、秘鲁、玻利维亚、阿根廷、圭亚那等几个国家拍摄野生鸟类。

“万支的火把照着你的脸 / 让我看清楚你的容颜 / 噢，我最亲我最爱的大凉山 / 千万年的美丽还是没改变 / 远走的心依然在流连 / 噢，我最亲我最爱的大凉山……”艾雅康这位来自四川大凉山的彝族汉子，哼着这首描写故乡悠扬之中带着野性与张力的《走出大凉山》，又要出征了。

“雄关漫道真如铁，而今迈步从头越。”世界鸟王，我们翘首以待您的更多精彩！

陆婉英[*]：用尽一生，做一件事

陈　述

1922 年，世界上第一个能够彻底对抗细菌的药物——“青霉素”被提取了出来，人类从而告别了一场小的细菌感染就会带来灾难的时代。1952 年，红霉素开始上市销售，加上后面出现的头孢等药物，被统称为抗生素。

近百年里，抗生素在造福人类的同时，也在慢慢带给人类一个更大的危机。

为了保持“健康”，人们开始滥用抗生素，就在抗生素与体内细菌进行抗争的过程中，细菌开始出现了耐药情况。耐药性细菌无法被抗生素杀死，诸如耐药性结核杆菌等在全球范围内肆虐。

世界卫生组织资料显示，每年全球死于抗生素耐药的约有 70 万人；英国抗菌药物评估委员会估计：到 2050 年，全球每年将有 1000 万人死于耐药性细菌感染。2016 年 9 月，杭州 G20 公报承诺将“推动谨慎使用抗生素”，细菌耐药已经上升到国际高度，成为一个等同于气候变化和恐怖主义的世界性议题。

2017 年 9 月 20 日，世界卫生组织发布《临床开发中的抗菌剂：关于抗菌剂（包括抗结核药）的临床开发分析》，世卫组织总干事谭德塞博士说：“我们迫切需要加大投资，研发抗耐药性感染（包括结核）药品，否则，我们将不得不回到经常担心被感染，以及做个小手术都可能会丧命的时代。”

报告指出：目前进入临床阶段的大多数药物是对现有抗生素类型的

* 陆婉英：科学家。

修改，只是短期解决方案。该报告的作者 Peter Beyer 告诉 CNN：“用生物制品取代抗生素的想法，可能会帮助解决耐药问题。”

为了扭转这一局面，为了全人类的明天，陆婉英教授踏上了生物抗感染的征程……

立定初心，走生物抗感染创业之路

从一开始的举步维艰，到现在的初见辉煌，陆婉英教授和上海高科走过了 27 个年头。

在陆婉英教授的带领下，今天的上海高科已经成长为一个拥有国际领先技术，数十项国内外发明专利，产品覆盖多学科、多领域，市值超过 10 亿元的中国独角兽企业。并率先在国际上成功解决了大肠杆菌外分泌表达“溶葡萄球菌酶”及酶的复配技术、稳定性等一系列技术难题，率先实现了溶葡萄球菌酶生物制品的产业化，获得了国内第一个生物消毒剂批件，第一个载生物抗菌酶的纱布创面敷料Ⅲ类医疗器械证书，第一个生物抗菌酶Ⅰ类新兽药证书……开发出“百克瑞”“新净界”“可鲁”“莱索菲”“百蒂芬”“白地球”“干净利索”等多系列近 30 项具有知识产权的生物抗菌产品，这些产品广泛用于烧伤整形、血管外科、慢性创面科、肛肠科、骨科、急诊等，对创面细菌感染，特别是耐药性细菌感染有很好的预防和治疗效果，可有效地减少抗生素的使用。产品在消毒领域的使用，降低了院内感染率。在妇科领域的应用，保护了女性的生殖健康。军队特需药可用于现代战争条件下爆炸高速破片伤的感染预防和控制，大大降低了早期感染发生率。

2017 年 4 月 17 日《人民日报》科技版头条向“超级细菌”宣战刊登：黄青山和陆婉英教授科研团队研究的重组溶葡萄球菌酶的抗 MRSA 效果优于目前常用抗生素！噬菌体裂解酶 AB09、GK 抗菌肽也有希望攻克世卫组织公布的耐药性细菌“12 强”中的 6 强。2018 年 2 月 7 日，以《我国科学家首创生物抗感染药物能有效对抗“超级细菌”，专家建议为其开辟绿色通道加速推广造福人类》为题，以内参形式上报中央，引起了国家领导的重视。

陆婉英教授，中国共产党员，生物消毒领域的开拓者，国务院政府特殊津贴获得者，作为第一发明人拥有 20 余项国内外发明专利。上海市科技领军人才，全国卫生企业管理协会消毒产业分会常务副会长，中华预防医学会消毒分会常委，生物消毒学组副主任，卫计委消毒标准委员会企业通讯委员，上海市消毒品协会常务副会长，上海工业菌株工程技术研究中心技术委员会委员，上海市生物医药行业协会专家库专家，历任中国高科集团股份有限公司副总裁、上海高科生物工程有限公司的董事长、上海高科联合生物技术研发有限公司董事长、昆山博青生物科技有限公司董事长、江西缘生生物科技有限公司董事长。

这么多的社会身份，每一个背后都有很多的故事。

身处消毒界的陆教授，对国内消毒领域的现状非常担忧。

二三十年前，中国人根本就没有意识到化学消毒的危害，对人和动植物过量使用化学消毒剂，不仅会对环境产生不同程度毒性或腐蚀性伤害而且造成消毒耐药，能够用于黏膜消毒的消毒剂少之又少。当人们生病去医院时，不管是大病还是感冒发烧这样的小病，最常见的治疗方式就是打针、输液。可是，这些注射液里注射的大多都是抗生素。大家对抗生素不仅是喜欢使用，而且依赖使用，临床上用于消毒杀菌的全靠抗生素，长时间大量使用抗生素会出现耐药。这一切激发了陆教授去开发能够用于临床高效安全杀菌的、具有全新杀菌机理的生物型三类医疗器械乃至一类新药。

数十载来，陆教授之所以苦苦坚持，就是因为她非常清楚自己的生物杀菌消毒技术对国家意味着什么。

陆教授说："我们这么大一个国家，在全世界抗感染用药都是排名第一的今天，如果没有有效的对抗耐药菌的药物，那么当真正的疾病来了，我们怎么办？就像霍乱菌、鼠疫耶尔森菌、结核分枝杆菌，这些细菌一旦耐药并传播起来，难道我们只能等待死亡吗？既然一定要有人提前去做这个，我正好可以做这个，那么就我做吧。"

或许，正是她的家庭背景，促使了她数十年来的不忘初心，坚持使命。

陆教授成长在一个知识分子家庭，她的父亲是抗日时期的新四军干部，母亲和舅舅都是医生。生长在这样的家庭里，让她很小就受到一些特别的影响——抹不去的人道关怀。

大学毕业以后，陆教授留在母校任教，她一边丰富自己的知识，一边把自己的所学传授给"学弟学妹"，一边还密切注视着国际公共卫生界的动向。最终，她将自己奋斗的方向定位为"致力于解决致病微生物感染，尤其细菌耐药性问题"。

刚开始启动生物酶研究的时候，除了业内人士，外界几乎没有人知道，当时，上海复旦大学学报等媒体对陆教授的研究成果做了详细的报道。上海杨浦中心医院的一位急性胰岛炎患者看到了这篇报道，立刻重燃了希望。

原来，这位患者在手术后遭遇细菌感染，而且由于之前使用抗生素过多，身体已经产生了耐药性，没办法继续治疗，生命受到了威胁。

当他知道陆教授的研究成果后，便立刻联系了陆教授的团队，想尝试这个新的治疗方法。

患者的要求，可以让陆教授拿到宝贵的人体实验的第一手数据，这些数据对初步评价这个药物的人体安全性和有效性是非常重要的。但面对这个机会，陆教授却犹豫了。

"我们现在的这种药还处在研发阶段，只在动物身上试验过，还没有进行到临床试验那一步，现在没有任何批号，你还敢用吗？”陆教授问道。

患者二话不说，当即写下了自己的保证。对他来说，陆教授就是他唯一的希望。

于是，陆教授加紧把药物配好，并及时送到了医院。奇迹就这样发生了，那个已经被判了死刑的病人居然有所好转，最终经过一段时间的治疗完全康复了。

一段时间之后，这位病人带着年轻漂亮的妻子来到陆教授面前，他双膝跪地对陆教授表示感谢，诚恳地说：“如果没有陆教授，我的家就完了，我的一生也完了。”

看到眼前的年轻人，陆教授想了很多。

这个研发对于她来说，或许只是一份事业，一份执念，但对于病人来说，很可能是一次生存的机会。想到这些，陆教授更觉得自己肩上的担子沉重。

很多人都不理解，为什么陆教授这样一个有身份、有地位的科学家，放着好好的生活不去享受，非要做这么费力且高风险的事呢？

其实，这个选择的背后有着陆教授不为人知的家国情怀。

创业人的家国情怀

《我不是药神》中，“格列宁”给中国白血病患者带来的阴影犹在眼前。

这部电影中药物“格列宁”的现实原型就是瑞士诺华公司生产的格列卫，格列卫的有效化学成分为甲磺酸伊马替尼，它是治疗慢性髓性白血病的特效药，但价格昂贵，每瓶一万多元，患者每个月要吃一瓶。格列卫的价格昂贵，以至于很多中国患者干脆选择不治等死，一幕幕惨剧就这样发生了。

一枚药片造价不过几元钱，为什么到了市场上就这么贵呢？因为专利在诺华公司手中。国际上规定的药品专利是20年期限，也给了诺华公司20年的垄断特权，在这20年里它可以自由定价。

为了不让中国患者们因为吃不起药而等死，为了不让千千万万个中国家庭陷入绝望，陆教授下定决心要创造一个获得廉价药品的保障，正是因为这样的家国情怀，她在带领团队不断研发药品时，格外注重科技创新与知识产权的保护。在那个年代，国内的创新意识和知识产权意识还比较薄弱，但陆教授作为行业先驱者，深谙这样一个道理——只有做好知识产权保护，才能在激烈的国际市场竞争中立于不败之地，才能让中国患者用上价格低廉的好药。

何况，身处公共卫生领域，她对化学杀菌方面存在的问题是最清楚不过的：

含酚消毒剂具有潜在的致癌危险；醛类、氯类消毒剂对人的刺激性很大，会让人忍受不住；含碘消毒剂有残留问题，牛乳头用碘类消毒剂消毒后的残留，会通过挤奶时进入牛奶里，孩子喝了牛奶就会碘超标，甲状腺就会有问题；糖尿病足的患者，会大量出现溃烂感染，这其中多半也因为早期的抗生素滥用，如果没有合适的治疗他们就不得不截肢……

可以说，公共卫生领域的这些问题关系着每一户中国家庭，也牵动着陆教授的心。

如果陆教授不是做这一行的，如果她不知道抗生素带来的危害，那么也就算了。可是，她恰好处在这样的大环境中，而且也有能力去改变这一切，如果因为一些困难就放弃，她会觉得过不去自己心里这个坎儿。

就这样，十年时间转瞬即逝，因为陆教授的坚持，中国的生物杀菌技术走到了世界前列，她也终于看见了一缕曙光。

2000 年后，陆教授已经在生物消毒领域取得了大量成就，陆婉英这三个字也逐渐成为一个“名牌”，开始让公共卫生领域熟知。

一些领域的交流会都抢着邀请陆教授参加，陆教授在一些学术大会上讲自己对生物消毒的看法，讲这一行业的未来，也都能够获得与会者的赞同。

一些国外的机构看中陆教授的科研成果，提出让陆教授夫妇移民。同时，他们许诺只要陆教授答应移民，将给教授夫妇提供从设备到资金的全部支持。为了显示诚意，有些机构甚至将移民申请表全部填好，只等陆教授的签字。

可是，陆教授却没有接受这些“好意”。

“人必须要知道感恩，否则什么都做不成。虽然我一路碰到很多困难，但国家在研发的关键时刻支持了我们，可以说是国家成就了我们。”陆教授如是说。

但“格列宁”的诱惑放在眼前，一些跨国公司也越发意识到生物抗菌巨大的商业前景，于是，他们便打起了这方面的主意。既然研发方面拼不过，这些企业便想通过购买专利的方式，分掉这块可以产生巨大商业利益的“蛋糕”。

陆教授深知这些盘算背后的猫腻，于是便拒绝了这些跨国公司的“好意”。可是，对方更加“巧妙”的招数还在后面——从中国高科独立出来之后，上海高科迫切需要资金支持，也不可避免地要进入资本市场。在上海高科吸引投资时，一些跨国的医药企业就趁机暗度陈仓，意图以基金持股的方式，间接夺取公司的股权！

2013年初，有一家美国基金公司收购了上海高科80%的股份。这就意味着，这家基金公司将除陆教授以外的其他股份几乎都尽收囊中了，其意图就是控制上海高科。当陆教授得知这一状况时，基金的入主已经成为定局。

于是，陆教授提出了自己的想法，她想要把上海高科的股份买回来。对于陆教授的要求，基金一开始并不答应，但在几番谈判之后，基金最终开出了自己的价格。

虽然基金松口了，但几亿资本对陆教授来说无疑是很难的。就这样，陆教授又走上了艰难的融资之路。当时，留给陆教授的时间是非常紧张的，因为基金实际上已经找好一个意向买家了。但陆教授的韧劲又起了作用，她承诺基金一个交割日期，说自己在那一天之前一定把钱凑够。此后，陆教授便开始四处融资。

每一次跟别人谈投资时，陆教授都是以诚相待，没有任何隐瞒，把自己的企业和自己的想法以及自己面临的情况都坦诚地说出来。投资机构被陆教授的坦诚和风骨折服，钱终于凑齐了，公司又重回到了中国人手中。

为什么一定要将公司留在中国？

陆教授说：“没有原因，只因为我是一个中国人。”

创业召唤工匠精神

众所周知，日本是全球长寿企业最多的国家。为什么长寿企业会扎堆在日本，这是一种偶然吗？不，这并非偶然，而是因为日本企业都在传承着一种精神——工匠精神。

工匠，并非是重复机械作业的工作者，而是一种代表着精益求精、脚踏实地气质的匠人。这种气质不仅日本有，中国也有。就像陆教授那样，一生专注做好一件事。

20世纪90年代，陆教授陆续受邀前往美国、德国、法国、英国、荷兰、日本等国进行学术交流。在了解到国外发达国家同行们的担忧后，陆教授结合国内当时的杀菌消毒领域现状深有感触：有一天，普通化学杀菌消毒方式对细菌会失去效用，到那时，人类将如何控制和预防细菌的传播与感染呢？

有了这个想法后，陆教授于1992年首次提出了生物杀菌消毒概念，理想的杀菌方式是：高效杀菌，易分解无残留，对环境友好，最重要的是不易产生耐药性，生物杀菌完全符合这些要求。生物杀菌剂本身是一种蛋白质，能被分解，不会有残留，对环境也友好。

当然，想要在生物杀菌消毒领域杀出一条路也是极其艰辛的。面对困难，陆教授咬紧牙关坚持着，事无巨细，亲力亲为，经过上千次的研究，解决了生物抗菌蛋白大肠杆菌外分泌表达技术和生物酶在液体中室温稳定保存的技术难题，最终解决了产品的生产问题。但是，一个全新的消毒产品获批上市，还要涉及主管部门的审批。当时生物消毒产品全球都没有同类产品上市，产品的技术指标如何确定，产品质量控制如何做，产品的有效性和安全性如何更好地设计和评价，好多专业人士纷纷劝阻陆教授，觉得这个事情风险太高，很难做成。陆教授始终坚持一种工匠精神，认准了绝不回头。碰到的一个个技术问题、标准问题都在她的坚持下迎刃而解。最终，通过近10年的努力，于1999年取得国内第一个生物消毒剂批件，开发出了百克瑞、新净界两大系列产品，溶葡萄球菌酶在生物杀菌消毒领域填补了国内空白，书写了传奇。

在生物消毒剂取得进展后，陆婉英教授目光对准了医疗器械方面，尤其是生物型医用敷料。经过艰苦的研发，上海高科于2005年取得了国家第一个生物抗菌敷料Ⅲ类医疗器械注册证——杀菌纱布。这些产品广泛用于烧伤整形、血管外科、慢性创面科、肛肠科、骨科、急诊等，对创面细菌感染，特别是耐药性细菌感染有很好的预防和治疗效果，可以有效缩短患者的住院时间，降低住院费用，减少抗生素的使用。全国多中心临床应用研究，仅在糖尿病足、肛肠手术、急性创面治疗方面每年就可节约医疗费用近400亿元。

我们知道现在有些化学兽药含有砷，当这些兽药使用在猪身上后，猪圈周围就会有残留，如果有残留的土地上再种庄稼，那么砷就会被庄稼吸收，如果再把庄稼杆焚烧，这些东西又会回到土壤，即使50年都无法衰减，而砷是能够导致白血病的元凶。

在生物消毒剂等取得突破性进展，并广泛应用于市场后，陆教授开始关注兽药领域。她成立攻关小组，加快研发用于治疗奶牛子宫内膜炎和乳房炎的一类生物新兽药。

经过十多年的研发，一类生物新兽药莱索菲正式投产上市。一经上市，莱索菲产品就被列为国家家畜高效健康养殖星火计划，开启了养殖业生物防治健康养殖的新局面。2014年被全国青少年儿童食品安全领导小组办公室列为战略合作伙伴，共同推动“奶牛健康养殖，生物立体防治”，通过应用生物酶技术来提升乳品企业牛奶的安全与品质。

正是有这样的执着和工匠精神，上海高科才能成为一类新药的孵化器。

年轻时的陆教授雄心勃勃，半开玩笑半认真地说：“我一定要为国家做出几个一类新药！”对于这番话，很多人在背后嘲笑陆教授不知天高地厚，陆教授却暗下决心要兑现自己的豪言。然而，等到真要做的时候，她才发现原来那些人对自己的嘲笑并不都是空穴来风，想要做成一类新药是无比艰难的事情。

其实，我们只要想想就能知道，以现在跨国药企的财力人力，想要研发出一款新药都需要10~15年，同时要耗资几十亿元，更别说陆教授当时还只是一个“穷教授”了。

虽然困难是客观存在的，但人的信念终究还是能够战胜困难的。嘲笑的人能够意识到困难的存在，但却没有战胜困难的决心，而这种决心正是陆教授与他们的区别所在。一个个困难摆在面前，那就一个个地去克服。

关于新药，陆教授一做就是15年。很多人对此不解，当时公司急需资金，为什么要将三期临床做那么多年呢？如果早一点投产，不就能早一点产生利润了吗？

正因为具有中国科学家的工匠精神，陆教授对自己的产品都是一遍一遍地验证，一次一次地打磨，只要她觉得还没达到自己心中的完美，就要一直做下去。

陆教授说道："到2020年，一类新药申报注册。这是我上报给国家的，也是给世界卫生组织的。将来这个一类新药是利国利民的，因为全世界都没有，所以我们会报的。"

就这样，陆教授一直坚持在研发的第一线。

20多年间，陆教授所创立的企业，从最初的"6人研发团队"发展至现有近200人的规模；从成立初始700万元发展到目前市值约10亿元人民币。

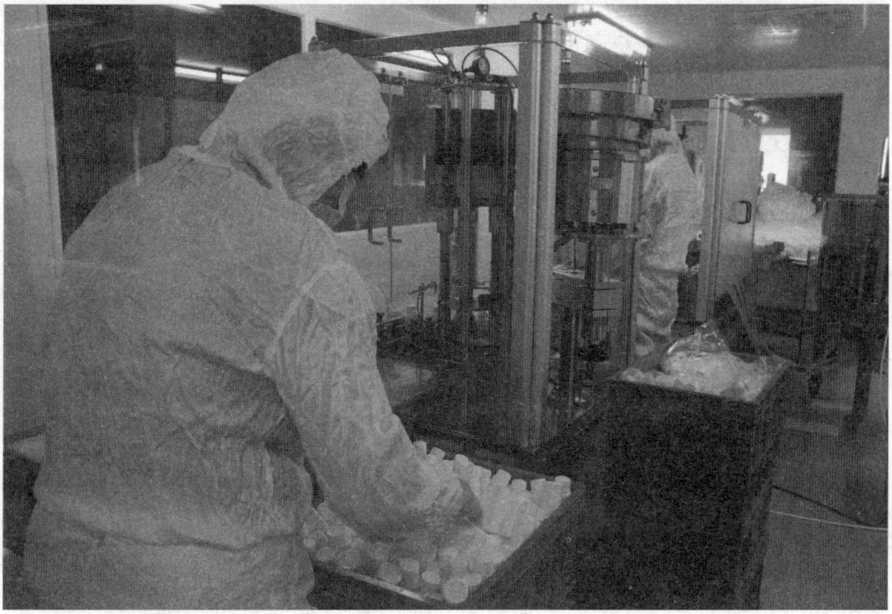

虽然上海高科已经成为国内同行业的领军企业，陆教授也年近古稀，但她却并没有退下来的打算。相反，她依然活跃在研发生产的第一线。

在日本，人们用得最多的一个词便是“本分”。在他们看来，把正在做的事情做透是理所应当的，而陆教授也是如此——一生要专注做好一件事——正是这样的工匠精神，才能让她熬过一次次困难，在创业路上不断坚守，也向着未来砥砺前行。

创业就是苦守黑暗盼黎明

陆教授首次提出用生物杀菌替代化学药物杀菌时，这个概念不仅在中国，就是在西方国家也没有人提出过，可以说，这个市场是一片空白。因此，陆教授作为开拓者也必然要遭受来自各方的质疑。

一些专家嗤之以鼻道：“连国外都没有，你怎么就能报出来。”

陆教授当即表示：“国外没有，不意味着我们中国人做不出来。”

在创业的最初几年，陆教授要跑的地方很多，光是路费就是一笔不小的开支。因此，她的选择是：有火车绝对不坐飞机，能坐公交车绝对不打车。有时候公交停运，她就干脆步行。

不止路费要省，对外宣传也是一样。

上海高科到外地去宣传时，陆教授也总是亲自上阵。必须要住宿时，她就会选择最便宜的旅店居住，如果是长期居住，她甚至要租住地下室。

陆教授至今还记得，那时正值三伏夏日，北京的夏天酷热异常。试想，我们住在楼房里吹电扇尚且浑身难受，更不用说在潮湿阴暗的地下室了。

但是，这些陆教授都可以忍受，唯一让她痛苦的，是来自人才的流失。

上海高科的研发之路之所以非常坎坷，是因为他们没有获得任何先例和指引——他们自己就是走在最前面的那批人！为此，陆教授只能带领团队在黑暗中摸索前进。一年、两年……终于有人坚持不住了，团队里有人选择了离开。

面对离开的人，陆教授表示理解。所有人都是要生活的，每个家庭都有自己的难处，当自己无法给员工提供更好的生活时，他们当然可以选择离开。

更何况，陆教授团队中，大部分人都是复旦大学的硕士生、博士生，在外面，他们可以轻而易举地找到收入更高的工作。

陆教授明白，做抗菌药本来就是吃力不讨好的事情。不过，并不是所有的人都有这样的情操。在陆教授苦苦支撑的时候，有人跳槽带走了陆教授的心血，短时间内造成研发项目的延误甚至搁浅，这对陆教授来说是最为痛心的。

没钱，没人，没路子……可以说陆教授是尝遍了创业的艰辛。就在她倍感艰难时，美国强生公司主动联系到她，提出想用金钱购买她的专利!

“这么多钱下一代都够花了，还很轻松，何苦非要自己那么辛苦呢？”面对这么大的诱惑，有人劝陆教授让她把专利卖了。

但是陆教授毫不犹豫地拒绝了，因为她之所以非要做这件事，不是因为钱，如果只是为了钱，她当初可以选择的路实在太多了。

当时，陆教授要面对的不仅是来自国外的诱惑，还有国内的不理解。

为了让广大患者减轻病痛，陆教授想将开发的三类医疗器械——百克瑞杀菌纱布的医疗费用降低。但是因为该款产品属前沿技术，在医疗机构一直使用的《国家医疗器械目录 2002 版》中没有编码，产品无法实现单独收费。此前，陆教授根本不知道没有单独收费是不可能在医疗机构使用的，而这次以发改委牵头，组织相关部门重新编制的《全国医疗服务价格项目规范》并没有将其列入。等到她知道这件事之后，当年的材料已经递交完毕了。

为了能够让患者使用到这款利国利民的产品，陆教授一连几天等在发改委，希望能够见到相关领导。

日子一天天过去，陆教授就这样坚守着。幸运之神终于降临在了坚持的人身上，陆教授在发改委遇到了一个复旦毕业的学生，在得知陆教授的想法之后，她认真听取了陆教授的介绍，意识到如果这类创新技术不能涵盖进去，对于患者将是莫大的损失，于是在医疗器械的分类目录中首次出现了“功能性敷料”。

除了发改委外，另一个让陆教授苦守的便是临床医院。比如上海高科一类新药进入临床试验阶段时，需要在一些国家规定的临床试验基地

进行临床试验。当时，有一家医院非常合适，陆教授决定自己亲自前去沟通。

一开始，医院领导一再拒绝，但是陆教授并未放弃，跟在对方身后给他讲整个产品的来龙去脉，即便对方表现出不耐烦，陆教授也不气馁，而是想好对策下次再去。

几次下来，陆教授再去院长办公室的时候，他已经完全接受了陆教授的想法。在最后一次沟通时，这位院长说："陆老师，你的事情我来帮你想办法，我们这个社会上如果像你这样的人再多一点就好了。"就这样，陆教授事事亲力亲为，务求做到最好，为了让国内生物医疗领域获得腾飞，她什么苦都可以忍受。

陆教授真诚对人，团队里的人也是打从心眼儿里佩服她，因为她非常重视生物医药人才的培养。自从 2003 年陆教授担任上海市人事局生物医药高级工程师职称评审委员以来，为生物医药领域评定了近 200 位高级人才，同时利用企业博士后科研工作站机制，成功引进了数位博士后人才。

目前，陆教授的团队本科以上学历的在职员工早已超过一半，她已经基本建立起一支具备高学科知识与高技能的复合型人才队伍，这也让陆教授的研发团队逐渐壮大。

凡事只要做到了极致，就总会在某一天获得回报。

对陆教授来说，除了为国家培养了众多人才外，她最好的回报不是钱也不是名利，而是产品受益者的健康和感恩。

产品的受益者们为了感恩陆教授，纷纷从全国各地赶来，衷心祝愿陆教授和她的团队越来越好，将来能研发出更多更好的产品让大家受益。为此有人还特意给陆教授写了一首诗，表达自己对陆教授的崇敬之情：

颂赋雅词古今同，陆离绚丽唱长风。

婉约华章辉巨卷，英豪胜绩跨昆仑。

济事多艰彰懿德，世民有幸赖殊功。

强盛中华唯实业，国威远振大旗红。

听到大家对自己的评价，一向坚强的陆教授流泪了，过去那么多年吃的苦和受的委屈，都变成了一段精彩的人生经历，铸就了现在的辉煌。

再出发，创业路上只有起点没有终点

在生物革命中，陆教授和她的团队一直走在世界前列。

“未来，我将带领自己的团队让上海高科继续保持在溶葡萄球菌酶和抗菌肽等领域的技术领先地位，进一步将公司打造成生物抗菌领域的国内领先企业，并孵化生物科技产业园，建立国家协同创新中心，为社会提供更安全有效的灭菌消毒和防止疾病的方法，减少抗生素的使用。”陆教授如是说。

从1993年上海高科成立伊始，陆教授和她的团队就一直专注于生物消毒方面的研究，二十多年的专注让陆教授他们取得了傲人的成绩，创造了生物抗感染领域的数个第一：

第一个实现杀菌蛋白酶的规模化生产（任何科研，如果不能规模化生产，就失去了意义，而陆教授他们不仅研发出来了，还将这项研发成果成功产业化，这是最了不起的）；

第一个解决了酶常温保存稳定性的难题；（在常温下，酶最多保存三天就失去了活性，经过陆教授团队的努力，可以做到常温下保存两年，90%的酶还有活性）；

第一个取得卫生部生物消毒剂卫生许可批件；

第一个取得农业部生物型一类新兽药；

第一个拥有国家Ⅲ类医疗器械生物抗菌敷料；

第一个完成生物抗感染一类新人药临床研究；

第一个制定溶葡萄球菌酶卫生行业标准的企业。

目前，上海高科是国内唯一一家掌握了大规模公斤级发酵生产溶葡萄球菌酶及高效层析纯化技术（纯度大于98%）的企业；在国际上，也只有上海高科成功地将溶葡萄球菌酶产业化了；上海高科还首创了大肠杆菌外分泌表达溶葡萄球菌酶技术；拥有GK抗菌肽的国内外专利（一组合成抗菌肽取得美国、欧洲、日本、新加坡、韩国专利授权），GK抗菌肽对MRSA、耐药性结核菌、耐药性绿脓杆菌、耐药性大肠杆菌都有良好的杀菌效果。

最近，陆教授和她的团队又研发出一种叫噬菌体裂解酶AB09，可以作为解决世界卫生组织首次公布的 12 种重点病原体中的前六种的方案，包括鲍曼不动杆菌、耐药绿脓假单胞菌这两种目前几乎无药可医的超级细菌。

此外，上海高科还建立了酶类、抗生酶遗传改造、抗菌肽三大数据库，是当前唯一具有交叉连接、抗菌活性及毒性最全的数据库。

现在是大数据时代，我们能掌握多少资源，将决定在未来拥有多大的舞台。在这些数据库中，储备了 186 种具有商业开发潜力的重组酶类抗菌蛋白，这也是上海高科另一价值所在。

上海高科的产品开发涵盖了生物消毒剂、快消品、Ⅲ类临床医疗器械、1.1 类新药、军队特需药等，一旦发展起来，将是千亿级的市场。它们具体是：

药品类：Ⅰ类新药“重组溶葡萄球菌酶涂剂”、军特药（复合溶葡萄球菌酶粉）、重组溶葡萄球菌酶其他制剂，包括口含片、阴道泡腾片、滴鼻剂、滴眼剂、滴耳剂；

医疗器械类：口腔溃疡含漱液（Ⅱ类医疗器械）、液体敷料、清创胶、人工皮肤、骨修复材料等；

消毒剂和卫生用品类：生物消毒剂（黏膜）、口腔消毒喷剂、皮肤抗菌凝胶、女性抗菌凝胶等；

快消品：儿童口腔护理液、儿童皮肤抗菌护理液、成人口腔抗菌护理液、妇女阴道护理液等。

“用生物技术解决致病微生物感染，让生命更美丽。”

这是陆教授毕生的追求，为此她付出了近 30 年的青春年华。

对陆教授来说，在创新的征程上只有起点，没有终点。

黄添福*：地产儒商的写意人生

范　为

初夏，泰山脚下。层峦叠嶂，万木归森。一行人过客般行往穿梭，瞩目，停留。抬眼望，望它的矗立，像一番满满的迎接……

它是黄河流域古代文化的重要发祥地，闻名遐迩的大汶口和龙山文化遗址。历代帝王的封禅，慕泰山壮丽秀美之名纷至沓来的文人墨客的造访，更为泰山文化添上了浓墨重彩的一笔。感慨间不禁凝神，思索着即将见到的地产儒商——黄添福。

* 黄添福：厦门福佳斯集团董事长。

初见黄添福先生，想不到他是如此平易近人，作为福佳斯集团的董事长，经营这么大的企业，却丝毫没有架子，与我们一行人谈笑风生。进一步接触才知道，黄添福先生竟是海归的德国华侨，靠着艰苦拼搏建立起一番大事业。而如今又大力回馈社会，积极支持海内外诸多公益活动，无愧为地产界“儒商”。宾主落座后，黄先生并无一丝生分之感，频频与我们斟茶，不胜礼遇。随即我们也就直抒胸臆，开始了这一番令人记忆深刻的长谈……

祖辈传承沐家风，自律德行慎修为

说起“大夫第”的由来应该是在满清末代的时候，黄添福的曾祖父黄希鳌先生下南洋创业，在安南堤岸经营大米、蔗糖、白布贸易和渔港，成为当地有名的富豪，被法国政府授予“法属第一商家”匾额的殊荣，还被清朝官府册封为大夫。后来黄添福曾祖父荣贵故里，回家乡建了一栋千余平方米的四合院，这座深深庭院为三落双护厝，拥有 39 间房，命名为“大夫第”，至今门楣上还保留着“大夫第”三个鎏金大字，成为百年来新圩镇的一则传奇。而黄添福曾祖父这个人呢，乐善好施，造桥铺路助人无数，恩泽遍布桑梓。可惜英年早逝，家族生意日渐衰落，随着岁月奔流人事变迁，七房儿孙分散在海内外，失去了联系。留在福建的黄家渐渐没落，在土改时被划为“贫农”，黄添福的父亲黄加自户口栏上，家庭成分就赫然写着“贫农”两个字。自此，黄家人一直过着普通贫农的生活，逐渐淡忘了曾经显赫的家世。1955 年 2 月，黄添福就出生在这座破落的山村古宅里。

黄添福回想起那个时候是真得苦，一家老小没吃没穿，父亲为了这个家奔波劳苦，不惜外出去修铁路，只希望能够糊口上下，真不是一般的难啊。黄添福还记得父亲离家没过多久，大路村归属的地方就成立了新圩乡，紧接着又变成人民公社，设立了公社大食堂，包管全体社员及家属的一日三餐，但后来席卷全国的三年自然灾害可真要人命，凡是经历过这场灾害的古宅村民都会记得再回到家中吃小锅饭时的情景，不要说饭锅早没了，即使有锅也没米下锅。被逼无奈，人们只能到村头和山上去找野菜、捋树叶、掘草根。一句话，凡是能填进肚子里的东西都往肚子里填，但依旧是经常吃不饱，饿肚子可以说是常有的事……

也许是由于“穷人的孩子早当家”的客观环境，也许是遗传的天性，黄添福从小就是心里想事、眼里有活、手脚又勤快的好孩子，只要家里有活，从不用大人支使，都会主动去干，而那些顽皮的孩子们最喜欢的戏要和打闹，他却从来不参与。那时的黄添福除了干活，还会把堂兄堂姊们读过的高年级课本借来看，他希望自己可以有名列前茅的学习成绩。当然这也是黄添福可以顺利升入新圩公社中学的重要原因之一。后来也是因为住校，黄添福感觉自己与“大夫第”产生了距离，但这种从未体验过的距离并没有产生美，只让他感到了凄楚和苍凉，因为“大夫第”那个大杂院已经破落得不成样子了，他每次回去都有一种窒息的感觉。这种感觉迫使他给自己定下一个奋斗目标：或是以优异的成绩考上大学，或是以良好的表现去当兵入伍，以更好的工作条件和令人羡慕的收入来改善家人乃至族人的生活状况。

青年聪智身不懈，多砺艰阻方成人

1972 年，17 岁的黄添福到了新圩人民公社当通讯员，走上公务员的道路。贫农出身的他自然是政府栽培的重要对象。虽说是青年得志，但黄添福却对从政不感兴趣，可能是骨子里流淌着祖先经商的血液，当了 5 年共青团干部后，他就成功转去同安县外贸公司搞贸易。黄添福的转业成为乡人大惑不解的议论话题，想不通有大好政治前途的人为何放弃？改革开放的大潮席卷全国，也在年轻的黄添福心中泛起了涟漪。1986 年，敢于接受挑战的他再次放弃被乡人羡慕的同安县外贸公司铁饭碗工作，借钱担保自费留学，飞往德国求学。在德国黄添福起先在不来梅附近，后转到波恩一带，一边学习日耳曼语言文学，一边开始了打工生涯。那几年是黄添福最艰难的时期，他同时干着好几份工作，端过盘子，洗过碗筷，开过小餐馆，终于积攒下几万马克，这也算是他人生的第一桶金，因为每一分钱都是兢兢业业的心血结晶。也就是这段艰苦的岁月，使黄添福养成了克勤克俭、吃苦耐劳、爱拼敢闯的闽商传统美德；同时学到了德国人认真、准时、精确的工作习惯，开阔了面向世界的眼界。自此，黄添福在德国过上了衣食无忧的小康生活，但这样无非就是成为餐饮业老板。而这样的人生并非他想要的，黄添福觉得自己还有鸿鹄之志，要展翅高飞，取得更大的发展。踌躇思量后，1992 年他带着几万马克返乡。这一决定再次成为很多亲戚朋友百思难解的话题，多少人朝思暮想往国外去，而有如此好机会的人却在短短几年间做了“海归”先锋！

回国后的黄添福在原单位遭遇了“螺纹钢事件”，使他心生去意，觉得人一定要自己打拼出一片天地。果断离开的黄添福很快就捕捉到了商机，这个商机是与人民生活息息相关的“米袋子”。米袋子说来话长——早在 1953 年，随着我国第一个五年计划启动，开始对城镇居民实行粮食按计划供应，揭开了凭票供应的大幕；而直到 1993 年，在其他所有凭票供应的商品都早已敞开供应之后，凭票证供应长达 40 年之久的粮食才正式退出历史舞台，宣告中国“票证时代”的终结。由此可见粮食在人民生活中占据多重要的位置。黄添福想既然粮食可以任意购销了，那他就可以开一家集原粮和精加工食品为一体的粮油公司，毕竟民以食为天，谁都得吃饭，而粮食的深加工和多样化必将是未来发展的趋势，干这行应该错不了。再说，当年曾祖父黄希鳌闯南洋时就是从经营大米起步的，加上小时候挨饿的场景也时常会浮现在他的脑海里，从主观上讲，他对粮食是最有感情的。

而就在黄添福精心筹划粮油公司时，在医院上班的两位朋友来找他，告诉他一个难得的商机，说计划生育指导站有个药房，因为效益不好想转包经营，一年只收 5 万元承包费，而且手续齐全，营业员也不缺。这个消息让黄添福眼前一亮——卖药是铁定挣钱的，有病不吃饭也得吃药，哪有药店开不下去的？再说医药当时还不允许个体经营，不仅同安县，连整个厦门市的所有药店都归卫生部门专管，而计划生育指导站的位置就在县城西街头，门面也不小，位置也不错，这个药店怎么能亏损？

出于好奇，他立即跟这两位朋友到药店去了解。进店一看，却发现不仅棚壁灰暗，柜台和货架破旧，摆放的药品也零零散散，而最主要的是服务员对他们三位“顾客”竟然爱搭不理的……至此，黄添福已基本明白这个药店亏损的原因了。但他什么也没说，返身出门后，对那两个朋友说得考察一下市场再做决定。于是他仍以顾客的身份把同安县内的几家药店转了一圈，从询价开始，对经营方式和营业时间等方面进行深入了解，然后又通过医药公司的朋友侧面打听了计划生育指导站的内部情况，直至胸有成竹后，才决定把开粮油公司的计划暂时放置，先把药店接过来，在与计划生育指导站的领导正式接洽、详细商谈了一应事项后，签订了三年的承包合同。

接手这个药店后，黄添福拟订了一个完整的整改计划：一是装修门面，粉刷墙壁，重置柜台和货架；二是改变进药渠道，从原来只到药材公司进药和坐等药贩子送药上门到就近联系省内外的制药企业，直接从厂家进货，省去中间商的盘剥，既为批发留出空间，也能直接让利给消费者；三是经营当时药店里少有的点滴药剂和针管、针头、输液器等简单的医疗器械；四是把营业时间改为全天 24 小时；五是改善服务态度，要求营业员树立顾客至上的理念，既讲究仪表、着装、卫生，又要懂礼貌、有热情，让每一位进门的顾客都有宾至如归的感觉；六是奖勤罚懒，把营业效益与营业员的工资挂钩，让每名营业员都能多劳多得。

根据这个整改计划，加上承包租金和流动资金，预计需要 60 万元，而黄添福在德国淘到的第一桶金——7 万马克兑换成人民币也只有 30 多万，还差一大截。于是他又找到这两位牵线的朋友，邀请他二人入股，以三人合资，由黄添福管理的方式来经营。由于黄添福为人坦诚，又讲交情，所以在朋友圈中的诚信度甚好，这二人也毫不犹豫地入了股。

资金问题解决后，黄添福就放开手脚干了起来，他先将药店关闭，带领大家装修，然后置办柜台和货架，紧接着又亲自外出进药，同时还对员工随时进行思想教育和礼仪培训，很快就让这个药店以崭新的面貌出现在同安县城。由于这家旧貌换新颜的药店不仅 24 小时营业，而且品种全、价格低、服务态度也好，很快就在城乡居民中树立了口碑，来买药的顾客有时甚至排队。而且，不只乡下的卫生网点来买药，县城里其他几家药店也来批发药，营业额飞速攀升，头一年就盈利 20 多万，让这个厦门市内第一家以民营方式经营管理的药店一炮打响。

看到黄添福辞职后把一个不起眼的小药店经营得如此红火，当初那些并不看好他的同事和同学们也都来恭维他，而他对自己的成功只是淡然一笑。因为开这个药店并非他的初衷，是“机缘”撞到了他头上，他还惦记着要开粮油公司呢。于是他抽空考取了驾照，又买了一台能装载1.75吨货物的小型客货两用车，1995年，与人合资成立了兴银贸易公司，经营范围不仅有粮油制品，还包括保健品和中药材等。

开这个公司他也煞费苦心，在粮油经营上，按照商品多样化的初衷，不仅经营原粮，也专门购置了加工粮油的机械设备加工芝麻油和糯米粉，甚至把生意扩展到了福州市和江西省，与这两地的几家粮油公司建立了业务关系。而公司的另一个主打项目就是以西洋参为主的中药材，以进货加工后批发销售的方式来经营。此外还有木材、钢材等项目，并在公司的名下开办了一家经营烟酒糖茶与副食品的超市。

兴银贸易公司的生意与药店一样红火，但由于这种合资方式也属于摸石头过河，在经营项目和管理模式上都没有可遵循的成熟经验，很容易因为合伙人的经营理念不一致而产生分歧。1997年，承包计划生育指导站的药店三年期满，因客观环境发生变化，黄添福等三人都决定不再继续承包而转手他人。随后不久，兴银贸易公司的另两名股东（其中一人亦为合资药店的股东）也因各自的想法不同而提出分家，于是便对这个经营了两年多的贸易公司的所有资产进行了清点和分割，两位合资的股东分别拿走了粮油和超市的经营权，剩下保健品和中药材划归黄添福经营。因为兴银贸易公司的注册人是黄添福，他仍以兴银贸易公司的名义继续经营。

勇闯敢拼施拳脚，独具慧眼展宏图

就在接手药店之后不久，黄添福就听一位朋友说有几家药厂和保健品厂都需要西洋参，而省内的药材批发站都没货，就让一些倒腾药材的小贩钻了空子。黄添福觉得这是个商机，不应错过，便在成立兴银贸易公司时将中药材也列入了主营范围。但他对西洋参究竟是什么东西、有哪些药用价值还不了解，于是本着不懂就学的原则，他上书店买了相关书籍来补课。一经查阅，方知西洋参属五加科多年生草本植物，原产于北美洲的丛林，因此又有“花旗参”和“洋参”之称，传入中国也有300多年的历史了，是一种具有特殊医疗价值的贵重补益药品，具有调节中枢神经、增强记忆力、调节血压、保护心血管系统、提高机体免疫力、抑制癌细胞生长、降低血液凝固性、抗动脉粥样硬化、辅助治疗糖尿病等功效……

这一查把黄添福吓了一跳，原来这西洋参有这么厉害的功效！他上东北进螺纹钢时只听人谈起过长白山的人参，说能大补元气、健脾安神，对脾胃衰弱等阳虚的症状有特效，但阴虚火旺者却不宜服用，一旦误服轻者会鼻孔出血、发烧头晕，重则危及生命。而西洋参药性平和，正好弥补了长白山人参的不足，已成为中国南方补益身体的首选药物。了解到这些后，他决定当西洋参贸易的中间商，具体操作就是上省外的药材批发市场选购经过烘晒的西洋参统货，运回公司后进行切割、加工，然后将边条销给医药批发站和制药厂，边角余料则卖给保健品公司制作口服液等产品。

因为福建省内没有中药材批发市场，必须得上广东和浙江两省去进货。广东省有两家药材批发市场，分别在广州市和普宁市；浙江省只有一家，位于苍南县。这三家市场离厦门最远的是广州，有800多公里，最近的是普宁，将近400公里。因为进货是大事，所以每次进货都是黄添福亲自去，而为了节省开支，黄添福又舍不得带帮手，都是一个人单打独斗。那时的交通很落后，去这三个地方都得坐那种老式大巴，不仅噪声大、减震差，密封也不好，车里的灰尘比车外少不了多少，还总能闻到一股汽油味，而最大的缺点是马力小、速度慢，像老牛一样吭吭哧哧的，在山路上一小时只能跑20多公里，从厦门到浙江苍南县的500多公里得跑20多个小时，再加上山路崎岖，一路颠簸下来，骨头都像散了架，人也脏得像是从灰堆里爬出来一样，别提有多遭罪了。但是当时交通、运输、物流和通信还都处于半原始状态，黄添福只要出门进货就别无选择，只能乘坐这样的大巴车。因为那时西洋参是紧缺货，有时他跑了一个浙江的市场没抓到货，还得再往广东的市场跑，这样来来回回折腾，他也得受着。

当时也没有银联卡，更没有现在的支付宝和微信等支付方式，在批发市场上的所有交易都是一手交钱一手交货，即使能通过银行转账商家也不干，这就逼着黄添福必须随身携带现款，而他为减少进货的次数，每次出门都带一二十万的现金，为防意外，他就在内衣的前襟里面缝上几个布兜。但尽管如此，他还是格外担心，无论是坐车还是走路，甚至连吃饭都找比较清静的小饭馆，连睡觉也不敢把装了钱的衣服脱下，一天从早到晚都是战战兢兢的，恨不得让后脑勺也长出防范的眼睛，唯恐被歹人盯上。等买好货后，他还得请卖家帮他雇人雇车往汽车站运货，然后再一袋袋地扛到车顶部绑到货架上……就这样，每次进货归来，他都疲惫不堪。

进货时的辛苦可见一斑，而在家时黄添福也从不当甩手掌柜，既是老板，也是员工。他每天早上都是6点起床，8点前准时到公司，只要不是外出，就有他干不完的活，一般的货物运输都是他亲自开车，而且还参加装卸，甚至白天忙完，晚上还要到各门店转一圈，然后再到西洋参的加工厂帮助工人们选料、加工、装箱、入库，一直干到半夜……

1996年的冬天，黄添福在广州的市场上没找到他想进的西洋参，只看到一种表皮略显细腻、纵纹也比较浅淡的西洋参，详细一问，才知道这是在我国东北种植的西洋参，其主要成分人参二醇和人参皂甙含量都高于进口货，只因为刚打入广州市场，还未被广大用户认同，所以价格也与进口货相当。黄添福不敢全信卖家的宣传，但又抑制不住好奇心，便只买了半斤，拿到由他供货的药厂和一家保健品厂去讨教，得出的化验结果和评价与卖家所言基本一致。这样一来，他的好奇心更强了——他想，既然国产的西洋参比进口的还好，那么迟早有一天会取代进口货，既然有国产的，那么直接上产地去进货，货源肯定没问题，而且价格也能便宜，于是他决定马上去东北，到吉林的通化看看——听说吉林省的通化市有中国最大的人参市场，全世界买人参的大客商都上那儿进货。如果那里有充足的货源，他就再也不用往广东和浙江两省跑了。

尽管又到了东北天寒地冻的季节，黄添福还是在厦门火车站买了去通化的车票，坐上了北去的列车。三天三夜后，他到了长白山西麓的吉林省通化市，在站前找了家旅店放下行李后，就直奔站前广场的地下商场，找到专卖长白山区土特产的专区，很容易就打听到通化市共有两个交易人参的集市：一个在距通化 50 公里的清河镇，逢“8、9”日开集；一个在距通化 180 公里的抚松县万良镇，逢“5、10”日开集。

掌握这些情况后，又让黄添福犯了嘀咕：这两个集市都不通火车，又相距太远，不可能在赶完清河镇的集后接着去赶万良镇的集。但初次来的黄添福必须得把两个集市都逛一遍才能决定在哪进货，可他到通化的日子正逢“3”，如果先赶清河集，那就得再等六天才能去赶万良的集。于是他决定先去赶万良这个逢“5”的集，然后再回头来赶清河逢“9”的集，这样至少可以节省一天的时间。计划好了，第二天一早，他便坐上了去抚松县的大巴车，然后又从抚松换车去万良镇，到万良镇时，天都快黑了。

黄添福跺了几下冻得有些发麻的双脚下了车，环顾一下小镇周围山脉中那些悄然肃立在皑皑白雪中的萧萧林木，紧裹套在外面的那件曾经跟他闯过关东的德国军大衣，去找旅店。他几乎在镇上转遍了才找到一家看起来还算干净和安全的小旅店，要了个单人间。进到客房才发现这小店十分简陋，甚至连暖气都没有。说是单间，其实就是在一盘典型的东北大炕上用纤维板之类的物件间隔成的一个小格子，再顺着走廊砌面墙，安个门而已。铺着人造革的炕上虽然有点温度，但是玻璃窗上已挂满了霜花，让他又想起上鞍山进钢材时挨冻的情景——看来又得遭一宿罪了。但出乎黄添福预料的是虽然屋子里不暖和，但火炕还是很热乎，热得睡惯了床的黄添福直翻身，而最不能容忍的是纤维板的间壁墙隔人不隔音，黄添福一宿也没有睡好……

太阳尚未出山，就开集了，售卖人参、鹿茸、灵芝、天麻以及蘑菇、木耳、红景天、不老草等当地土特产的摊贩挤满了长约二百米的街道，黄添福可谓见多识广，但也把他看得眼花缭乱。不过观赏归观赏，他的目光最终还是盯在了西洋参上。单卖西洋参的货摊大大小小有十几家，一次抓十吨八吨也没问题，价格不仅比广州市场上略低一些，而且质量很好，货源完全可以保证，如果每来一次进上几吨货，也能获得不菲的利润……想到这里，他一夜未睡好的疲劳感一扫而光。但他还没有在此大量进货，因为还有个清河集，听人说清河集市上的货品和价格与这里没有多大差别，况且那儿离通化近，交通和发货都比这儿便利，如果价格相差不多他宁愿在清河进货。于是他又闲逛了一个多小时，直到确实感觉累了，才买了几斤权当样品的西洋参，然后又返回通化。

逢“9”那天，黄添福早早起身，乘最早班大巴车从通化赶到清河集，这里的商品与万良集市上几乎一模一样，而且来卖货的还真有他在万良市场上见过的，由此可见这两个市场有相当一部分摊位是同一伙人所摆，那么无论在哪儿进货都一样了。再问西洋参的价格，只比万良集稍高一点儿，看来东北人也够实在。于是他决定再不上万良去了，把进货点定在清河。拿定主意后，他也不急于拿货，索性闲逛起来，因为他知道在临近收市的时候最好砍价。但他在闲逛的时候也格外小心，毕竟身上还揣着重金，有热闹也不敢往前凑，见到穿戴奇特的混混们甚至都不敢多看一眼。好不容易挨到了中午，他看到有的摊主开始收摊了，便走向早就看好的摊位，以最理想的价格将其所有的西洋参全部包干，一连包了三个摊主的两吨多货，然后他又雇佣一位摊主的小货车，将买到的西洋参运到通化火车站去办理托运。

由于这次上东北进货大获全胜，过完春节后，黄添福又跑了一次通化的清河集，并在此后的几年中每到十月份和春节前后，他都要往这里跑几次，平均每年能进二十多吨西洋参。

不畏艰险终得创，深虑广谋再登攀

就在黄添福摸爬滚打地在商海里畅游之时，一次朋友间的往来却把他引向了另一个领域，而这个领域又成为他日后发展的主基调。

1998年的一天，一位在惠安搞建筑的朋友来找他借钱，当时这位朋友正在给已经撤县改区的同安区商业局盖职工宿舍，因为资金周转不开想向黄添福借用20万元救急款，并以一台日本产的凌志牌轿车做抵押。黄添福一惯乐于助人，就答应了。但是借款到期后，这位朋友却因为卷入三角债而无力偿还这笔钱，就对黄添福说商业局还有一个地块，也要建宿舍楼，他可以找商业局商量把这个工程包给黄添福，然后再由他来承担工程建筑，等他赚到钱之后再偿还欠款。黄添福一听这也是个办法，就答应了。

这里不能不说当时的房地产政策，其实早在1994年7月，国务院就发布了《关于深化城镇住房制度改革的决定》，要求“全面推行住房公积金制度”“积极推进租金改革”和“稳步出售公有住房”。到1998年7月3日，国务院又下发了《关于进一步深化城镇住房制度改革、加快住房建设的通知》，明确指出在1998年下半年开始停止住房实物分配。至此，在我国实施了将近半个世纪的“统一管理、统一分配、以租养房”的福利分房制度宣告结束。基于这种形势，当时各单位，特别是政府机关各部门都想方设法地建造自己部门的职工住宅，利用本部门拥有使用权的土地，自筹一部分资金，再号召有住房需要的职工拿集资款，然后包给施工队来建设，以解决职工们梦寐以求的刚性住房需求。应该说，在改革开放中，中国房地产起步的先锋队并不是开发商而是政府机关的各部门，也可以说这一时期的楼房建设纯属单位的内部行为，还没有走向市场，而负责建设的老板也只能算包工头而算不上开发商。

黄添福把这些情况都看在眼里，也想在心中，他认为商业局的职工住宅楼只负责建造，能赚到工程利润就可以，其他的一切不用他担心，应该试一试。只是他除了知道用什么样的螺纹钢之外，对工程建筑的各环节及管理要求等方面都不大清楚，那怎么办？还是不懂就学，必须要弄懂！于是他又拿出爱拼敢闯的劲头，先停下手头的工作，专门研究起来，从工程概论、项目管理、房屋建筑学、混凝土结构设计到市政配套及成本核算与税费，等等，一直研究了半个多月，觉得心中有底后，才同那位朋友一起去找商业局洽谈承包事宜。可是没想到当他二人满怀希望去时，商业局已决定由自己盖而不再对外承包了。黄添福空忙一场不说，朋友欠他的 20 万也无法归还，这样一来，黄添福也等于被卷入三角债中。

不过黄添福并没有因此而气馁，一是通过这番补课，让他对房地产开发产生了浓厚的兴趣；二是他在补课的过程中也发现了潜在的商机，认为涉及千家万户的房地产必然要成为经济改革的重点，因为城市居民的居住环境实在是太紧张了，绝大多数都是一家几口挤在二三十平方米内的空间，无论哪个家庭都急切地盼望着能改善居住条件，包括他自己在内的租房户也无一不盼望能拥有一套属于自己的房子，甚至有许多年青人都把能拥有自己的住房当作终身奋斗的目标……因此可以说，中国的经济无论怎样改革，房地产都是不可或缺的一大项，他不信找不到伸手的机会。

奉求实恩济百姓，悟发展创新变革

机会总是留给有准备的人。1998 年，厦门市同安区三秀街的改造被提到了区政府的办公会议上。

同安区是 1997 年 5 月由原来的同安县升级而来，三秀街是这座始建于后晋天福四年（公元 939 年）的千年古城中最繁华的街道。在城区改建之前，通常越是繁华的街道房屋越老旧和拥挤，三秀街就是典型代表——街道两旁，都是百年以上的旧宅院，其中多为石墙土瓦、拥挤不堪的二层楼和一些私搭乱建的破棚子，而且连自来水也没有，有好多人家都不通电，街巷中连小车也开不进去，到处是挤占道路的垃圾堆，甚至上一次很远就能闻到气味的厕所也得排长队……脏、乱、差的程度难以言表。

面对这种情况，同安区政府几经例会研究，最终决定把有 300 多户居民居住的三秀街改造成高品位的商住一体示范街区，以引领同安区的旧城改造。政府的意向明确后，即开始招商引资，可是一年时间过去，有意承建的中外客商来了好几拨，但一看这条街的情况后都知难而退了。其中一位菲律宾客商已经决定要开发了，交了5万美元保证金，时隔半年多还是被拆迁问题吓跑了，退了保证金。因为挤在这条街上的大多是家境贫寒的工人，有的一家三代，甚至四代，硬是挤在四五十平米的“火柴盒”里，还有的是父母与三兄弟蜗居一室……不用说，拆迁户的条件越不好，需要照顾的因素就越多，而居住的密度越高，回迁的比重就越大，开发的成本也越高。成本一高，开发商就很难赚到钱，闹不好还要亏钱。根据区政府的计划，这个改造项目要建设6栋举架为6层的高标准商住楼，建设总面积为6万平方米，其中回迁和商品房的比例各占50%，而且要开发商先拿出设计方案，经政府审查批准后才可动工。因为回迁的比例大，看不到盈利空间，项目的方案出笼一年多还一直烂在政府手里。

黄添福得知这个情况已是1999年，也是因为商业局的宿舍楼把他盖房子的欲望给激发了，他觉得这个项目好像就是留给他的，如果他不出手这个项目还得搁置，那300多户居民就还得在臭气熏天的环境里煎熬。至于外商不敢做可能是因为外商不了解当地的民情，而本地人没有接手或许是因为一般人搬不动。当然他也搬不动，但他可以找人合资，共同开发。于是他找到区政府，详细了解相关情况，表示有意研究一下这个项目。区政府的领导很高兴——他们正愁没人接手呢，马上给他戴上一顶“为民造福”的高帽，并表示会全力支持他，即刻派人协助他办理拆迁事宜。

有了政府的承诺，黄添福心里也很高兴，乐颠颠地把这个消息告诉了已有多年往来的一位搞印刷的老板，希望能与他合作开发。这位老板熟知他的人品，同意按四成比例出资，具体操作则全凭黄添福做主。

合伙人有了，黄添福便开始准备。但他这个计划却遭到其他朋友和亲戚们的反对，说他是做生意做昏了头，拿多年奋斗的成果当赌注，搞不好就得身败名裂。黄添福知道亲友们的反对不是没有道理，因为此时的同安区还没有房地产开发的先例，当然也就没有现成的经验可以借鉴。黄添福自以为通过“补课”对房地产开发有所了解，但对拆迁的问题却一点谱儿也没有，而三秀街最大的问题就是拆迁，一旦解决不好拆迁问题，就会影响工期，增加成本，成本超标就等于亏损，一亏就不是一两万，有可能是几十万、几百万，甚至上千万，这等于把身家性命都搭上了，甚至连合伙人和所有参与的亲戚朋友都要受连累。经大家这样一说，黄添福的心里又没了底。于是他又找到区政府，就工程预算和拆迁规划一笔笔地进行推敲。

工程预算成本是拆迁、建设、税收、经营综合成本每平方米1600元，300多户安置房2.5万平方米，3.5万平方米可销售，当时住宅的售价是每平米1300元，还好有1万平米的店面可销每平米四五千元，使得此项目才有点利润。即便如此，也让当时一筹莫展的黄添福吃不好睡不好，每天晚饭后都会不自觉地转到三秀街待改造的地块上。

还记得一天晚上，他正在街上转着，意外地撞见了一对夫妻在吵架，夫妻吵架并不稀奇，但这对夫妻吵架就是因为三秀街的改造。只听女人在控诉男人，说男人以老房子的拆迁为诱饵骗婚，结果女人嫁过来一年多还是老样子，连厕所都没法上……那女人一边哭诉一边挎着包袱向外走，男人忙追上死死地扯住她，女人索性将包袱扔给他，破口大骂起来……

黄添福不敢再听下去了，他怕一会儿就会骂到和他一样只看不做的开发商。但当他转身离开没走上几步却又停了下来，这女人的骂又吸引了他，因为这女人骂的正是老百姓的心声，老百姓都盼星星盼月亮地盼着能有一套合适的住房，可是政府已经有了规划，却还不能启动……怎样才能“安得广厦千万间”，来“大庇天下寒士俱欢颜”？难道唐朝诗人的情怀，在改革开放的今天还不能兑现给老百姓？

黄添福竟然站在政府的角度上深层次地看这个问题，而他越往深处想，就越觉得如万箭穿心，他下意识地捂着胸口想了半天，觉得自己不应再犹豫了，应该拿出闽南人“三分本事七分胆”的精神拼上一把，而老百姓的需求就是他承接的底气，就算是第一个吃螃蟹的人，他也宁愿拼上一把，哪怕要把辞职经商以来所创造的财富都拼上，就拼在改革发展的需求上！

黄添福第二天就注册了厦门市银城佳园房地产有限公司，并以这个公司的名义与区政府签下了将三秀街改造成“银城佳园”的合同书。紧接着，他一面请素有“建筑之乡”之称的山东省淄博市驻厦门的设计院设计工程图纸，一面安排员工做拆迁前的摸底工作。这一摸底不要紧，当三秀街的“准拆户”听说真有人来开发了，而且这个开发商还是在同安区经营了多年的海归企业家，便个个憋足了劲儿，想借机捞上一把。

当时国家和各省市政府对房地产开发涉及的回迁与补偿等标准没有明确的规定，到底是应按原住宅面积的多大比例来置换，什么条件需要照顾，照顾的尺度应多大等等，全凭开发商与拆迁户去商定，这就在客观上助长了拆迁户漫天要价的心理，导致很多拆迁户都想一夜暴富，有的想要一套远远超出原有面积的大房子，有的想用住房换成临街的门市，有的想用原有的一套换成两套甚至三套……就这样，当工作人员把复查到的情况都汇总上来后，黄添福一核对，竟比政府先期的统计数字又高出一截，这样一来，如果按部就班地进行下去，亏损已成定局。黄添福也理解老百姓把他这个海归开发商当成一块肥肉，想乘机咬一大口，所以他也想尽量去照顾，只要没有特别过分的要求就行。可是为了避免拆迁成本过高而把整个工程拖垮，就必须得在其他方面想办法来“填坑”。针对这种情况，他立即召开董事会，集思广益，进行深入研究，最后决定先从原材料入手，以严控建筑成本来弥补超标的拆迁费用。于是他把正常进行的各项工作安排好后，自己亲自出马，带领材料员去调查建材市场，用了十几天的时间，先后去了三明的三明钢铁厂、龙岩水泥厂和位于福州生产涂料的福川化学有限公司、泉州和南安的陶瓷厂家，以及本市的砖瓦厂等，把从基建到装修所需的各种材料都与生产厂家直接签订了供货合同，再一算成本，每平方米能降低 100 元，那么整个楼盘的 6 万平方米就降低了 600 万元。有了这个底数，他的信心又充足起来，便把拆迁划为两部分，一般的拆迁户交给拆迁办的工作人员，那十几户老大难则留给他自己，等他抽出时间亲自登门去谈。

也因为初次接手房地产开发，一切都要从头做起，想办的事不能马上办好，而不想惹的麻烦却能突然冒出来。没几天，三秀街建委副主任就找上门，说他儿子在做“地财”，想把黄添福这个项目的“地财”承包下来，黄添福听完来意之后，只能以实相告，说他这个项目的“地财”已经包出去了。原来他跟区政府刚签完合同，就有两伙做“地财”的人几乎同时找上门来，而且个个气势汹汹，互不相让。黄添福一看这架式没法答应谁，便叫他们等消息。随后他马上带人到砂石厂去调查砂石料的出厂价格，连同合理的运输成本进行核算后，将收购价报给那两家竞争者，要他们两家自行决定由谁来供料，但究竟由谁供料此时尚未收到回音。建委副主任一听是这种情况，也就作罢了。

这还不算，工程设计与联系放工队伍都需要时间，而那些已经接受了拆迁条件暂时迁居到别处的住户最关心工程进度了，他们恨不得一下就住进新楼房中，所以一直盯着拆迁的工地。见黄添福迟迟不开工，就对他产生了怀疑，甚至怀疑他会变卖地皮跑路了，便成帮结队地到处找他，有时把他堵在家门口，有时在马路上拦他的车，有的干脆把他堵在拆迁办公室中，问的基本都是到底还开发不开发，是不是把他们骗走就不管了？面对这些不明就里的老百姓，黄添福也没别的办法，只能不厌其烦地一次次向他们解释未动工的原因，再一次次地向他们保证。为了摆脱不必要的纠缠和避免出现不必要的争端，他给原来也在外贸局上班，后来因考取了律师资格，已停薪留职开律师事务所的陈晋源打电话，想聘请他来担任公司的法律顾问。陈晋源因为相信他的为人，一听他这种情况，马上就答应了。

工程图纸设计好了，经区政府审查通过后，施工队也很快进入现场，开始施工作业了。为了保证工程质量，黄添福与大家研究后，决定不搞大包，而是把工程项目的每一个单项都分别发包，这样每个项目都由他直接管理，宁可苦点累点，但能确保工程质量。为了避免一家独大，发生客大欺主的情况，他又引入了竞争机制，同时找来两家工程队进行施工，包工不包料，这样质量和进度都有比较，无形中激发了施工队伍的积极性。

开工后也是黄添福最忙的时候，因为那时还没有水泥搅拌车和泵站，更没有塔吊，水泥和沙灰全靠人工和，往高处运送也全凭绳子和滑轮来拉吊。人工操作的工序越多，就越容易出问题，所以黄添福一点也不敢疏忽，唯恐哪里照顾不周出现安全问题或质量问题。他甚至时时刻刻都警示自己：这是第一个房地产项目，纵有千辛万苦，也只准成功，不准失败。

总面积 6 万平方米的同安区三秀街改造工程“银城佳园”

白天他时刻盯在工地上，恨不得能有分身术监察到所有的岗位。晚间他还要到那十几家要求条件十分苛刻的困难户家中去做工作，不厌其烦地同他们一笔一笔地算账，让他们明白能从旧房改造中得到多少好处，再一遍遍地讲述自己为啥要拿下这个别人不敢接的工程，以及为了节约成本怎样购置原材料等等，直到把这些“钉子户”算得心服口服，终于在双方各让一步的拆迁协议上签了字。最后的几家因为必须得增加回迁面积却又拿不出钱的，则全部免去了增加面积的费用。

拆迁问题总算解决了。可就在他稍微松了一口气时，古宅村小学校的黄建社校长突然来找他，说学校里经常参加会演的文艺队的乐器全不行了，需要 6 万块钱来升级换代，但学校里没有资金，只好向他这位从古宅大路村走出来的“大老板”求援。黄添福一听这话，心里也犯了嘀咕：如果他没干这个项目，拿两个 6 万也没问题，可是现在他手里的款项实在是太紧张了。正犹豫时，他忽然想起了黄氏祖先和曾祖父住在古宅村讲学与助学的故事，并由此联想到爱国华侨陈家庚在厦门创办了从集美小学到厦门大学等一系列学校的伟大壮举，于是他不再犹豫，一口答应了黄校长的请求。

黄校长前脚刚走，与他合作开发的那位搞印刷的老板又来找他，说夫妻二人在闹离婚，他想把投资在这里的 100 万元撤出去。黄添福听他一顿诉苦后也不好说什么，只能点头答应。等这位老板走后，他咬咬牙，做出了一个惊人的决定：把兴银贸易公司所属的旱冰场、茶馆、仓储超市和酒楼几家盈利不菲的产业卖掉，这样既能让“银城佳园”的后续建设不再愁钱，也能让他少些牵挂，集中精力来盖好楼。

2002年底，三秀街旧城改造后总面积6万多平方米的“银城佳园”6栋新楼房全部建成。因为地处闹市区，地理位置极其优越，工程竣工之日，剩下的几户地处边角的门市也被抢光。拆迁户们就更不用说了，全都兴高采烈地搬进了新家。当黄添福从他们的表情中看到了“天下寒士俱欢颜”的情景时，也抑制不住内心的激动。他虽然没在这个项目中挣多少钱，甚至他原本想给自己留下一套房也因怕工程亏损影响员工们的收入而放弃了，但是他收到了既为百姓“添福”也为政府解难的成就感，同时也积累了房地产开发的宝贵经验，这是用多少钱都买不到的。

这个项目开了同安区旧城改造的先河，银城佳园房地产公司成了同安区的纳税大户，项目一竣工就登上了当地媒体的头条，黄添福也因对旧城改造有功而成为同安乃至厦门建筑业的名人，被厦门市政府授予“荣誉市民”光荣称号。

燃梦激情巧规划，独到理解助风帆

2004年10月，黄添福上德国办事途经香港，老朋友陈先生给他介绍说有一位朋友在安徽的淮南接手了一个规模庞大的旧城改造项目，占地面积有800多亩，建筑面积为90多万平方米，总投资大约需要30亿……他本来信心满满，但因手里的资金链突然断裂，导致这个项目刚做完图纸就搁浅了。他问黄添福是否有意与他合作。黄添福很有兴趣，从德国一回来就去了安徽的淮南。

黄添福比预定的时间提前一天到的淮南。之所以这样，是他想更多地了解一下他从未到过的这个城市，因为开发房地产不仅与所在地的经济状况和当地政府的态度有关，最重要的还是项目的地理位置和人文环境，所谓接不接地气指的就是这个。

来到位于安徽省中北部、地处长江三角洲腹地淮河之滨的淮南后，黄添福很快就了解到这个城市素有“中州咽喉，江南屏障”“五彩淮南”之称，而且还是合肥都市圈的核心城市，完全具备发展的潜力。而这个旧城改造项目又位于淮南市经济、文化、商贸和金融中心的田家庵区，在朝阳西路与广场北路交叉口的西北方，应该说地理位置相当不错，这让他首先对这个项目有了良好的印象。等与那位朋友见面之后，又详细察看了一番，方知这个项目是由两个地块组成，其中一块600亩是需要改造的城中村，另有200亩的一块洼地是建回迁楼和经济适用房的场地，洼地比周围的地面整整低了三米多，需要填方，而填方可利用城内拆毁旧房的废弃砖石来解决。综合考虑各方面因素后，黄添福觉得可以用银行贷款来做这个项目，便答应与那位朋友合作。

谁知工程尚未起动就遇到了麻烦——2004年年底，中央经济工作会议做出了财政政策转型的决定，宏观调控由“积极的财政政策 + 稳健的货币政策”过渡到“双稳健”模式，导致各商业银行收紧了银根，严控放贷，这其中影响最大的首推房地产。换句话说，黄添福再想贷款就很困难了。银行贷不出款怎么办，黄添福自己是无论如何也搬不动这几十个亿的大项目。他正为难时，那位朋友却又说可以向黄添福整体转让这个项目，黄添福惊讶之余也只能苦笑。但苦笑一阵后，他想起了厦门的著名企业——银鹭集团。

银鹭集团创建于1985年，是以生产罐头食品和饮料为主的大型企业，总部坐落在厦门，在山东、安徽、湖北、四川都有生产基地，已跻身中国罐头和饮料企业的前十强，同时还有机械装备制造、工程建设、进出口贸易等多项业务。黄添福早就熟悉银鹭集团，因为他在开办兴银贸易公司倒腾西洋参时就与银鹭集团有交往，而他在建设福园公寓之初也想与银鹭集团合作，以方便办理银行贷款，只因银鹭集团那时还不敢做房地产，就没有谈成。此时黄添福听说银鹭集团已经有意涉足房地产了，又动了此念。

也许是因为黄添福已经成功地做完两个房地产项目，这次没用黄添福多说，银鹭集团就满口答应，并立即派专人到淮南详细了解情况，很快就与黄添福达成合作意向：以银鹭集团为投资的大股东，并将项目重新命名为“银鹭山庄”，由银鹭集团的老板出任法人代表，实施财务监督；黄添福为小股东，担任总经理，具体管理工程建设。说白了就是银鹭集团多出钱，而黄添福多出力。这样的合作与分工也正是黄添福所希望的，虽然受累的是他，但能做下这样的大工程，再苦再累他也心甘情愿。双方达成了合作意向后，黄添福便与银鹭集团从那位朋友手里接过了这个项目。

也因为这个项目是由两块地组成，政府的规划是将占地 600 亩的城中村里 1000 多户居民迁移安置到另外那 200 亩的洼地上新建的楼房中，然后再将那 600 亩城中村改建成商品楼。这就是说，在那 200 亩洼地上盖楼和动员城中村的住户拆迁可同时进行。而城中村的老房子不用先拆，住户也不用过渡，只要能在拆迁协议书上签字，等着搬迁就行了。这对于开发商来说，首先得在那 200 亩洼地上盖起楼来，亦可以随盖随迁的办法，盖起一栋迁入一部分，之后再对腾出的城中村进行商品楼建造。

黄添福把动员拆迁的事交给工作人员后，就扑到洼地填方的现场，因为这 200 亩的洼地需要填方 40 多万立方米，也是不小的工程。黄添福为了节约工程造价，跑了城内好几家拆迁的工地，收购他们拆除的砖瓦石块来充填这块洼地，这样仅填方一项就可省下好几百万。但是工期也必须得抓紧，于是黄添福又身先士卒地站到了填方的第一线，亲自指挥运输车辆倾倒砖瓦石块。

当时淮南市政府还有个特别规定，要求运输建筑垃圾的车辆不能在白天运行，只能在晚间 11 点至次日凌晨 4 点活动，否则一律按违章进行罚款，这就要求他带领员工们在深夜工作，好在他已经“熬”惯了，再少睡点觉也能坚持住。那段时间，他真是不分白天黑夜地工作，白天还要处理项目所涉及的各项事务，晚上就守在填方的工地。为确保大坑能填好、压实，不留隐患，他还常常站在坑沿上指挥卸车，只要有一辆车卸载，他都能成“灰人”，但他从不退缩，每天都坚持到最后。公司上下都知道他的工作作风，也没一个敢叫苦的。翻斗车司机知道他在现场，也都能按要求卸载。就这样，在黄添福的带领下，只用了一个多月，在 2005 年春节前，就把这 200 多亩洼地全部填好夯实了。

洼地填好后，楼盘正式开工建设。这时黄添福又把工作重点转移到拆迁上，好在政府对拆迁制定了比较惠民的政策，以一户一宅为原则，对原来老少三辈住在一起的给两套，没结婚的给 80 平方米，结婚后有一个小孩的给 100 平方米，两个小孩的给 120 平方米，如果这一家有三个儿子那么加上老人这一辈等于四户就给 4 套房子。有这么好的拆迁政策，拆迁的难度自然不大，仅用半年多的时间 1000 多户拆迁户基本上就都签了拆迁协议，个别仍不满意的“钉子户”虽然拖了两三年，但因为新居是分期建设，也没有影响施工。

多方共赢思举措，继往开来新突破

2010 年春节后，身在家乡的黄添福去视察同安食品厂，途经三秀街时想下车买点东西，没想到他刚停好车，便撞见一位当年被他照顾的“银城佳园”中的拆迁户，拉住他的手不放，说什么也要让他上家里坐坐。黄添福实在拗不过，只好随他往小区里走，可刚到小区门口，又有几位当年的拆迁户围了上来，异口同声地称赞他不仅让他们住进了新楼，而且还让他们发了大财——房价已经涨了五六倍，并且还在天天涨……说他是为百姓造了福。黄添福听到这些腼腆地笑笑，为百姓造福他不敢当，没有改革开放就没有旧城改造，没有旧城改造也就没有这个工程，他充其量也只是借国家的光给百姓添点福而已，能对得起自己的名字他就知足了。拆迁户们听他这样一说，更是对他赞不绝口。黄添福被这些天性善良的老百姓给打动了，他暗下决心，在可能的情况下一定要多接手旧城改造项目，给更多的贫困百姓增添福祉。

说来也巧，时隔不久，在距离安阳 100 多公里的新乡市的一处旧城改造“烂尾楼”真就找到了黄添福。早在 2005 年，有位美籍华人被新乡市政府的招商引资项目吸引，接手了市街的旧城改造项目，但是在他投入了 1000 多万元后，资金链就断了，导致这个项目一直被搁置，让新乡市政府很着急。一位搞房地产的同行因为知道黄添福擅长接手烂尾楼，而且正在河南的安阳做工程，就把这个项目介绍给他。

黄添福按照惯例，首先对城市做了大概的了解，再对项目周围的环境和项目本身的商业价值进行分析，发现这个占地面积仅有 57 亩，建筑总面积为 19 万平方米的项目中，竟有 800 户居民需要安置，粗略一算，挣钱的空间并不大。但黄添福还是接下了这个没人敢接的项目，因为他在实地探察时看到了触目惊心的一幕：

菜市街濒临火车站和汽车站，地处卫滨区自由路以东、解放路以西、中同街以南、新乐路以北，为新乡市核心地段的城中村，由平房和二三层的筒子楼以及一栋六层高的公寓组成，在这片破烂不堪的建筑群中还见缝插针地填补了数不清的私搭乱建的建筑物，以至于垃圾遍地，蚊蝇扑面，而且整个街区中只有两个公厕，那些远离公厕的或是因上公厕排不上号的人家就在门外的巷道边露天置一口粪缸，权当厕所来用，恶心程度甚至超过同安的三秀街。

黄添福去过许多国家，可谓见多识广，可他从没见过这么肮脏的地方，他实在受不了了！就在他不小心走到一个粪缸前差点熏个跟头之后，就决定要接下这个项目，不管能不能赚钱，哪怕赔点钱，也要改变这些百姓的生存环境，帮他们找回做人的尊严。尽管此时安阳的“福佳斯·国际花园”开工不久，资金也不宽裕，但他打算在年底预售“福佳斯·国际花园”西区的楼盘，如果把这个项目分为三期开发，即可随着“福佳斯·国际花园”的销售进度来操作这个项目。拿定主意后，他又在新乡注册了荣祥房地产开发有限公司，并在支付那位美籍华人全部投入后拿到了这个项目，将其命名为“凤凰名都”。之所以起了这样一个名字，就是想让这个臭气熏天的垃圾场能乌鸡变凤凰。

为抓好“凤凰名都”的建设，新乡市政府特别委派卫滨区委宣传部长和公安局副局长出任拆迁指挥部的正副指挥，还以区委各部门分片包干的形式来督促拆迁。而在拆迁动员大会上，新乡市政府主管基建的副市长亲自莅临，并且做了重要讲话，不仅要求各部门认真履行工作职责，也要求所有的拆迁户必须配合开发商的工作。黄添福看到参会的居民都用热烈的掌声来回应市长，也很受鼓舞，觉得在这样祥和的环境下开发这个项目应该不会有太大问题。但是，在拆迁过程中还是让他大跌眼镜。

在美籍华人提供的统计数据上只有 800 户回迁户，安置面积为 4.6 万平方米，但在实际拆迁中，却成了 1100 多户，安置面积需要 11 万平方米。原因是摸底不准确，分户、拆户多，严重超过原计划面积。黄添福接到这样的汇总情况，一时也不知说什么好。负责拆迁的项目经理及工作人员都对这个项目是否还能进行下去产生了疑虑，普遍认为是有人给挖了个坑，就等着他们往里跳。黄添福沉默了半天，开口对项目经理说：“你们只管正常推进，缺钱找我要就是。”黄添福下定了决心，亏多少钱也得把这个项目进行下去，因为这个项目已经在那个华侨手里压了五年，已经把新乡市政府拖得焦头烂额了，如今他再往下拖，不仅新乡政府无法向人民交待，那些贫困的人民也无法摆脱在那片肮脏环境里煎熬的日子。

但是黄添福想为民添福的美好愿望又一次受到打击——拆迁安置方案一出台，就有几个并不是拆迁户的人拿着购买了应拆房屋的协议书来找拆迁办，要求按货币补偿方式以他们私下交易的价格领取补偿款。工作人员一看他们的交易价格竟比评估价高出两三倍，再一核查他们的交易时间都是在调查摸底之后发生的，很明显是利用恶意交易来骗取补偿款。这几个人见拆迁办不答应他们，就聚集一伙人来闹事。每当发生这种情况，区委拆迁指挥部的领导都高度重视，警察也能及时来处理，但是时隔不久这伙人还是来闹，一直闹了好几年，让黄添福和公司的员工都倍受折磨。

项目的拆迁难度大还表现在街区的人员结构复杂，绝大多数都是没有工作单位的社会闲散人员，因此每家每户都能提出需要照顾的要求，于是黄添福又指示工作人员对所有拆迁户采取区别对待的原则，凡是支持拆迁且没有弄虚作假的拆迁户，都在优惠政策的基础上再给以适当的照顾；而对于弄虚作假比较严重甚至狮子大开口的拆迁户则采取一户一策的办法分别对待。同时他还针对各拆迁户的不同诉求调整工程设计方案，将户型设计为小至 27.7 平方米、大至 90.8 平方米的 11 种面积不等的户型，让所有拆迁户都有选择的余地。但尽管如此，这个项目的拆迁工作还是创下了黄添福的时间纪录，足足耗费了 5 个年头，直到 2015 年才算在区政府的帮助下完成拆迁，而最后执行的安置标准也远远超过了政府规定的 1∶1.2 等面积转换的比例，实际置换的比例达到了 1∶2.2。

黄添福不止一次地估算过“凤凰名都”的建设成本，但无论他怎样估算，结果都是亏损，而亏损的数额至少也要达到 5000 万，只因工程远未结束，到底会亏损多少还不可估量。至于造成亏损的原因，他认为主要有两点：一是拆迁安置严重超标，二是建设工期被迫延长。

尽管这个项目注定要亏损，拆迁户遇到难以解决的困难时，黄添福还是指示工作人员尽力给解决。比如有位 70 多岁的老太太，孤身一人住在一处 40 多平方米的破房子里，三个早已成家的儿子平时对她不闻不问，全靠社区派人照顾她。但是一开始拆迁，她的三个儿子都现了身。拆迁办的工作人员见此情景，建议老太太把回迁房写上她自己的名字，以便做为养老的资本。可是怎么也没想到，老太太听信了大儿子要给她养老送终的话，就在拆迁协议上把产权人写上了大儿子的名字。老太太执意这样写，工作人员也不好说什么。谁知协议一签完，她大儿子就把老太太赶出了家门。无家可归的老太太又到拆迁办来哭诉，悔恨她没听工作人员的话。工作人员马上租了一个公寓先把她安置下来，然后又把她大儿子和公证人员一起找来，耐心地做她大儿子的工作，终于把老太太的产权给恢复了。

时至 2019 年，“凤凰名都”项目已经进行了九个年头，但是第三期工程才只进行到一半，工期严重延时的原因除了受拆迁影响外，也与当地制定的环保措施有关，新乡市政府规定到 11 月即禁止大货车进城，这等于一到冬季就切断了建筑工地上的材料供应。照这样的进度，到 2020 年能全部竣工就不错。

因为这个项目注定要亏损，因此有许多朋友都想为黄添福打抱不平，想惩治一下那些带头闹事的人和拖延搬迁的拆迁户。黄添福得知后都劝阻他们说：“算了吧，他们也都不富裕，各有各的苦衷，而且我做什么都提倡多方共赢，这次亏的也只有我自己，就当我成全新乡市的人民和政府好了。”

总面积 17 万平方米的河南新乡住宅区“凤凰名都”

也许正因为黄添福的大仁大义，2018 年的一天，河南省新乡市政府因为又有一处窝心的烂尾楼没人接盘，便亲自登门拜访黄添福。无奈黄添福已把近两年的建设工程排得满满的，也没有可挪用的资金了，所以也只能往后推。

稳步垦拓定方针，踏实钻研岱宗地

就在黄添福为河南新乡“凤凰名都”的拆迁问题大伤脑筋之时，山东泰安的一个烂尾楼又进入了他的视野。

地处山东省中部的泰安，因其坐落在五岳之首的泰山脚下而得名。自从统一政权的秦朝起，泰山就成为历代皇帝顶礼膜拜的神山，而泰安也因为改革开放以后的经济腾飞催发了旅游业，使其从一个普普通通的小县城一跃升级为闻名中外的地级市。然而再好的草原上也有瘦马，这座历史文化名城竟也毫无例外地出现了烂尾楼。

这个烂尾楼位于泰安城内南湖大街与通天街的交会处，项目的初始名称为“中岳花园”，其占地面积为 300 多亩，计划建筑面积为 100 多万平方米，分 A、B、C、D 四个区，总投资需要几十个亿。其实该项目早在 2002 年就着手开发了。但不知什么原因，原始开发商先开发了 A 区的十几万平方米后，对 B 区只拆迁了 100 多户，就以欺骗手段随便找人炮制出所谓 B 区、C 区和 D 区的效果图和户型平面图，预售了包括临街门市在内的 500 多套“楼花”，收了 1 亿多元现金，然后又拿着这笔钱上临沂市去开发另一个房地产项目。不料临沂的项目因为市政规划调整而夭折，其投入的 1 亿多元全套住了，造成该公司的资金链断裂，“中岳花园”的 B、C、D 区也都成了烂尾楼。

B 区的拆迁户和购房户最初对开发商的所作所为都不清楚，可是几年过去，连楼盘的影子也没看到，就不能不着急了，一经了解是这种情况，便不约而同地去找政府讨要说法。

黄添福经朋友介绍来到泰安，听当地政府介绍了大致情况后，又与原开发商接洽，了解到必须得先解决 1 亿多元的预售款后方可施工，而原开发商也确实是一分钱也拿不出来时，心中也有些犹豫——毕竟是 1 亿元的真金白银啊！而此时河南新乡的“凤凰名都”拆迁正在进行，再拿出1亿投到这里，让他也感到压力很大。但是泰安这个烂尾楼的影响面太大了，那么多拆迁的百姓因居无定所而颠沛流离、度日如年，既有要结婚生子的青年，也有年逾古稀的老人，尤其是这个项目正坐落在泰安市的中轴线上，给这座每日都接待众多中外游客的旅游胜地抹灰不说，也把政府闹得焦头烂额。如果黄添福能先化解矛盾后再逐步开发，并让各方都能在这个工程的恢复建设中得到好处，那么在他的人生履历上也可以说是功德一件。这样一想，他还是决定接手这个烂尾楼。

黄添福在当地政府的主导下，与原开发商经过反复研究和磋商，决定由他接手这个“中岳花园”项目中尚未完全动工的B、C、D三个小区和顺势扩展的E区的开发，并由他首先筹措1亿元来处理原开发商预售的楼花，待平息众怒后，再以分期开发的方式着手建设。黄添福这个方案让当地政府松了口气，对黄添福的胸怀、胆略和能力都很佩服。

黄添福把这个项目重新命名为福佳斯旗下的天悦府。为防止在操作过程中出现难以预料的争端，还特意把已被他聘用了多年的法律顾问陈晋源律师调到泰安来，指导他掌握了房地产开发的核心要领后，让他担任这个项目的总经理，并以他为法人注册了“福佳斯房地产开发有限公司”，在全盘处理好前开发商遗留问题的基础上，再着手“福佳斯·天悦府”项目的建设。

总体方针制定好后，黄添福就着手从河南安阳和新乡两地正在建设的项目中筹措了1亿多元，让陈晋源比照安阳“福佳斯·国际花园”退款潮的处理方法来善后，具体方案是：交款金额在10万元以下不愿继续等房的，由福佳斯房地产开发有限公司全额退款；10万元以上要求退房的，按银行存款利息加付利息；还想继续等房的，按市价给予八折优惠，不足款项在交房时补齐；原开发商欠下的拆迁过渡费，也由黄添福来补足。这个解决方案马上得到了所有购房者的赞同，矛盾就此化解。但这样一来，仅B区的工程造价，平均每平方米就得亏损2700元，黄添福期望这笔亏损能在C、D、E三个小区的建设中找补回来。

2013年8月，泰安市这个“烂”了11年的庞大城区改建项目又从B区开始恢复建设。B区被黄添福重新命名为福佳斯旗下的“天悦府·和园”。也因为天悦府这个项目庞大，黄添福又萌生出了品牌意识，想把它打造成福佳斯集团的品牌工程，特意要求福佳斯房地产开发有限公司一定要让工程质量高于监管标准，比如水泥，只准用达到标号的品牌水泥；浇灌的混凝土，也只准用混凝土搅拌车运输，到现场后一律用泵车灌注；各型号钢材，也只准使用国标产品。除此之外，他对配装的设备也要求严格，并亲自带领陈晋源总经理和总工程师上广东、浙江、上海等电梯厂家，一家家地考察和比较，最后终于选中一家独资工厂的品牌电梯。

由于黄添福严抓工程质量，建筑面积为21万平方米的福佳斯“天悦府·和园”中最先竣工的9号、18号、19号三幢楼都被评为泰安市2016年度优质结构奖。

在“天悦府·和园”开工不久，黄添福又着手对“天悦府·福园”（即E区）进行设计和拆迁。这个小区地处南湖大街路南，与“天悦府·和园”隔街相望，是一个综合性、多功能的小区，除住宅外还设有酒店、单身公寓、幼儿园及休闲绿地等设施，占地面积为83亩，总建筑面积为30.7万平方米，全部为高层建筑，其中最高层达33层。因为这个区的规划、建筑风格和作业方式都与“天悦府·和园”不同，需要另行安排施工队伍，为方便管理与核算，黄添福又注册了“泰安祥福置业有限公司”。

“天悦府·福园”于2016年拆迁后即开始施工。对这个小区的建设黄添福也是倾注了许多心血，首先体现在工程质量和装修标准上，除其他原材料与“天悦府·和园”一样高档次、严要求外，在门窗和电梯以及外墙用料上又提升了品位：入户门全用2500元一扇的甲级防盗门，窗户一律采用目前最高端的隔热断桥铝型材，电梯则用每台30万元的日本产电梯，连小区的外墙也采用高级的花岗岩“干挂”。时至2018年年底，“天悦府·福园”拔地而起的一幢幢大楼仍在如火如荼的建设中。

遗憾的是“天悦府·福园”的270户拆迁户中有40户钉子户，虽然经过反复做工作，并给以适当的优惠条件做通了31户，剩下的9户却抱团抗争，非要开发商答应他们的条件。

受钉子户的干扰已成常态，所以黄添福也习惯了，并不会因此影响情绪，他还是一如既往地严把工程质量关，尽管在工程建设中始终有第三方监理公司在监督，但他始终严格要求自家的工程师也要负责现场监督，每时每刻都进行自检，发现问题立即处理。

而就在 2017 年秋季，媒体上的一则招商广告又将泰安市的一处烂尾楼推到黄添福的面前。这处烂尾楼与天悦府项目同在泰山区，位于天悦府项目东方南湖大街与温泉路的交会处，距天悦府项目所在地只有一公里的距离，是原山东煤矿泰安机械厂的旧厂区改造项目。根据城市建设规划和污染治理，该厂的生产车间已经搬迁到经济开发区，留在这个旧厂区内的有办公楼、职工住宅区、仓库、废弃的车间和尚未建完的 7 栋职工住宅楼，占地总面积为 340 亩。本来该厂在将生产车间迁到城外后，其办公楼、仓库和职工住宅区还要留在这里，但因原来的 1000 多户职工所住的宿舍全是五六十年代建造的小户型房屋，最大的一套不过 80 平方米，而且全都破烂不堪，按照国家棚户区改造的政策都需要改造。原来的办公楼也老旧不堪，需要重新建造。

鉴于上述情况，该厂与区政府商讨后制定了旧厂区改造方案：一是结合国家棚户区改造政策新建职工住宅楼，将原职工住宅区所占的 100 多亩土地清理干净后交还给政府，以抵偿该厂生产车间搬迁至开发区所占用的土地。二是新建一座办公楼，将旧办公楼与废弃的车间和仓库一并拆除。方案确定后，该厂立即动手，先盖了 7 栋总面积为 16 万平方米的住宅楼。而问题也就出现在这里，当这 7 栋住宅楼刚刚封顶时，银行就因为该厂已欠下 1 亿多建房贷款连利息都不能偿还而拒绝继续贷款。而该厂的经济效益也不好，再也无处筹款，可要把那 7 栋刚封顶的新楼装修好，还需要 5 个亿的资金。面对这种情况，经厂长办公会研究，准备按这 7 栋楼的成本价来预收职工的兑价款，然后用兑价款来解决这 7 栋楼的后续资金。可是这个方案也实行不了，原因是这新建的 7 栋楼全是 100 平方米以上的大户型，对于收入不高的职工来说，谁也交不起增加面积的补偿款，所以没有一人愿意认购。出现这种情况厂里束手无策了，最后只能将这 7 栋未建完的“烂尾楼”和厂区改造的整体方案拿到一起来对外招商。

到 2017 年，这个厂区改造项目已经“烂”了四年多。黄添福详细了解情况后，认为可以将这个项目与正在建设的天悦府纳入统一规划中，结合天悦府几个小区的施工进度共同推进，于是便与该厂和区政府进行协商，最后达成了这样的接收方案：

一是向该厂支付 3 亿元兑价金来全面接手项目的后续建设，由该厂负责处理该项目包括利息在内的所有贷款。

二是以模拟拆迁的方式在原来车间的遗址上重新建造符合职工要求的住宅楼，所谓模拟就是比照职工们原有的住宅面积设计几种户型，然后让职工们根据自身条件自报新住宅的需求面积，再以抽签的方式决定楼层，等把各家各户的需求统计好后再进行设计，以避免出现建好后无人居住的尴尬局面。

三是在原厂区的合适位置再为该厂重建一幢办公楼。

四是不折腾职工搬迁，让其先住在原处等候新宅，待新宅建成后再分批搬迁，搬出多少拆除多少，等职工全部搬迁后，再将清理好的土地交还给政府。

五是以每亩地向政府补交 200 万元的土地补偿金，将该厂未建完的 7 栋烂尾楼所占的 100 多亩土地的使用性质由工业用地变更为商住用地，并将该小区命名为福佳斯旗下的“天悦府 · 东郡”，然后将这 7 栋楼装修成商品楼，配齐一应设施后对外销售。

黄添福粗略核算，除去补偿该厂的 3 亿元，还要给政府交纳 3 亿元的土地补偿金，另外将那 7 栋楼装修好以及完善配套设施至少也得 5 个亿。这些都需要靠这 7 栋楼的销售额来往回找补。如果销售顺利的话，就不至于亏本。好在这个“天悦府 · 东郡”能与坐落在南湖大街上的天悦府其他几个小区协同建设，为打造“福佳斯 · 天悦府”的品牌，出力赚吆喝也是值得的。

尾声

黄添福秉承着“唯以心相交，方能成其久远”，所以他无论经营什么，都会先站在消费的立场上想一想得失，宁可在管理的环节上多下苦功，也不在消费者身上谋取暴利，这种理念早在他下海初始经营药店时就形成了，那时他就给自己立下规矩：绝不赚一分昧心钱！他相信自己的好心终会有好报，而要想把事业做得长远，就得像有眼光的老板拉回头客那样，与消费者形成一个良性循环，并长期保持一种相互理解和担当的自觉行动。也只有这样，才能建立起良好的口碑，企业才会有长足的发展。

黄添福自 1994 年辞职下海起，到 2018 年已经走过 24 个年头，他的企业也从最初的兴银贸易公司、银城佳园房地产有限公司、福莹贸易有限公司暨福佳斯实业有限公司逐步发展壮大，成为以房地产为核心的集工程建筑、农业开发、酒店餐饮、进出口贸易等为一体的综合性大型企业——福佳斯集团，业务分布在华东、华南、华中等地，仅房地产一项销售金额就破 200 亿元，建筑面积达 300 万平方米，让近万户在危旧房屋中的百姓迁入了新居，同时也为国家创造了 20 多亿元的税收，并带动 500 多名员工走上富裕之路，因此荣获了“全国最具成长性房地产开发企业之一”和“海西社会责任感标杆地产企业”等殊荣。

20 多年来，福佳斯作为国内旧城改造房地产龙头企业，积极参与各地百姓安居工程。早在 1998 年，福佳斯就倾力打造福建省厦门市同安区三秀路银城佳园项目，拉开了千年同安旧城改造的序幕，缔造了数万居民的幸福天地。此后，又开发了多处废旧厂区，主动承接当地保障性住房建设。2013 年，“屯兵”山东、河南等地，积极参与当地旧城改造，解决当地危房、住房紧张等民生问题，福佳斯在不占用耕地的基础上，极大地提高了当地居民的生活品质和居住环境，为城市新貌添砖加瓦。2019 年，福佳斯集团被中企会评选为“中国十大企业”。

同时，黄添福缔造和领导的福佳斯集团还本着“教育兴，则中国兴；教育强，则人才强”的“崇文重教”理念，自 2000 年起，开始捐助家乡的教育事业；2005 年起，承担了全乡孩子的学杂费；2012 年带头捐助 200 万元，倡导成立了厦门市翔安区教育基金会；2013 年成立了黄添福教育基金会，专门为高等院校学生提供助学金。此外，他还为汶川地震及社会各界需要救助的人们提供善款，并出巨资主导家乡的“美丽乡村建设”。据不完全统计，黄添福代表福佳斯集团或以他个人名义捐助社会的各类善款超千万元，并且还将义无反顾地倾心缔造“幸福美好在这里”的共同家园！

诚然，黄添福的福佳斯集团在全国房地产企业中还远远排不到前列。

但是对于一个没有任何社会背景，拿不到一块热门、抢手地皮，只能捡拾“烂”在一边的边角余料，并且基本依靠自有资金或与朋友合资的小微企业来说，能在“夹缝”中茁壮成长，也难能可贵了。据有关资料记载，自1994年起，在厦门做房地产的企业有100多家，其中既有香港、台湾地区的，也有菲律宾和新家坡的，但能存活到今天的连三分之一都不到。黄添福之所以能一路凯歌地发展到今天而立于不败之地，既得益于他的经营方略，也得益于他的人格魅力。

黄添福自己也说：“一个人成长大抵需要20年，一个企业的成长也大抵如此，能不能做到20年以上，也是衡量企业家是不是成功的分水岭。”从这个意义上来讲，他显然是成功了，而且是在竞争异常激烈、众多同行纷纷倒下的形势下成功的。尼采说：“只有经历过地狱磨难的人，才有建造天堂的力量。”黄添福一路走来，尽管他的初心只是为了改变家庭生活和拯救破败的“大夫第”，但正因为他自小养成了勤劳节俭的优秀品德和与人为善的高尚情操，才让他在改革开放的大潮中顺势成长为具有社会担当的企业家，并以他的共赢理念实现了“一人富不算富，大家富才算数”的崇高境界，直至获得“为民造福”的美誉……

如果一个企业家能做到政府因为有他而守信，人民因为有他而幸福，社会因为有他而安定，家乡因为有他而富足，那么这个企业家无疑会成为时代的骄子和社会的楷模。让我们期待着提倡多方共赢的黄添福能带领福佳斯集团沿着为政府排忧解难、为百姓增添福祉的方向走得更远，做得更好！

何宜祥*：青春无悔，不负芳华

崔　华

何宜祥，苏州万德福尔新材料有限公司董事长、高级工程师，1987年7月毕业于南京工业大学高分子材料专业，2007春复旦大学EMBA优秀毕业生，2011年5月被聘请为南京工业大学兼职教授，苏州市吴中区工商联（总商会）副主席、副会长，吴中区政协委员，“世界杰出华商协会”常务副主席、中国企业家发展联合会副主席、南京工业大学苏州校友会会长。

* 何宜详：苏州万德福尔新材料有限公司董事长。

座右铭：

达则兼济天下，穷则独善其身

30年前，他带领国企扭亏为盈；20年前，他毅然下海，创业创新；今天，他和他的团队成为了热烫印箔行业的翘楚。他是一名智慧的企业家，由他经手的企业，从没失败过；他是一名学者，遨游学海，读书育人；他是一名大家长，对员工的培养及关怀无微不至；他是一名有良心的企业家，无论赚多少钱，回馈社会，责无旁贷。他用32年的锤炼为人们诠释了，什么是企业家精神！什么是青春无悔，不负芳华！

风华正茂，后生可畏

连云港，位于江苏省的东北部，这里东濒黄海，西与徐州、宿迁相连，南部与淮安、盐城毗邻，北与山东日照、临沂相邻，是一座山、海、港、城相依相拥的城市，素有“东海第一胜境”之称，早在2500年前，孔子就曾在此登山观海。悠久的历史和得天独厚的地理环境赋予了这座城市深厚的文化底蕴和蓬勃盎然的生机。

1965年的2月，何宜祥在这黄海之滨、人杰地灵的土地上出生了。少年时的何宜祥，一直都是一个顽皮的孩子。俗话说淘气的孩子聪明。读初中时，在数学老师和化学老师的熏陶下，何宜祥很快便将他的聪明展现出来，在全县中学生数学、化学竞赛中分别获得二等奖和三等奖，这也激发起何宜祥学习的积极性，不久之后，他考上了江苏省重点高中东海高级中学的重点班。

1983年9月，他以优异的成绩被当时的南京化工学院高分子专业录取。他背着行李，离开家乡，乘了十几个小时的火车，踏上了前往六朝古都南京的求学之路。

大学期间的何宜祥不爱死读书，偏爱篮球及演讲，他思想进步，大学一年级便在全校组织的演讲比赛中连续两次位列三甲，同时还获得江苏省大学生演讲比赛第三名。大学二年级，19岁的他就顺利入党，此后还担任了大学通讯社总编、文学社社长、宣传部部长、校学生会主席等职务，可谓荣誉满满。

1987年7月，何宜祥以优异的成绩大学毕业，在未来的选择面前，他毅然决定接受国家的统配，回到自己的家乡。此时的连云港已被国家列为十四个沿海开发城市之一，整个城市都洋溢着改革的热情。

何宜祥被分配到连云港市电化厂。当时的老厂长看着何宜祥荣誉满满的简历，如获至宝，想要将他留在办公室，重点培养。何宜祥却拒绝了厂长的美意，主动要求去生产调度科，在他看来，那里是生产车间的第一线，虽然辛苦，却能够得到更多的实践锻炼。有才华在哪里都不会被埋没，半年之后，因表现突出，还在实习期的何宜祥便被破格提拔为拥有250多名工人的PVC车间副主任。又过了三个月，厂里决定再给这位成长迅速的年轻人加一加担子，将他转正，任命其为车间主任。

化工行业本就是高危行业，生产一线就如战场前线，总是暗藏着风险。有一天夜里，何宜祥正在值班室休息，工厂突然停电了，所有工人就在岗位上睡觉，等待来电。两三小时过后，代班班长突然打来电话说，聚合釜里的引发剂在停电后依然在自聚反应，聚合釜的压力不断增加，随时有爆炸的危险。何宜祥惊出一身冷汗，顾不得太多，穿上鞋就奔向车间。赶到现场的时候，看到压力表已接近爆炸极限，机器在源源不断地冒着热气，仿佛一颗硕大的定时炸弹，正一秒一秒地进行着倒计时。他迅速做出决断，一方面让人组织岗位上睡觉的工人尽快疏散，一方面让代班班长打开压力阀，排放压力，但压力阀太紧，代班班长用尽全力都纹丝不动，千钧一发之际，何宜祥冲到压力阀旁边，和代班班长一起用力，终于打开了阀门。一瞬间，聚合釜中的高压气体喷涌而出，将两个人顶出数米远。何宜祥只听到厂外消防车和救护车的声音，就失去了知觉。

再次醒来已是在医院，厂里领导来探望他时说："在那样的危险面前，一般人可能就退缩了，没想到你会自己冲上去。"为了表彰何宜祥，市政府为他记了二等功一次，同年还授予了他"连云港市劳动模范"的称号。

在电化厂的几年时间里，何宜祥作为高分子专业的高才生，不仅善于管理，还在车间搞了多次技术改造，大大地降低了生产单耗，为工厂节约了资金。厂里将他树立成降本增效典型，并被市政府表彰为建国后五十名优秀大学毕业生之一，参加了由市长主持的表彰活动，并作为大学生代表上台发言。

一系列优异的表现，引起了市领导的关注！

1992 年 8 月的一个下午，何宜祥正在车间里忙得大汗淋漓，突然接到通知，市里派人来接他，说要他参加一个紧急会议。一头雾水的何宜祥连工作服都没来得及换，就直接上了车。

在路上，何宜祥才知道，连云港市乙炔厂本是盈利大户，但因为经营不善，近些年连年亏损，市里决定破格提拔他去做厂长。那一年，何宜祥年仅 27 岁，成为当时连云港市最年轻的国有企业一把手。

一上任，何宜祥就暗叹这个厂长不好当。原工厂的管理混乱不堪，70 多名中层干部与工人有着千丝万缕的裙带关系，工人工作懒散，上班迟到早退已是习以为常，工作时间打牌、干私活更是司空见惯，在这样的环境下，多数人都是抱着看笑话的态度观望着何宜祥能有什么作为。

何宜祥经过深思熟虑，觉得只有进行大刀阔斧的改革，快刀斩乱麻，才能破解眼前的难题。于是他很快做出两项重要决定：首先，就地免职所有中层干部，一周后公开竞聘上岗；其次，把有问题、品德不端的干部全部免职，不再启用。

当人们觉得何宜祥这只是新官上任三把火的时候，何宜祥又提出了“求实，务实，落实，向管理要效益”的口号，督促全场职工严格按照规定执行，他以身作则，每天早八点上班，他七点半就来到工厂和保安一起在门口严查劳动纪律，从未迟到过。一系列的管理动作令所有员工肃然起敬，短短的三个月，乙炔厂就扭亏为盈，成为当年的盈利大户。

何宜祥一干成名，不仅登上了连云港日报的头版头条，1994 年他还被评为“连云港市十大杰出青年”“连云港市优秀青年企业家”等荣誉称号。

此时，再也没有人小瞧这个年轻人了。那一段时间，提到何宜祥，很多人都叫他“扭亏专家”。1994 年 9 月，拥有 2000 多名工人的连云港塑料三厂因为亏损，被市委组织部定为改革试点单位，这个重担自然又落到了何宜祥的肩头，市委决定让他担任乙炔厂厂长的同时还兼任塑料三厂的厂长，成为连云港市“两厂一长”的三个改革试点人物之一及连云港市委组织部五十名跨世纪人才重点培养对象。

身兼两厂厂长，何宜祥每天可谓日理万机，上午在乙炔厂工作，下午去塑料三厂，他任劳任怨，忙而不乱，将两家工厂管理得井井有条。经过一年左右的时间，塑料三厂又扭亏为盈。何宜祥成为炙手可热的企业家，很多人甚至相信，再怎么濒危的企业，何宜祥都能让它起死回生。

当然，不是所有人都对他的满腔热忱报以掌声，当何宜祥想要更上一层楼的时候，却时刻都能感到阻力重重！

1998 年 1 月，伴随着国内改革及下海的浪潮，何宜祥毅然辞去国有企业一把手（副处级）铁饭碗。此时正逢上市公司江苏琼花集团在招贤纳士，何宜祥一系列漂亮的履历让琼花集团董事长眼前一亮，聘请他出任常务副总经理，从此一干就是六年，他为琼花集团攻城拔寨，屡立奇功，深得人心。然而，对于何宜祥来说，回望这些年自己的奋斗，攻克的一个又一个难关，都似一座座丘陵，而他渴望挑战的是真正的险峰。

创业毅然，青春无悔

2003 年 7 月，何宜祥做了人生中最重要的一个决定。他不甘于职业经理人的辉煌，为了实现人生更大的梦想与目标，他放弃在琼花集团高额的股份及年薪，凭借凤凰涅磐般的勇气，选择了创业。

创业难，难于上青天。创业意味着风险，意味着九死一生，意味着诸多不确定的因素和呕心沥血的付出，稍有不慎，就会被商海洪流所淹没。

何宜祥并不是一个好高骛远的人，认真务实，做一个靠谱的人是他一直践行的真理。在此后的岁月里，他反复对自己的部下强调要做一个靠谱的人，无论做什么，都要“凡事有交代，件件有着落，事事有回音”。在创业项目的选择上，他凭借自己的专业和多年的管理经验，考察国外最前沿的项目，在苏州古镇木渎创建了苏州万德福尔新材料有限公司。

木渎古镇，别名渎川，位于江苏省东南部，苏州古城西部，地处太湖流域，是江南著名的风景名胜区，素有“吴中第一镇”“秀绝冠江南”之誉。相传春秋末年，吴越纷争，越国战败，越王勾践施用“美人计”，献美女西施于吴王。吴王夫差专宠西施，特地为她在秀逸的灵岩山顶建造馆娃宫，又在紫石山增筑姑苏台，“三年聚材，五年乃成”，源源而来的木材堵塞了山下的河流港渎，“木塞于渎”，木渎之名便由此而来。

何宜祥回忆说：“16年前，我第一次踏上苏州木渎这样一个物华天宝、人杰地灵的千年古镇，伫立在木渎中华园大酒店门前的转盘路边，凝望着范仲淹雕像时，便情不自禁地想到了中学时就耳熟能详的范仲淹诗句：‘居庙堂之高，则忧其民，居天地之远，则忧其君，先天下之忧而忧，后天下之乐而乐’。”

万事开头难，创业之初，何宜祥凑了近千万的资金，不仅要对巨额的资金负责，还要对跟随自己一起创业的16位员工负责。这些二十多岁的年轻人，都是他曾经的下属，刚刚工作四五年，有出身农村的寒门子弟，有生于条件优越的殷实之家，大家都知道创业艰难，却在得知何总创业时，毫不犹豫地跟着他走。

“听说何总要创业，就跟着来了，看中他的为人，跟着他有奔头，没有犹豫”。

“跟对人，赢一生”。

这些朴实无华的话语，都是跟随何宜祥20年的老部下的心声。

“不成功，便成仁，跟着我就没有退路了，我们一定得把事情做成，做不成，我们就得一起去跳太湖。”何宜祥带领着他的团队以置于死地而后生的精神开始了创业之旅。

创业的道路布满荆棘坎坷，经历过那段岁月的人都没有忘记，“万德福尔”最初的厂房都是租借的，产业园建在一片刚开发的荒地上，厂房里甚至没有自来水，大家不得不自己打出一口井来维系每天的生产生活用水。所有人都在生产第一线，不分昼夜地工作，最长一次，连续工作了 36 个小时，何宜祥总是身先士卒。

多年以后，已是公司总经理的王琴回忆：“那时的点点滴滴真的很难忘，前期选址、资金问题、产品的市场定位、质量问题，困难和困惑都很多。那段期间，何董背负巨大压力，却从未在我们面前有过消极情绪，一直鼓舞我们要有必胜的信念，当时产品试验的每一个夜晚何董都是和大家一起付出，一起度过。”

功夫不负有心人，凭借坚持不懈、不怕苦不怕累的精神，何宜祥和他的干将们完成了产品的研发。为了推销产品，何宜祥亲自挂帅，到广州中大布匹市场与一家家客户沟通，终于获得了市场的认可。

在产品投产后的前半年，市场还未全面打开，公司一直处于亏损状态，接到订单，要先借钱去买材料，最窘迫的时候，甚至要借钱发工资。这样的局面，曾经的“扭亏专家”似乎也无能为力了。有人提出了离职，大浪淘沙，16 人的创业团队，只剩下 13 人。

无数个夜晚，何宜祥会一个人喝酒，在空无一人的办公室里，望着天花板发呆，对着墙壁大喊几声，四周只能产生一点点回音。他知道，市场不相信眼泪，只相信强者。“万德福尔”想要生存下去，就要在市场上杀出一条血路。

经历了十六年的风雨沧桑，如今的苏州万德福尔已发展成为一个具有良好的经济效益及社会效益，并成为热烫印箔行业内具有国际竞争力的一流企业！现拥有建筑面积逾 20 万平方米的一厂三园一楼：“一厂”是指康健路苏州万德福尔工厂，建筑面积逾 4 万平方米，是公司主营产品热烫印箔的研发、生产基地。“三园”，一是珠江路苏州万德福尔工业园，建筑面积逾 2 万平方米，这是公司起步和掘第一桶金的发源地；二是尧峰路江苏海恩德高新产业园，建筑面积逾10万平方米，于2018年9月9日投资2亿元人民币建设，地方党委及政府对此项目建设十分重视，时任中共吴中区委书记的唐晓东及木渎镇党委书记刘叶明等领导均莅临奠基剪彩；三是金枫路苏州万德福尔产业园，建筑面积逾4万平方米，2019年7月19日苏州万德福尔从7家竞标企业中脱颖而出，以头标中标，并以1.4亿元全资收购了木渎老牌骨干企业木渎建筑安装工程公司打造而来。“一楼”是指苏州金鸡湖畔CBD核心区兴业银行大厦第九层写字楼，建筑面积逾2000平方米，何宜祥2019年5月投资逾4000万元收购，将成为公司对外贸易和投资的窗口。通过以上多元化资源的整合，苏州万德福尔正打造以生产制造为主营并涉及工业地产、金融、股权投资的江苏海恩德（HIGH–END）集团。

在最近的一次公司年会上，看着曾经和自己一路打拼过来的下属，何宜祥告诫大家：最美好的生活方式，不是每天躺在床上睡到自然醒，也不是坐在家里无所事事，更不是走在街上随意购物，而是和一群志同道合的人，一起奔跑在理想的路上，回头有一路的故事，低头有坚定的脚印，抬头有清晰的远方与目标！

追求极致，追求完美

如果为何宜祥画一幅漫画，最引人注目的一定是他有些“倔强”的发型，乌黑浓密，修剪平整，像极了他刚正不阿，注重细节的个性。

“收心、静心、用心、专心、细心、耐心、心无旁骛、凝心聚力”，这“八心”工作法是何宜祥32年来工作专注、追求完美、无往而不胜的法宝。

苏州万德福尔的热烫印箔产品广泛应用于烟标、酒标、织物、皮革等产品。烫印对产品能起到画龙点睛、锦上添花的点缀作用，给人们的生活带来五彩缤纷的美好视觉享受，但产品的配方工艺复杂，质量控制难度大，为使每一种烫印出来的产品完美无瑕，何宜祥要求所有产品都要做内部抽样试烫自检。而为解决一个个质量问题，攻克一个个技术难题，何宜祥常常与技术人员在车间、在实验室进行无数次的试验和论证，彻夜无眠，精益求精，追求产品零缺陷。

对产品如此，何宜祥在工作中也严格要求自己。凡事追求极致，追求完美，一件事，要么不做，要做就做到最好，批过的票据永远都是摆放有序，桌上的物品都有固定位置，办公室拉起的窗帘总是在同一水平线，个人专车后备箱里抹布的位置始终如一。不仅个人，对部下也是如此。他要求员工无论做什么事，都要日清日毕，日清日高，坚持做好每一件小事。“小事最能检验人心，小事往往是最漂亮的事，什么叫不简单？把最简单的小事一万遍地做对，就叫不简单，什么叫不容易？把最容易的事持之以恒地做下去就叫不容易。”何宜祥如是说。

坏的习惯会毁掉一个人，好的习惯会成就一个人。正是这种一丝不苟、创造卓越的工匠精神，让今天的苏州万德福尔成为“国家高新技术企业”，目前拥有产品实用新型专利及发明专利70多项，特别是无光热烫印箔、耐高温热烫印箔等产品质量在国内同行业中一直处于领先地位，耐水洗热烫印箔产品质量更是超越德国KURZ公司，达到国际先进水平，现有产品的国内市场占有率已达50%以上，苏州万德福尔已成为热烫印箔行业细分市场的标杆及领头羊。

读书、悟道、明智、明势

与其说何宜祥是一名企业家，倒不如说他更像是一位学者，何宜祥作为母校南京工业大学的兼职教授，每月一次回母校授课时，大教室里总是座无虚席，在这些尚未踏出校门的学子眼中，何教授是一位博古通今、旁征博引、幽默、睿智、出口成章、富有才情、学识渊博的儒商企业家！

何宜祥一直认为“身先足以率人，律已足以服人，量宽足以得人，轻财足以聚人，得人心者得天下”！他要求部下要正已律人，同时也时刻以“自律、自燃、自愈、自学”来鞭策自已，在当下社会，大千世界美景、美食、美酒、美人无不撩拨着我们的神经，那么“自律、自燃、自愈、自学”便成为想要出类拔萃应具备的特质。“自律”就是要懂得约束自已，任何时候要经得住诱惑，耐得住寂寞，守得住清贫，思想不松防线，行动不碰红线，做人不触底线。“自燃”就是自我燃烧，在任何时候，一旦出现在公众视野或工作场所，要立刻尽快地调整自我，把自已燃烧成激情四射的沸点状态，光芒万丈地传递正能量并点燃他人。“自愈”就是学会自我舔舐伤口。成功的道路上布满坎坷与荆棘，会遇到员工离职，甚至遭遇朋友背叛、亲人指责、兄弟反目。凡此种种，无法指望有人来安慰你，唯有学会自我安慰，用强大的内心拥抱一切酸甜苦辣，快速地自我疗愈。“自学”就是要自觉地学习，不耻下问，不断成长，唯有内心强大的人才能拥抱灿烂的人生！

学习改变命运，知识创造未来。对于教育，何宜祥有着自己的心得，他认为课本上教的知识是远远不够的，在他上学的时候，就不喜欢死读书。他认为：“知识不等于智慧，文凭不等于文化”。究竟什么是文化，何宜祥是这样诠释的：“一、根植于内心的修养；二、无需提醒的自觉；三、以约束为前提的自由；四、为别人着想的善良。”

对于部下的培训培养，何宜祥认为“将者，智信仁勇严也”，培养人才必须严字当头，严师出高徒，严厉就是最大的慈爱！如果真的爱你的下属，就严格要求他，逼迫他去成长，要定位准确，让“高层有使命感，中层有危机感，基层有饥饿感”，要让跟随你的人有自豪感、安全感、归属感！他常常告诫部下，造成人与人之间的差距有五心：“一、敬畏之心；二、低头弯腰虔诚之心；三、谦虚认真学习之心；四、荣辱之心；五、自律之心。”

他倡导儒家文化，要求部下要学习中国经典国学，不要有知识分子的架子，但必须要有知识分子的样子，他一直认为知识不等于智慧，文凭不等于文化，要求大家要做一个真正有智慧、有文化的人。在追随何宜祥 20 年的 13 名“老干部”眼中，他不仅是领导，更是导师、大家长，从做人到做事，都苦口婆心，诲人不倦。

对于子女教育，何宜祥认为“穷养富养不如有教养”“养不教，父之过，教不严，师之惰”，何宜祥一直将子女的“德”育看得比学习成绩更重要，儿子何方是何宜祥最成功的教育典范。据万德福尔的高管介绍，这位 90 后的富二代，东南大学本科毕业，在美国硕博连读期间校方提供全额奖学金，提前了近两年毕业，获得经济学博士学位。在国内上学的时候，出门从不乘坐公司专车，常坐地铁、高铁，出国留学前买的一部手机用了五六年，外壳用得已看不见原先的颜色，仍舍不得更换。出国前，他在万德福尔实习了一年，对所有员工都谦恭有礼，看不到一丝富二代的影子。2018 年碧桂园集团全球招聘未来领袖，共有来自全世界各地名校的 475 名博士生应聘，何方一路过关斩将，成为被招录的一员，现正在碧桂园宁波区域打拼。

何宜祥会经常把自己的教育理念和员工分享，遇到孩子的教育问题，员工也会主动请教，他都不厌其烦地给出意见。员工的孩子遇到上学的问题，他也会想办法帮助解决。在被选举为吴中政协委员之后，他积极提交提案，关注农民工子女的教育问题，建议让农民工子女也能享有公办学校的待遇。

吾生有涯，而知无涯，建立一个学习型企业是何宜祥树立企业文化的一把亮剑。他更是一直以身作则，不断学习，长久以来，无论工作多么繁忙，他都保持着一个习惯，就是每天读书两个小时。2007 年春天，他读完复旦 EMBA，获得工商管理硕士学位并荣获 EMBA 优秀毕业生后，又继续攻读复旦后 EMBA 及后 EMBA 继续课程。

在企业，何宜祥把培养人才看作远比赚钱更重要的事，坚持人力资本的增值大于财务资本的增值。他教导自己的部下要做一个被别人尊重的人；做一个有学识、有胆识、有知识、有智慧、有担当的人，做一个正直、正义、正气、正大光明的人。他将追随自己20年的6名高管送至上海复旦大学、清华大学、上海交大、浙江大学等多所知名大学总裁班学习深造，同时督促人力资源部定期组织员工进行各种专业内训，并在公司设立了读书吧，鼓励员工多阅读、多学习，要求管理骨干每季度必须读一本与自己工作有关的专业书并写出读书心得及感悟。每当自己学习到新的知识时，他总是第一时间向员工传授，哪怕汗水浸透衣衫，也丝毫不会阻挡他传递新知识传播正能量的激情。

文化兴企，百年传承

“文化”是何宜祥强调最多的一个词，企业文化是一个企业最核心的竞争力。“设备和技术用金钱都可以买到，唯有企业文化是企业掌门人多年来人格魅力、领导力、人文关怀与文化底蕴的沉淀，不可复制，优秀的企业文化铸就的管理团队将所向披靡，无往而不胜，在当前激烈的市场竞争中将成为企业制胜的法宝。”

假如生命还给你最后五分钟，你会想什么？

这样一道关乎人生的终极考题，在何宜祥的信念中，早就有了答案。

“假如生命还剩最后五分钟，我不会去想事业上的得失，只会回忆这一生追随我的人当中，还有谁我对不起他。”

何宜祥办公室挂着“舍得”两字，“‘舍得’代表我的管理文化。我的理解是大舍大得、小舍小得、不舍不得、先舍后得。”何宜祥如是说。16年的创业路，他一直践行着舍得文化，尽最大所能，给员工搭建平台，让他们施展才化，在同龄人中能出类拔萃，承担起为人子女、为人父母的职责，这是他最想做及正在做的事情。

“人总有一天要离开世界的，即便有万贯家产也带不走。我们这一代人很辛苦，如果那些跟我一起受苦、受累、不离不弃的人，享受不到赚钱的尊严，却让我的子孙来坐享其成，那么留给我的都是内疚与痛苦。”钱散人聚，钱聚人散。人在巨富中死去是一种耻辱。

以人为本，不忘初心

万德福尔的成功，离不开人的奋斗。

何宜祥一直强调，以人为本，关爱员工。要求公司各级干部除了关心员工的能力提升，也要关心员工的生活与学习。在创立公司之初，他对跟随自己的13名元老说，要让大家有房、有车、有存款。他承诺过的事情，都做到了。

对公司有贡献的员工，何宜祥从不吝啬，几位高管的车都是公司赠送的。几年前，苏州房价开始上涨，何宜祥敏锐地嗅到了投资的气息，鼓励员工积极买房，钱不够的，公司提供无息贷款。在生活上，何宜祥对员工的关心也是无微不至，从员工公寓拎包入住到餐厅伙食都一一亲自过问，还为员工父母发放感恩慰问金，与员工一起过集体生日，等等，让员工真正感受到了大家庭的温暖！

“知责任者，大丈夫之始也，行责任者，大丈夫之终也。”何宜祥将企业的每一位员工视作家人，从基层到高层，他为每一位员工都设置职业规划，要求每一位员工都要有比、学、赶、帮、超的工作态度，对新来的员工，有着细致的“老带新、传帮带”政策，让新员工迅速融入企业并适应企业文化。何宜祥强调：“上班就像一支军队，下班就像一个大家庭，我们的责任就是要带领员工家人一起成长、一起成熟、一起成功，让他们有成就感、有自豪感、有归属感。”

很多员工的生活都因加入万德福尔而产生了变化。

万德福尔曾经的门卫叫王俊生，是个退休之后无依无靠的孤寡老人。何宜祥同情他，让他在公司做了门卫，一干就是八九年。2018 年，王俊生的身体状况出了问题，就想回老家休养，在跟公司提出申请之后，公司很快批复并决定给予其补贴，公司管理层也献了爱心，纷纷捐款，让他先回家看病。何宜祥在了解情况之后，制止了直接给钱的决定，命令负责人将王俊生立即送到木渎医院救治。送到医院之后，医生说，送得非常及时，王俊生的心脏不太好，送晚了可能人就完了。公司承担了全部的医疗费和住院费用，出院后，何宜祥还派人将王俊生送回老家，给了安置费。

肖祥杰是万德福尔的老员工，在公司的几年时间里，一直是第一线的骨干。一次操作不慎，把手伸到机器里，导致左手食指严重受伤，送到医院救治，医生建议左手食指截肢处理。听到这个消息，所有人的心都为之一颤。何宜祥痛心不已，他找到苏州手外科最权威的专家，重新会诊，最终保住了肖祥杰的手指。

多年来，何宜祥生活俭朴，不忘初心，他和员工一起吃食堂，不开小灶，每次出去接待，都会打包，从不浪费。逢年过节，关系公司难免会送一些礼品，为了杜绝经济腐蚀，所有责任人收到的东西都要上交，公司会对此进行公示，并给予奖励或返还。这让万德福尔每一个员工在对外处事上都有着与众不同的踏实和磊落。

从一个不知名企业，到国内翘楚，受到各级领导的关注，企业带来的经济效益固然重要，万德福尔公司的文化内涵所带来的正气之风才是维系发展的核心力量。

家国情怀，反哺社会

“我们企业家的身上应该流淌着道德的血液，而不只是赚钱和利润的血液”，这也是何宜祥一直推崇的理念。无论是带领国有企业扭亏为盈，还是自主创业当企业掌门人，在何宜祥的心里，一切商业行为都是先利他后利己的，先成就他人，再成就自己，光明磊落，公正无私，何宜祥身上展现出了令人赞叹的人格魅力。

“无论你企业有多大，无论你赚多少钱，都不是最重要的，做一名被别人尊重的企业家，做一名有尊严的企业家，做一名被社会肯定、有社会责任感的企业家，做一个纯粹的人，做一个脱离低级趣味的人，做一个高尚的人，做一个充满爱心的企业家、事业家，这才是应该追求的最高境界。”何宜祥如是说。

“天行健，君子以自强不息，地势坤，君子以厚德载物。”在何宜祥看来，一个企业不仅要带来经济效益，更要带来社会效益，这是企业的责任。他一直积极关注公益事业，创业 16 年以来，积极为社会公益及各项慈善事业捐款人民币五百万元以上。

几度沉浮，初心不改。在何宜祥创业的每一个脚印里，无时无刻不流露出对伟大祖国的忠诚，对公司员工的真爱，对推动社会进步的赤诚。多年来，何宜祥一直不断学习，和他的团队一起坚持着“三心二意干企业”“三教九流抓管理”的思路。“三心”就是对国家要忠心，对事业要有责任心，对员工要有爱心；“二意”即做任何决策要顺从天意，顺应民意；“三教”即领导在部下面前要当教官、教练、传教士；“九流”即要有一流的企业领导人形象、一流的干部队伍、一流的管理、一流的技术、一流的设备、一流的产品、一流的市场美誉度、一流的经济效益、一流的社会效益。正如他所言：“我是一名新木渎人，来木渎创业 16 年了，我已深深地热爱并融入了这片沃土。”

参天之树，必有其根，怀山之水，必有其源。“达则兼济天下，穷则独善其身”“苟利国家生死以，岂因祸福避趋之”，作为一名企业家，何宜祥深知人要懂感恩，知回报，要有家国情怀，反哺社会。在为梦想打拼 32 年的风雨兼程中，他深深地理解到，责任与担当对于一个人、一个企业、一个国家的重要性。“三十功名尘与土，八千里路云和月”，岁月的车轮一刻不停，纵然历尽磨难，洗尽铅华，但他不忘初心，激情犹在！

愿你出走半生，归来仍是少年！

马永革*：绿色物流的践行者

谢昱航　崔　华

十几年栉风沐雨，他将青春年华献给了国企，从一名普通的供销社员做到总公司副总；当改革的号角吹响，35 岁的他执拗地遵从自己的内心，放弃十几年打拼出来的事业，成为一名创业者，从零开始白手起家；当创业路上遇到挫折，7 人的团队只剩下 3 人，他的信念从未动摇，痴心坚守属于自己的阵地；45 岁，当互联网的浪潮悄然而至，他又一次勇立潮头，创办物流企业，引领创新事业；在物流领域，他领行业之先，走绿色发展之路，以全新的经营理念、运作模式，打造出绿色物流的典范……

* 马永革：河北至邦控股集团有限公司董事长。

这是一个创业传奇。故事的主人公叫马永革，河北至邦控股集团有限公司董事长。

马永革是土生土长的沧州人，一直在沧州这片热土耕耘、收获，先后创办了河北欣发石化有限公司、大连润邦石化有限公司、河北海通铁运物流有限公司、河北世高国际物流有限公司、河北启邦机械有限公司、沧州海通快捷宾馆有限公司等多家实体企业，每一个企业的发展历程，都包含了他精彩的创业故事。

马永革是一名低调的企业家，一直专注企业经营，以企业的良好发展为沧州的经济发展做出实实在在的贡献。尽管他获得了不少荣誉，是河北省沧州市十三届、十四届人大代表，沧州市政协常委，第五届中国品牌河北企业盛典年度行业领军人物，河北省“2017 行业领军人物”，可在各类媒体报道中，他却很少成为主角。所以，他的创业传奇故事鲜为人知。

今天，我们一起走近这位企业家。

从国企副总到白手创业者

沧州地处河北省东南部，东临渤海，北依京津，南接山东，京杭大运河贯穿市区，因东临渤海而得名，意为沧海之州。沧州地处环渤海中心地带，是环渤海经济圈和京津冀都市圈的重要组成部分，有着“武术之乡”“杂技之乡”等诸多美誉。

20 世纪 60 年代，马永革就出生在沧州一个普通的农村家庭，拥有着与那个时代同龄人一样的童年，与同龄人不同的是他的聪慧和对学习认真的劲头儿。

17 岁，马永革凭借自己的聪明以及好学、善学，成为供销社的一名社员。那时的供销社是集体所有制的显著体现，一切个人、家庭所需要的生活资料都要凭票到供销社购买，大到自行车、缝纫机，小到一根针、一盒烟、一块肥皂。在那个物资短缺的时代，供销社是孩子们的“天堂”。十几岁的马永革到供销社工作，赢得了很多人羡慕的眼光。

刚走上工作岗位的马永革，没有沉浸于荣耀和舒适，而是非常用心地学习。跟师傅学习一周之后，柜台上的物件、价格已经能够做到心中有数；之后的半个月，物资分类和进货流程也被他轻松学会；不到一个月的时间，一个刚刚成年的“半大小子”就已经能独立支撑一个柜台的运转。

凭借着机灵和踏实，马永革在供销社顺利成长，一晃就是 10 个年头。

那一年，马永革 27 岁。随着中国改革开放的推进，供销社开始失去垄断地位，和其他商业主体之间有了竞争，不再像原来一样完全被动地按计划执行供销任务，开始主动拓展商品销售。用人之际，马永革被调到沧州下设的国有金属公司分部负责对外销售和原料采购。

马永革是个认真的人，为了金属公司的销售业绩，他经常一出差就是一两个月，跑遍了南方的多个省市，武汉、杭州、苏州、重庆、厦门、深圳……都曾有他忙碌的身影。一年下来，马永革为金属公司跑下来几十个销售渠道，直接创造了数百万的销售额。要知道，那个时候的几百万光听听都是让人惊讶的数字。

马永革取得突出的业绩，除了因为他忘我的工作投入，还因为他过人的商业天赋，他总能敏锐地捕捉到商业机会。比如，在东北重工业基地购进原料的时候，他几乎每次都能通过各种渠道找到质量最优、价格

便宜的原料。

马永革凭着出色的业绩一步步走上副总的岗位。马永革坦言，他不是一个擅于谋划前程的人。他有独特的个性，自己认定的事，阻力再大也要做；突破自己底线的事，无论遇到什么压力他也不做。他做的是实事，追求的是实绩，在有些人看来，他的性格有些执拗。

在外人看来，马永革在当时的国企大有发展前途。但马永革心里清楚，当时的企业管理体制并不符合他的理念。随着市场经济大潮席卷中国，很多有企业经营才能的人投身商海，干得有声有色，马永革坐不住了。他要干一番真正属于自己的事业，让自己的才能得到最大发挥，成就自己，贡献社会。

2001 年，35 岁的马永革经过多次思想争斗后，终于做出了决定，谢绝了总经理的再三挽留，告别昔日的队友，辞掉国企的铁饭碗，毅然走上创业的道路。这个决定，并不符合家人的期待，出乎朋友和同事的意料。但这就是马永革，如果不是这种坚定和果断，就不会有后来的卓越民营企业家马永革。

零点创业的苦与乐

第一站，马永革决定做石化贸易。一来，石化产品无论是工业生产还是社会生活都离不了，是一门长久的生意，具有长远的发展前景；二来，在之前的生意中，他已经打通销售和进货渠道；三来，沧州是南北交通的枢纽，又紧邻出海港口，有着大宗贸易的先天条件。说做就做，马永革召集 7 个创始人，共同凑资 70 万元，成立了河北欣发石化有限公司。

第一个公司就这样诞生了。虽然办公场所只是不足 10 平方米的工厂瓦房，设施也很简陋，但热情弥漫了这个初生的公司，每一个人都对未来充满期待，都全身心投入了工作。

第一笔业务，马永革带了两个人来到东北。做贸易，先得有货，而公司初创，资金实力不是很雄厚，所以保证货源很重要。马永革找到了原来的“老关系”，双方在长期合作中建立了信任。对方听说马永革自己办公司了，表示十分支持，而马永革的为人慷慨仗义，对方是非常了解的，所以垫资为马永革多供应了不少原油。

接下来是冶炼、加工、灌装、销售。本以为业务会很顺利，没想到市场行情瞬息万变，那几年石化贸易是一个“小风口”，很多生意人都往这个口挤，竞争激烈，互相压价，油品销售价格一下跌入低位。油品销售一段时间后，马永革不但没有利润，反而亏损了几十万。这无异于当头一棒，让他措手不及。创业资金就那么多，这一下亏了几十万，公司接下来如何继续？马永革果断采取对策，叫停当时的业务，将剩余的成品油封存，不同别人打价格战。

公司还得运转，出路在哪？商讨之后，马永革决定开拓新的产品，目标转向蜡油、重油、石油焦。但效果并不理想，油品市场的整体低迷，这些尝试一时扭转不了局面。

公司陷入困境，最困难的时候，连员工发工资都成了问题。压力一下都到了马永革身上，一段时间，他连续几个晚上辗转反侧，难以入眠。眼下最要紧的问题，是先把员工的工资发了。人家辛苦工作，家里等着米下锅，结果工资都给不了，让本性善良的马永革觉得十分难过。

马永革再次坐上去东北的火车，这次北上是购买木材。当时的东北和沧州，木材价格有一定的差距，虽然获利空间不大，但还是有一些赚头。那段时间，马永革频繁在东北往返。当时交通并不发达，火车票是紧缺资源，很多时候，马永革买不到座位票，只能站票出行。累了，他就把随身带的报纸铺在地上睡觉；饿了，就用随身所带的干粮充饥。偶尔，马永革也会困惑，也会迷茫，但他从没有放弃的念头，再苦再累，自己扛着。就这样苦干挣钱，公司一年多的工资赚了出来。用马永革自己的话说，这叫“绿皮车上挣工资”。

好在困难不久就过去了。第二年，经历了市场重新洗牌之后，油品价格逐渐稳定下来，石化贸易有了利润。马永革重启石油生意，打通各条销售渠道，组织加工生产，企业重新复苏，10 个月就实现扭亏为平。

马永革判断，这一波市场行情会持续较长时间，于是决定扩大贸易规模。但其他合伙人有不同意见，他们被上一次的困难吓倒，害怕市场再次波动，如果扩大规模，损失将会更大。马永革认准了行情，觉得如果不出手，公司就会错过做大的机会。意见不能统一，就只有分手。最后，7 个创始人中，有 4 人撤股。经过这次变化，马永革扩大了公司的股份，持股比重从 35% 增加到 75%。

在马永革看来，这次股权变动其实有利于公司的发展。“一个团队在奋斗的初期，一定要有决策领袖，所以一定要有绝对优势的持股人。这不是为了搞独裁、搞家族企业，而是当公司面临紧急状况的时候，有人能在第一时间做出决定，而不是在扯皮中浪费时间错失发展机会。在股权平均的一些公司，有时一个决定要通过会议不断研究，而这些会议时间往往就是一个公司的生死时速。”事后证明，马永革这种感觉是对的，股权的集中，对公司后来的发展起了重要作用。

贸易规模扩大后，给公司带来了业绩的大幅增长。为了适应快速发展的需要，马永革启动了股权分立的改革，通过合理的管理机制，调动全员的积极性、创造性，推动整个公司的发展。股权分立让更多的人得到了实惠，更多的员工开始把公司的事当作自己的事，各级领导甚至主动揽责，献言献策明显多了许多。实行股权分立后的第一个季度，公司就挣了 30 万元。全年下来，同比多挣了 80 万元。到 2004 年，公司再也不用租用别人的捷达来充场面，全年利润达到了 300 万元，这在上一年还是不敢想的事情。在之后的 5 年间，欣发石化的年利润平均可达 1000 万元。

公司发展一帆风顺，马永革的追随者也不断增加。的确，公司的兴盛，与当时的市场行情有很大的关系，但如果不是马永革的远见和魄力，发展机会很可能就溜走了。事实上，每一个公司的成功，都是机遇和把握机遇的能力共同作用的结果。企业家的意义，在这里得到充分体现。

打造现代化大型物流园

企业发展得越来越大，马永革的责任也越来越重。“企业处于良好发展阶段的时候，作为领头人，不能只顾享受成功的喜悦，必须考虑到下一步甚至是下几步发展的问题。因为企业的持久发展，已不只关系到个人的成败，而是关系到几百人、几千人的生计。”马永革说。

所以，马永革一直在寻找企业新的发展空间。由于马永革一直做贸易，与物流关系密切。长期的观察，他觉得物流业集成了运输、包装、仓储、装卸等一系列产业活动，与制造业和消费者直接相连，是未来服务业的一个重要领域，特别是随着互联网时代的到来，信息技术大大推动了物流业的发展和变革，使物流进入新的发展时代。深思熟虑之后，马永革决定进军物流业。

仿佛上天注定，2011 年，当马永革正在筹划物流公司时，他得到一个消息，几个建筑包工头承接了一个工程，接近完工，却拿不到工资。甲方付不起工资，只能以土地使用权作抵押。包工头拿到土地使用权后，在他们手上也没有用，只能转让。马永革发现，这块地做物流园具有得天独厚的地理优势，南邻朔黄铁路和石黄高速，北邻中疏港路，东距沿海高速入口 5 公里。他果断出手，以 1.2 亿元租下了这块地的使用权。

2013 年 3 月，在海边盐碱地的一间低矮的瓦房里，马永革带着几个人开始了海通铁运物流的筹建。经过多年的贸易生意，马永革已经是有一定实力的老板了，人们一定会想，这次创业，和之前白手起家创业不同，想必是运筹帷幄、发号施令吧。但是，马永革依旧是艰苦创业，而且异常艰苦。

一位跟着马永革创业的员工，当时还是20多岁的姑娘，天天要到工地上去搬砖，手都磨破了皮。本来怀着美好憧憬加入公司，现实却如此“残酷”，小姑娘非常不满，萌生了辞职的念头。但是有一天，她发现老板马永革也到工地干活，混身上下都是泥，让她惊愕不已。后来，她又发现，老板只要在工地看到哪个地方急需帮手，就直接加入作业，有时是参加重要的活动刚回来，身上还穿着体面的衣服，价值不菲，他也完全不顾及。这种老板，让小姑娘心生敬意，从此打消了辞职的念头。

马永革一心扑在物流园建设上，对家里的照顾自然少了些。但是他又是一个大孝子。有一次父亲生病住院了，非要马永革照顾，没看见他就不放心。但当时物流园建设正在紧要关头，公司也离不了他。没办法，马永革只能白天工作，晚上再去侍候陪伴父亲。几天下来，马永革疲惫不堪。员工知道后，都深受感动。这种人格魅力，凝聚了一批死心踏地的员工。

创业总是艰难的，特别是面对一个全新的领域，问题一个接一个，生产流程、运输线路、设施设备、环保安保，涉及众多，每一个都有棘手的环节。40多岁的马永革仍保持着30岁的“棱角”，凡事尽善尽美，敢打敢拼。在筹建物流园的同时，带着人走南闯北，寻找合作伙伴，打造物流产业链。他们跑遍了中国大多数的省份，无论哪里有潜在的合作机会，他们都不放过。海通物流就这样一点点开始成长。

更大的难题还在后面。2014年，海通在报批时出了问题。原来获得的1000亩土地是租赁方式，不符合物流园建设的规定要求，这是马永革没想到的。怎么办？如果变租赁为购买，需要投入大量的资金。这个时候，因为物流园的投入已在很大程度上影响了石化贸易业务，造成了公司部分人的质疑。他们觉得，石化贸易虽然市场有起伏变化，但毕竟是有利润的业务，而物流园建设，投入巨大，未来的获利空间如何还没有定数。如果因为物流园建设影响了石化贸易业务，有可能新的增长点没找到，旧的根据地反而失去了。到了那个时候，公司就被动了。

这个利害性，马永革也想到了，他感受到了异常的压力。他的决定，有万钧之重，如果失误，受牵连的是全公司的员工。虽压力空前，但马永革并没有失去冷静。他坚信物流是朝阳产业，随着经济总量的增加，物流总量也会增加，而且国家非常重视，发展物流的战略并没有问题。到了这个时候，不能退却，只能向前。坚定了这个判断，马永革不但买下了原来的土地，而且扩大了规模，将物流园面积增加到 1700 亩。

几年努力，一个规划科学、布局合理、园景美观的现代化大型物流园区出现在渤海新区。占地 2000 亩，有 A、B、C、D 四个货物仓储区；拥有直通港口的 4 条铁路，直接长度达 7 公里；拥有 4 个车队，服务范围涵盖北京、河北、河南、天津、山西、陕西、山东、江苏等多个省市；还建设了员工宿舍区、公园区、停车区（包括充电桩）、员工食堂、服务中心、超市、餐饮、商务酒店、维修中心、应急中心，水、电、暖、网等常用性资源甚至优于闹市区。许多参观后的同行赞叹，在国内，还很少见到这样的物流园。

投运后的海通，一次性能接卸列车运货物 140 节，年吞吐能力达到 600 万吨，二期建设完成后，将达到 1000 万吨。

“绿色海通”的先见

一开始，海通就提出了“科技物流绿色海通”的口号。

物流业对于经济生活的重要性不言而喻，但是，物流业也避免不了环境污染的问题。运输过程中产生的尘埃、噪声、废气、废油，仓储中危险物质的扩散，流通加工过程中产生的废料等，都对环境产生很大的影响。随着人们对生活环境的要求提高，国家环保力度的加大，物流业必然会面临环保的考问。物流业转型升级的方向，就是绿色发展，谁站在了绿色物流的高地，谁就会掌握核心竞争力，就能抢得市场先机。马永革为海通物流制定的发展方向，市场前瞻性和商业远见凸显。

“绿色海通”不只是一句口号，而是落实到物流园规划、基础设施建设、生产设备配置、操作规范流程等各个环节。

海通开业时的主营业务是煤炭运输。煤炭在运输过程中势必会产生较多的粉尘、煤渣，防污染的必要性更突出。马永革早就意识到这一点。那个时候，国家的法规对物流环保还没有提出较高的要求，但是马永革超前做了。他觉得，在生产经营时不危害他人，是企业应有的自律。

海通建在盐碱地上。都知道，盐碱地要作农业用途，必须经过有效的土地改良，而从工业上讲，并没有统一的要求。但是，马永革对标一流物业园，提出了最高的环保要求，把盐碱土全部铲除，运到 70 公里外的处置点，这就大大增加了基建投入。但是，马永革没有动摇决心。

正是这一决定，为海通成为花园式物流园创造了条件。在物流园，绿树成荫，鲜花斗艳，俨然是一个花园。马永革非常重视园区的绿化，每年要花数万元引进树种、花草；每年春季，组织全公司开展种植活动。马永革说，他要让绿色发展的观念深入每一个员工，同时也为员工提供一个好的工作环境。

为防止煤炭运输作业时粉尘扩散，海通投入大量资金建设了防尘网。国家对防尘网设置的强制性要求是从 2015 年开始的，也就是说，马永革建设海通时，国家的强制性规定还没出台，而马永革已经提前做了。而且，国家的规定出台后，防尘网标准是 8 米，而海通的防尘网做到了 12 米，远超国家标准。

一层防护还不够，海通多层设防。在园区的运输带两侧，安装了自主研发的喷淋系统，保持煤炭的湿润，避免粉尘飞扬。喷淋系统包含 120 个喷头，平均每小时喷一次，确保煤炭处于静储状态。在喷淋系统覆盖不到的地方，公司配置了洒水车，定时洒水，不留环保盲区。此外，公司还配置了防尘车，不断在园区作业，吸附逃散到空中的粉尘。

煤炭存放需要较大的空间，所以一般都露天存放。露天存放，虽然有相应的环保措施，但遇极端天气，还是会出现不好应对的问题。比如风力过大，湿度不够的煤还是会被吹散到空中；雨量过大，煤炭会被冲散。但是如果封闭存放，需要建很大的棚仓，投入巨大。权衡再三，马永革决定建设棚仓。这一决定，遭到了来自其他股东和部分员工的反对，成本投入突破了他们的底线。的确，每平米500元棚仓建设成本，对于还没有大额盈利的海通物流来说是很大的负担。但是马永革力排众议，"大兴土木"建设了棚仓。

无论是喷淋系统，还是洒水车，都会产生大量的废水，这些废水带着煤渣，如果直接排放，对水系统是很大的污染。海通在园区挖掘了4个巨大的沉淀池，每一个池的投入超过70万元。通过沉淀池科学的处理程序，将废水进行严格的净化处理。这也是一笔巨大的投入，马永革坦言，很多物流企业都做不到。环保管理部门在海通设置了检测点，定期进行环境质量检测，每次检测，环境质量都达标，海通从来没有因为环保问题受过处罚。

据统计，马永革在园区环保方面投入巨资6亿元。这些投入，让渤海边的盐碱地上出现了一片绿洲。海通也成为沧州地区连续十几年的环保标杆企业。这对于一个主营煤炭的物流企业，是难以想象的。在更多的煤炭企业，外面看起来是一片黑，而在海通，就像走进一个公园。用员工的话来说，这得益于马永革是一个完美的人，"虽然我们不理解为什么马总会花这么多钱投在环保上，但我们的工作环境确实是同类企业中最好的，以前打开窗户就会发现窗棂上都是黑的，更不要说在室外的工作环境了"。

"科技物流绿色海通"，二者是相辅相成的，发展绿色物流，必然要有科技手段的支撑。马永革重视新技术的采用，重视自身科技的研发。自动喷淋系统就是公司科研人员自己研发的。以前，所有的煤炭保湿，都靠洒水车，这样投入的车辆多，人力也多。在参考同行先进的做法后，海通决定自己研发适合公司特点的喷淋系统。公司投入了1000多万元，成立攻关小组，马永革牵头，先后调研了山东、天津、浙江等地的多个物流企业，经过半年多的攻关，研发出一套行业领先的喷淋系统。这套系统，不但起到了很好的保湿作用，而且节省了投入，每年创造的经济效益有 100 多万元。

现代物流的探索

中国的物流业这几年发展很快，2016 年，全国社会物流总额达到 229.7 万亿元。但是中国的物流行业发展参差不齐，物流市场产业集中度低，具有“多、小、少、弱、散、慢、乱”等特征。物流行业企业数量多，规模一般都不大，入行门槛低。截至 2018 年，全国共有 6254 家物流企业，但代表我国物流业发展最高水平的 5A 级物流企业仅 299 家。整体来说，我国物流业处于传统物流向现代物流转型的时期。

现代物流，是融合运输业、仓储业、货代业和信息业的复合型服务产业，不只是单纯的物品派送、货物配给，而是延展到生产者对原材料的采购，以及生产者本身在产品制造过程中的运输、保管和信息等各个方面，这与传统物流的“后勤保障系统”和“销售活动的桥梁作用”意义相比，在深度和广度上有很大的拓展。

现代物流是物流企业发展的方向。马永革明白这种趋势，关键的问题是，如何快人一步，在向现代物流企业转型升级的过程中获得领先优势。马永革的决定是，早出发，早布局，做实事。

物流园的高标准建设，为现代物流打下了坚实的基础。海通物流园作为一个现代化多式联运的物流平台，已经建立完备了铁路、公路、港口集疏于一体的仓储转运集港服务体系，园区内装卸、堆场、仓储、加工、配送及金融等 24 小时全天候一站式服务，形成公路港物流与港口的完美结合。

物流园的设计理念先进。进入物流园，首先看到的是正对着大门的 4 个双向地磅，这样每辆车的进出信息就会在第一时间准确地传入到信息控制中心，既能节省时间又能确保车辆安全；办公楼前是车辆停靠区，这样没有任务的车辆就不会妨碍到运输车辆通行，还有宽阔的维修区域；办公楼右侧是银行、超市、加油站、维修站，无论是车辆的保障还是员工的个人准备工作都能集中解决；左侧是员工宿舍、公园、篮球场，明确与工作区进行了区分，让员工真正有家的感觉；后面才是货物存储区、运输区，值得说明的是在货物区与办公、生活区之间是好几个沉淀池、防尘网、棚仓构成的环保“链条”，这也是对员工身体负责的表现。

物流园采用了现代化的先进技术，主要体现在环保和信息处理两个方面。在环保上建立了以防尘网为基础，喷淋系统为辅助，棚仓为保险的三位一体、层层加固的环保体系；在信息处理上，无论是车辆的信息收集、监控还是自主研发的喷淋系统和安全监控系统都是科技在物流园应用的“临床体现”。

在物流园节能环保的绿色理念得到完美落实。作为连续几年的沧州环保标杆企业，海通对于环保的投入始终贯彻着马永革利国利民的指导意见。喷淋、防尘网、棚仓、水泥路和节能监测系统贯穿了大宗物流的运输、仓储、分类、装箱、配送各个环节。

物业园的作业便捷高效、安全有序。车辆进出园区就像流水线一样高效，不需要停留就能平稳、准确地装卸货物，绝对安全；一切人员的操作信息都会准确地被信息安全系统监控，就连在外运输的车辆都有实时的信息传递系统。

各种大型装载机械、传输机、地磅、环保系统、电气信息中心、监控系统的投入，极大地提高了物流园的集疏能力。园区能 24 小时全天候服务，精准式盘存，并免费提供货代、船代等信息，配有报关、清关等有偿式第三方服务。入园企业可享受保姆式服务。

马永革认为，海通的建设还不是很到位，离高度现代化的目标还有差距。首先，还要加大投入，在作业自动化、信息化方面，还要进行设备的更新，让硬件更“硬”。马永革表现出了坚定的决心，即使贸易业务的规模再压缩，也要保证物流园现代化升级不停歇。

其次，要加强管理，在制度设计、管理模式上，要以现代化企业为标准，不断提质升级。海通物流的管理面广，管理难度大。特别是海通的物流模式是大宗货物的物流，运送的是煤炭、矿石、矿粉等大批量、大吨位的货物，这就对货物的仓储、运输、管理等提出了更高的要求。

马永革认为，最科学的管理，就是利益共享。所以，在海通，员工福利摆在很重要的位置，从员工食堂到员工宿舍，从休闲娱乐设施到公园建设，都为员工提供了良好的生活环境。但是，说到最根本的利益共享机制，马永革认为还是股权激励。

股权激励让更多的人成为公司的主人，从公司的发展中受益，让更多的人把公司的发展当作自己的事业，稳定员工队伍。“股权解决的是人性最根本的问题，当一个员工持有了这个公司的股份之后，就会从内心改变自己的身份，不再只是公司的受雇者，而是公司的主人，就会从内心去认同这个公司，主观能动性就会100%地被发挥出来。马云只持有7%的股权，却将阿里巴巴带到了难以企及的高度，这就是股权激励的魅力。”

马永革在公司力推股权激励，在吸引人才、稳住人才方面起到了很好的作用。现在物流园区的副总就是通过股权激励吸引进来的南开大学的优秀人才。“股权不仅可以用来吸引人才，还可以用来吸引投资，发展区域合伙人。管理之道，必推股权激励。”马永革说。

再次，要加大力度引进专业人才。在人才的使用上，马永革从来都是不拘一格，只要有能力就能上位。但在物流实践中，马永革深切地感受到物流专业人才的缺乏，高等教育机构在这一专业的设置方面，没有跟上产业的实际需求。人才少，导致人才贵，企业在人才引进方面需要很大的投入。马永革呼吁，要加大物流专业人才的培养输送。马永革表示，海通愿意成为高校人才的合作实习单位，愿意与更多的高校建立战略合作关系。

马永革表示，海通的定位是“第三方物流”，特点是强化资源整合和物流全过程优化，核心是信息技术的应用。海通的现代化物流园建设已经走在了时代的前列，采用的是多式联运的资源整合模式，信息传递贯穿在物流的整个流程之中。“海通物流园已经具备了发展现代物流的根基，做好了迎接物流业新一轮高速发展的准备。我坚信黄骅这片土地会是现代物流福地，海通愿意为中国现代物流业的发展冲锋陷阵。”

本色决定未来

绿色物流，现代物流，海通不断往物流行业的高点攀登。“2014年中国能源物流最佳企业”“2015 年河北省物流行业信息化先进企业”“2017 年中国能源物流最佳示范基地”……一系列荣誉，是对海通物流的充分肯定。

这些成就，肯定不属于马永革一个人，但是，马永革无疑起到了置关重要的作用。他零点创业，在公司处于极度困难时独肩支撑，他选择正确的发展方向，他的决策魄力，他的果敢和坚毅，是公司发展壮大不可或缺的。

优秀的企业家无疑是马永革头上最亮的光环，但他又不只是一个企业家。

在员工看来，他是一个热心的人。一名跟随了马永革 18 年的老员工说：“马总在公司是我们的董事长，在生活里也是我们家庭的长辈。”马永革的热心用员工的话说就是“管得宽”，不仅员工家庭闹矛盾了要管，员工交朋友了也要管。

一次，一名老员工想作为投资方入股和朋友一起做生意。马永革无意间听到了这个消息，在了解了那位朋友的情况之后，从一些细节判断出这个“朋友”有问题，于是劝员工不要参与。这名员工虽然觉得马永革管得宽，但也听进去了一些，毕竟马总是在生意场上闯荡出来的。于是只进行了少量投入。果不其然，那宗生意不久就出了问题。好在员工听了马永革的话，投得少，损失也有限。回想这件事，员工非常庆幸自己身边有这么一位“管得宽”的领导。

在股东和合作伙伴眼里，马永革是一个诚信的人。他说到做到，所有生意都讲究互利共赢。约定的事项，无论是在合同里写明了，还是口头应承了，他都一点也不含糊。正是因为这种诚信，他才能不断发展合作伙伴。

在朋友眼里，马永革是一个讲究的人。朋友需要帮助时，他能及时伸出援助之手；有了好的发展机会，他会想着朋友；有求于朋友时，他能讲究分寸，理解朋友的难处。

在熟知内情的人看来，马永革是一个特别重视孝道的人。在父亲生病需要他照顾，而工作又离不开他时，他能身负重荷，做到两全。马永革不只是自己讲究孝道，也帮助和激励其他人重孝道。比如公司有规定，每个员工工作到一定年限都可以享受到“仁孝基金”，这个基金标准是员工工资的20%。

面对弱势群体，马永革是个充满爱心的人。当地有一个家庭，女主人身患癌症，医疗负担过重，而丈夫为了照顾妻子，不能全身心工作，导致家庭贫困，子女无法上学。马永革知道情况后，让公司出资帮助他们，妻子的病得到治疗，孩子得以上学。此外，马永革还时常以个人的名义捐款捐物。

在同行看来，马永革是个低调的人。他是沧州两届人大代表，是政协委员，是数家企业的董事长，是中国品牌企业盛典年度行业领军人物……而在他自己看来，他只是一个“国企的下岗职工”。

马永革常说，你可以不出色，但你不能没有本色。这种“本色”，就是真诚，就是善良，就是谦虚，就是仁爱，就是孝道。这些都是传统美德。

所以，马永革钟情绿色物流不是偶然的，不仅是因为他的发展眼光，更与他的价值观和道德标准有关。绿色物流，是人与自然的和谐，是一种推己及人的个人自觉，是一种和谐共存的企业自律，是一种社会责任，是一种商业道德。

海通物流的人相信，在马永革的带领下，企业一定会有光辉的前景。马永革同样对企业的未来充满信心。这种信心，不仅来自于他的前瞻性布局，更来自于他对行业趋势的判断、对区域经济发展的乐观。

“黄骅港是沿海最后一块投资处女地，目前工业闲置土地大约还有2万亩，有足够的土地吸引投资。随着产业转移的推进，不少企业从北京、天津撤离，黄骅港提供了很好的承接地。而且黄骅港拥有足够的港口深度，能够容纳大型船只停靠，与铁路、公路衔接紧密，其他基础设施完善，在未来的国家发展规划中，必将被放在重要位置。我们海通正在借力秦唐沧升级国家战略、渤海新区倾力打造综合大港、着力推进临港产业发展的重大机遇，依据国家和地方各级政府的物流业发展规划，围绕大产业、大园区、大基地和大项目，配合现代物流园区的建设，依托黄骅港集疏功能，以煤炭、铁矿石、杂货等为主要品种，提供一站式服务，形成港路集疏中心。”在马永革的介绍中，一幅美好的未来发展图景缓缓展开。

薛国能[*]：用“诚信”高举跨境电商新旗帜

谢昱航　范　为

互联网催生了电商时代，造就了阿里巴巴、京东、云集等商业领域的独角兽。当下线上网购不仅仅是一种购物方式，更是一种生活方式。对美好生活的向往，成为这个时代国人共同的追求。如今，在电商改变一切的中国市场，跨境电商成了国家大力扶持发展的战略性新兴产业。那么，在市场格局和商业模式上，除了阿里巴巴等传统电商巨头，其他企业还有没有机会？跨境电商的模式创新是否只能由巨头引领？

* 薛国能：重庆洋展购供应链管理有限公司董事长。

在重庆，有一家社交跨境电商平台异军突起，迅速发展，成为互联网领域的一支奇兵：重庆市洋展购供应链管理有限公司，旗下的社交跨境电商平台海惠客，通过自营全球直采方式，让国人有机会接触世界各国的优质商品，拓展出社交跨境电商新天地。目前，海惠客已与十多个发达国家的品牌原厂和多条全球供应链建立了直接的合作关系，和韩国多家免税店集团达成战略合作协议，平台上拥有的海外品牌4000多个，供应的商品SKU超过5万，成为西南跨境电商中的佼佼者。海惠客跨境自营，将高性价比、保真进口商品引入国内的商业理念自问世以来就受到了多方的关注和认可。2018年第六届中国企业家发展年会上，海惠客荣获“2018年创新品牌奖”。2019中国新经济品牌峰会上，海惠客摘下“2018中国新经济品牌价值百强企业”桂冠。

优秀的企业背后一定是优秀的企业家。薛国能，海惠客的缔造者、重庆洋展购供应链管理有限公司董事长、重庆潮汕商会常务副会长、重庆潮汕青年商会执行会长。作为潮汕商人，薛国能继承了潮汕人敢拼敢闯、勤劳、聪明、善于经营的特质。在家庭的感染下，他始终铭记家族传承初心，一直将“诚信、正直、勤奋、坚持、利他”的精神作为经营企业的核心价值观。

对消费者强烈的责任感和潮汕商人敏锐的洞察力，使薛国能能准确捕捉到当下进口商品消费乱象：一方面很多海外优质品牌无法顺利进入国内市场，另一方面国内进口商品热门品牌价格居高不下、品质参差不齐。海惠客从市场痛点出发，一是打通顺畅渠道，通过搭建全球供应链，从源头上和海外品牌方合作签总代理，再通过跨境电商的方式直接销售给国内消费者，让消费者花更少的钱享受到更好的产品。二是确保货源货品，薛国能带领团队亲赴欧洲、澳大利亚、新西兰等原产地国家直接采购商品。无论是化妆品、护肤品，还是奶制品、保健品，他都坚持从源头把关，保证消费者在海惠客平台买到的都是真正放心、性价比高的商品。同时他还设立了海外仓和国内自建保税仓，解决了跨境电商的假货问题，因为他坚信“以诚立信，方能远行”。

打造一个能够真正让消费者放心去购买心仪商品的平台，不用担心假货问题、价格问题、品质问题，平台为消费者把关站岗，真正把购物变成快乐的事，这就是薛国能想要做的事。“发自内心的认认真真做好产品，实实在在做好服务，让客户放心、安心、舒心，这个就是品牌，这个就是客户想要的。”薛国能的话语中流露着真诚和平静。

薛国能创业已经二十几年，无论处于什么样的商业环境，无论面对什么样的激烈竞争，他始终坚信“百术不如一诚”的商业理念，秉承君子爱财，取之有道，做人必须坚持正道的信念，他坚信，市场环境由一个个市场主体的个体行为组成，多一家诚信经营的企业，市场就多一份积级向上的能量。所以，他坚持做有良知的商人，办有社会贡献的企业。他很崇拜稻盛和夫这样的企业家，崇尚“敬天爱人”这样的商业理念，每一个重大决策，他都要做“利他”和“社会贡献”的考量。

海惠客的创办，是薛国能几年来在跨境电商行业不断摸索沉淀下来的经验、资源、人脉优势的整合。海惠客健康、持续、快速地发展充分说明，敬畏商业伦理，诚实守信经营，企业自会获得回报，这是一条双赢之路。薛国能，一直在这条路上追求，一直在践行这条商业正道。

诚信的家风，“早熟”的商人

薛国能出生于潮汕地区，有潮水的地方，就有捕鱼的人，有潮水的地方就有潮汕人，有钱赚的地方就有潮汕商人。潮商是中国传统三大商帮之一，其渊源可追溯至明代，与晋商、徽商相比，潮商历久不衰，在世界范围内影响深广。潮汕商人在五百年间，水大鱼大，生生不息。全球有 3000 万潮商分布在世界各地。潮汕商人的梦想，就是长久地存在于中国的商业命脉里，而其现实是拼尽全力，占据市场，不断扩展商业版图。潮汕有着浓厚的经商氛围，人们在经商中致富、在生意中获得成就感。

20 世纪 90 年代，薛国能还不满 20 岁，乳臭未干、涉世未深，但凭借着勇敢、自信，他很早就选择了出来创业。虽然有风险，但潮汕浓郁的商业文化土壤、家族的商业基因和成长历程，让他有了同龄人不具备的果敢和胆识。

薛国能很小的时候，就对做生意表现出了特殊的兴趣。放假了，别的小孩都尽情玩耍，而他却钟情于到店里看大人做生意。大人们都在店里忙碌，这时候有个小孩跟进跟出，时不时还要问这问那，一般都会看作是干扰，不欢迎的。为了不至于被赶出来，他主动帮大人干活，成为店里人见人爱的小帮手。就这样，对生意的了解不断满足着少年的好奇心，对生意的兴趣也在不断浸染着少年对未来的憧憬。小学三年级时，他的父母就出外谋生了。他不得不寄宿在亲朋好友家中，这进一步锻炼了他的独立生活能力，养成了独立、坚强、吃苦的性格。

薛国能的家族本就是一个仁厚之家。小时候祖父给他讲的一个故事，在他幼小的心灵播种了善良的种子。那是祖父十几岁的时候，已经开始帮大人收租了。一天，祖父像平常一样挨家挨铺收完租户租金，两个家仆抬着一箱沉甸甸的银元跟在身后。在一个街角，祖父突然听到带着哭腔的哀求声。寻声望去，原来是邻居婶子。她怀中抱着一个小孩，一手拉着一位长者，苦苦哀求。祖父赶上前询问原由，得知婶子怀中的小孩是她的儿子，也是祖父的玩伴，突发急病。婶子抱着儿子求救，恰遇路过郎中，一时又拿不出钱，只能跪地哀求。郎中担心她们支付不起诊费，不肯施救。看到这一情形，祖父不假思索，喊住家仆，让他们打开银箱取钱。祖父对郎中说：“你看治病需要多少钱，自己取吧。”郎中见状，才愿意救治。祖父的善行温暖着薛国能幼小的心灵，影响着家族，点亮了子孙前行的人生路。

记得一次和同学放学回家途中，薛国能拾到了10元钱。在20世纪80年代，10元钱对于一个小学生来说，可不是小数目。当同学们商议如何处理这10元钱时，薛国能想起了祖父的教诲，坚决表示要在原地等待失主。等了几个小时，也不见有人来找寻。这时有人提议，既然找不到失主，不如将钱花了。但薛国能没有同意，而是带同学回到家中，将钱交给母亲处理。于是，母亲将10元钱做了公益。母亲教育他说，我们不能拿这个钱，用这个钱捐给困难的人，也是替失主做了一件好事，这是为人处事之道。这种仁厚，沉积于薛国能的内心，塑造了他的人生观和价值观。

英雄出少年，磨砺出锋芒

初次创业，薛国能在海南。作为经济特区，创业大潮如同南海的汹涌波涛拍打着中国最南部的省份。最初的生意是钢材贸易，薛国能选择的方向并没有错。特区的建设需要大量钢材，而当时国产钢材的质量与发达国家存在差距，很多地方不能满足建设的需要，从发达国家引进高质量的钢材销往海南各个建设工地，有很大的市场空间。

方向对了，但现实的困难还是超出他的想象，没有现存的操作模式，没有内行指导，当时没有互联网，信息渠道也不通畅。就连当时的银行，有些涉外贸易的业务也不熟悉。

薛国能时不时陷入困惑和焦虑中。艰难时候，坚强的性格支撑着他。一切都在艰难摸索中前行，对于钢材贸易的市场和操盘也越来越熟悉。因为有市场需求，也有利润空间，薛国能的生意跟随市场的步伐迅速扩大。青年人的果敢带来了生意上大踏步的前进，但当时扩张的步伐超过了公司和团队的承受力，公司的管理滞后了，特别是客户回款方面失去了控制。最多的时候，有数千万的欠款不能收回，给公司正常运转造成了困难。屋漏偏逢连夜雨，1997 年，金融危机爆发，薛国能的钢贸生意不得不戛然而止。

第一次创业，对薛国能是一次重要的历练。对市场的认识，对政策的了解，对商机的把握，对人际关系的协调以及处理问题的技巧，都得到了很大的提升。虽然最终在公司的货款应收上出现了一些问题，但这是一名商人在成长路上应交的学费。最重要的是，薛国能的这一笔学费没有白交，第一次创业经受了多种考验的他，虽然年龄还不大，但已具备了一名成功商人的品质和过硬的心理素质。

1999 年，薛国能的一个亲戚找他借钱。这位亲戚在物资局工作，有人脉、有关系。亲戚和山西的一个钢坯厂洽谈了用钢坯换成品钢材的生意，但没有资金运作，所以找薛国能帮忙。当时亲戚与山西钢坯厂家达成合作，把钢坯运到唐山半壁店钢材厂换钢材，并到山西进行了实地考察。对方把亲戚带到一个仓库，那里堆放着上万吨钢坯，说那些货是他们自己生产的，亲戚对此深信不疑。薛国能一再询问那位亲戚，有没有单独到仓库了解情况，是否核实仓库货主。当时亲戚觉得应该是没有问题，为了能够尽快做成生意，一口咬定说没问题，薛国能把 100 万元汇给了他。但是亲戚把款汇给厂家后，按照约定再联系时，却怎么也找不到人了。所有电话都打不通，亲戚急忙赶到货源地，但真正货主说，钢坯根本不是那个厂家的，对方只是购买了几十吨货，说是带客人来看货，他们便一起招待了，亲戚知道受骗了，差点瘫倒在地，100万元在那个年代特别是金融危机后期可是一笔巨款。

薛国能没有慌乱，他反而安慰亲戚，并将他送回了老家。随后，薛国能立马赶到银行，第一时间到银行查看汇款去向，发现汇到嫌疑人账号里的钱，被迅速转移，只剩下30多万了。薛国能向银行行长申请封停账号，行长看了薛国能提供的材料，同意了申请，但告诉他，银行的权限只能在24小时内，24小时后一定要公安机关的立案手续才能继续查封，否则银行就得解封。必须争分夺秒，薛国能赶到公安局报案，但却第一次在公安局吃了闭门羹。后来才知道，原来公安局有嫌疑人相识的人员任职，这让他更感到万重阻力。但薛国能没有轻言放弃，因为他清楚，自己的问题只能自己想办法解决，没有任何人能够为自己分担。苦思之中，突发奇想，如果能够得到当地高层领导帮助就能解决问题！但他是一个外地人，初来乍到，谁也不认识，如何才能接触更高层级的领导也是一个无解的题。不管怎样，都得尝试。薛国能马上赶到嫌疑人工厂所在地的县城，也就是邻县，在当地县委招待所前台看到挂在墙壁上的各个县领导办公室的电话号码，把政法委书记的电话记了下来，并试探着打通了电话，非常幸运，接电话的正是政法委书记。薛国能汇报了情况后，来到书记办公室，出示了所有的证据、合同，书记认为这件事对当地的营商环境影响极坏，也是一个大案，现场做出书面批示，要求公安局长快速破案。这个时候薛国能才敢去公安局立案，公安局副局长马上成立专案组，但是刑警队长要求薛国能自己掌握情报，他们出警抓人，遇到这样的情况薛国能也无可耐何。这个时候，他想到了刚到山西时在嫌疑人所在地入住的酒店听服务员提起过，酒店的老板是嫌疑人的表哥，在当地耕耘多年，人脉较广。于是，薛国能又住进了那个酒店，找到了酒店老板，向老板说了事情的经过，希望老板能够提供帮助。老板被薛国能的诚意所动，利用社会人脉，多次提供了嫌疑人的相关线索。通过这些线索，公安民警7次出警，抓获了16名犯罪嫌疑人。人是抓到了，但是，60多万元已经被他们花得差不多了。薛国能了解到，这些人行骗，也是因为钢厂破产了，欠下很多账，为了渡过难关，所以想通过行骗解决问题。罪犯都受到了法律的惩罚，最高的判了十六年，至于亲戚那边，薛国能也没要他承担责任。所有的损失，他自己扛了下来。不管结果如何，在一个月的时间内能够把事情处理好，也算是一个交代。遇到问题千万要冷静地找到解决方案，没有条件就自己创造条件，自己为一切结果承担责任，薛国能多年来练就了这种处变不惊的心理素质。

再次创业，连锁服装零售业展身手

回到广州，薛国能的事业又从头开始，这次他选择了服装行业，从一家服装店做起，从零开始，慢慢地发展了一家又一家分店。他也进一步充实自己，到华南师范大学人力资源专业的本科函授学习。这也是因为在创业过程中，薛国能充分认识到了知识的重要性。他很珍惜这次学习充电的机会，下了课，常找一位经济学教授交流，就自己在生意中遇到的问题和困惑向教授请教，学习很有针对性。同时，他也通过这位教授，了解到了不少政策信息、经济理论及企业管理的知识。长期的交流，让他和这位教授成了忘年之交。

后来他的服装生意遍布广州市人流量最旺的商业街，北京路、上下九步行街、农林路、新市等地方共开了十几家面积超过 1000 平方米以上的专卖店，每年营业额达到 3 个多亿，保持了年均 15% 的增长。“经营实体店最重要的就是地段，人流量决定了生意的成败，没有人流量卖什么都很难”，这是薛国能多年商场实战打拼得出的宝贵经验。服装业务发展稳定后，薛国能又开始和朋友投资了房地产、工业废品资源回收等行业，在每个领域中都有所斩获，一直到了 2014 年进入跨境电商领域。

2014 年的一天，薛国能无意中看到一条新闻，报道中国每年的出境游人数已接近 1 亿人次，其中，跨境消费品的消费额已达 9000 亿元。他对这条新闻产生了兴趣，立马搜寻相关的资料。薛国能了解到，进口产品进入中国一般有两种方式。一种是传统的一般贸易，这种方式通过海外品牌的国内代理公司，层层代理后销售给终端客户，由于税率比较高，加之代理商们层层加价，很多产品到了国内售价已经比出厂价翻了几倍。当时国家新推出的另外一种方式则是跨境保税，这种方式是从海外采购后，通过保税的方式直接进入国内市场，由于跨境保税享受国家税率优惠，加上没有多层代理商赚取差价，同时商品的所有流通环节均受海关监管，因此在价格和品质保证上更有优势。

薛国能意识到，跨境保税不但可以把世界各地的优质商品吸引到国内，而且可以让消费者少掏钱，这种新兴的商业模式对普通老百姓是极大的实惠，应该很受欢迎。而跨境保税与网上销售相结合，又大大方便了消费，让人们在电脑或手机端就能购买到物美价廉的进口货，是一块未开发的市场处女地。中国对进口商品有如此大的需求，跨境电商是一个新的商业机会。薛国能多方了解政策信息，国家支持跨境商品进入国内市场，他决定涉足跨境电商。

果敢的性格让薛国能火速招来一批做平台系统开发的专业团队，马不停蹄地投入研发。不久，就开发了一套跨境电商平台系统，并研发了独家的收银终端机，让消费者像超市买单一样，扫描商品条码能立刻出现与海关端口关联的数据，同时自动完成物流清关发包流程，实现三单对碰。同时，他还通过海外的生意伙伴，寻找全球优质商品资源，并且组建了一支 15 人的海外买手团队，在欧洲、澳洲、美洲等地搜寻更多的进口商品，与各国贸易商展开洽谈，引入商品。

经过几个月的攻关，2015 年，由薛国能领衔打造的中国首个跨境商品 O2O 卖场在广州开业，引起社会各界关注。重庆政府招商团前往广州考察时，对薛国能的跨境电商平台产生了浓厚的兴趣。后来，重庆北部新区招商负责人找到薛国能的团队，希望他们到重庆打造一个跨境商品 O2O 卖场。

是否去重庆，薛国能进行了大量调研，对重庆市场的消费总量、消费结构、消费人群特点、营商环境等各方面进行了深入研究。考虑到重庆是国内经济增速最快的地区之一，是西南地区的经济轴心，市场潜力巨大，依托渝新欧铁路运输优势，今后一定能给跨境商品一个非常大的发展空间，再加上重庆作为国内首批跨境电商试点城市，拥有无可匹敌的政策优势，市场前景十分广阔，薛国能最后决定，转战重庆。

2015 年 10 月，重庆市洋展购网络科技有限公司成立，致力于打造洋展购跨境电商平台。“洋展购”取名寓意为：展示世界，购遍全球。洋展购从招商到开业，时间极短，效率极高，可以说是开创了整个重庆跨境电商项目落地的最快速度。从薛国能进入重庆考察到最终确定入驻，并与当时重庆市北部新区管委会签约，仅用了8天时间，时任北部新区主任现两江新区管委会书记段成钢主持签约仪式。招商、装修，2个月后，一家名为“洋展购跨境商品直购体验中心”、面积达到两万平方米的卖场开始试营业。卖场位于重庆轨道3号线金渝轻轨站旁，邻近宜家和奥特莱斯，区位优势十分明显。

洋展购在运营上做了不少创新。在洋展购线下卖场，每一家入驻商户都有一个体验区，最新的数码产品在这里可以试玩，最炫的国外潮牌可以在这里试穿，最可口的生猛海鲜在这里可以试吃，顾客可以零距离感受海外进口精品的魅力。

2016年3月，洋展购实现线上线下总营业额5300万元，其中，线上实现1800万元，线下实现3500万元。2016年全年销售额突破6亿元。接着洋展购又在成都的太古里开启第二家两万多平方米的体验中心。

营业额的不断增长并没有让薛国能放松对跨境电商如何服务客户的思考。薛国能认为，最根本的是要为客户提供最好的服务，以对消费者的真诚换取消费者的忠诚。对于消费者，不能有半点“怠慢”，特别是不能有欺诈甚至坑害行为。一个污点，就会污染品牌甚至毁了企业。而平台现行的运营模式让他产生了深深的担忧：洋展购的模式是多商家入驻，以线上和线下卖场相结合。虽然卖场建立了很多规则，而且不断完善，但是总避免不了管控上的漏洞。另外，线下卖场运营成本也较高，还没有做到减少渠道环节的费用，让消费者真正买到最实惠的商品，这样不利于跨境电商交易模式的快速发展。薛国能本能地感觉到，要更趋向于“互联网+”趋势，做一个创新型的电商。他觉得，未来跨境电商的主战场一定在移动互联网上。

薛国能与公司股东交流看法，并没有取得一致意见。股东们坚持认为，当时的发展态势良好，转变经营方式结果不可预料，有可能给公司和股东带来利益损失。薛国能坚持己见，业已存在的问题即使当下影响有限，但对企业长期发展是一个隐患，要做大做强企业，要做一家为消费者着想的企业，就必须着眼长远，把问题消灭在萌芽状态。几经商讨，没有结果，薛国能没有退却，坚持自己的意见，高价收回了股东股份，开始了独立经营公司。

2016 年 12 月，洋展购供应链管理有限公司成立。薛国能砍掉了线下实体店卖场业务，把重心全部放在打造供应链上，重新开发一个纯自营跨境电商平台，海惠客应运而生。

不忘初心，牢记使命

“我之所以打造海惠客这样一个平台，初衷就是想不仅让国人享受到实惠，而且为他们提供一种新的生活方式和好的生活品位，让购物变得更加简单美妙。我大胆开启海惠客这样一个平台，想通过自身的实践去探索验证一下，这个发展方向是否可行。因为在发达的欧美国家，市场上没有什么假货和品质问题，大家消费只有选择贵和便宜的商品，但是在中国市场，现有的电商平台鱼龙混杂，假货现象时有发生，但这只是市场发展的一个过程，中国市场一定也会发展得像欧美市场一样，因此对于我们这就是一个机会，用口碑建立消费者的信任和品牌价值，也能够为更多没有进入中国市场的国外优质品牌开拓渠道，因为消费者认可了平台，平台推任何商品都会受到消费者的认可，我们就可以通过这样去建立自己的独家经营权，给消费者带来高品质好货，给公司创造稳定的利润空间和护城河，找到属于我们的定位与突破点。分析的结果，让我更加坚信发展的方向与价值。”薛国能如此描述创办海惠客的初衷。

为杜绝假货和劣质品，海惠客在制度和技术上都做了周密设计。海惠客向品牌方直接采购，所有货物均接受海关监管并享受第三方保险公司承保，同时通过区块链技术，建立了身份溯源机制，每一个商品都可以追查到源头，并且向消费者承诺，出现问题，假一赔十。

薛国能梳理出了创业的初心，规划了企业未来的愿景：做中国跨境电商的标杆平台。诚信、利他、坚持、创新，作为企业的核心价值观，把“一切以客户的需求为中心，以人为本”作为企业的核心理念，以“全球化贸易零距离，实现精彩人生最佳平台”作为企业的终极使命，一家企业做强靠产品，做大靠运营，做久靠文化，创始人一定要把自己的创业初心传递给大家，把这种企业文化变成团队的自我驱动力，才能够真正走远。

在消费体验上，海惠客也是精心设计。海惠客平台有24小时贴身客服团队，在平台上能够购买所有韩国免税店的国际一线品牌商品，价格还能和免税店同价。一方面，消费者可以看到在其他地方根本见不到的国外新产品，因为很多商品都是首次进入中国；另一方面，可以针对具体产品详细体验、咨询，选择最适合自己的进口产品。

海惠客打造了一条有自己特色的供应链，100%商品保真，价格实惠，物流迅捷。对于消费者来说，不用担心商品品质，可以按自己的意愿选择，价格还便宜。有消费者做过比较，某海外品牌的奶粉，通过以前的海购方式，要300多元一桶，而在海惠客，只要100多元一桶。重视薄利多销是薛国能的商业原则，这来自于潮商的生意习惯。

海惠客显现蓬勃生机，引来很多的合作伙伴。不久前，他们与美罗百货达成合作，共同打造自营跨境电商平台。美罗百货是一个有着20多年金牌口碑的国内知名高端百货品牌，而薛国能的供应链管理公司是西南地区最有知名度的跨境电商企业，强强联手，就是为了线上线下共融，让中国消费者用上高性价比的进口商品。

重新定义买卖关系，实现线上零售新革命

作为一个新兴的社交跨境电商平台，海惠客非常重视社交营销。“社交电商”这个概念2015年由美国的三位互联网从业者提出并撰文成书，后在业界达成一种共识：基于建立起或强或弱的社交关系而影响购买行为的商业模式，叫作社交电商。在此商业模式上，又衍生出一个名词：KOC，全称Key Opinion Consumer，即关键消费者。利用移动互联网上诸如微信朋友圈、微博、QQ、抖音等线上常见社交工具，或利用家庭、小区、公司、体验馆等线下具备社交属性的场景，通过人与人之间的互动、晒单、分享等行为进行用户传播，以较低的成本带动新用户增长。

“我们海惠客深耕粉丝经济，以社交打通裂变渠道，开辟一条用户自买省钱、分享赚钱的新模式。”薛国能解释他们的社交营销模式时说。

不论是微商还是普通消费者，都可以申请加入海惠客的分销体系，成为蓝鲸店主。成为蓝鲸店主之后，即可拥有一家属于自己的线上商城，享受超值购物体验。除了自用省钱之外，蓝鲸店主还可以通过分享挣钱，在海惠客的专业培训下，成为专业推广达人，将平台分享给朋友，在产生订单后即可轻松获取每一笔订单的丰厚推广金，实现分享挣钱。

加入海惠客的分销体系有以下几个好处。首先是没有风险。加入不需要缴纳一分钱，可以零成本创业。也不用压货、库存，所有产品均保存在海惠客专属的受海关监管的保税仓库内。消费者在分销商处下单后，所有商品由海惠客跟海关端口直接对接，负责完成各种政策性手续。同时，产品的来源、品控、仓储、物流、售后等全部通过海惠客平台建立完成。总结起来就是，店主只管卖货收钱，其他所有事情都由海惠客完成。

其次是质量有保证。很多微商代理的产品没有品牌优势，绝大多数是贴牌生产，常常让分销商压货，也会让你丢了在朋友圈里的信誉。而海惠客销售的商品全部是海外成熟品牌，是海外生产、制造、加工、包装，通过正规海关监管渠道进入中国的。所有商品均可以享受第三方保险公司承保，赚钱的同时，不会因为销售劣质产品丢了朋友，真正做长期生意。

最后是享受全面的培训、服务。为了帮助蓝鲸店主发展，海惠客提供了十大保姆式支持，包括为蓝鲸店主提供高品质的开店素材库、制定严格的采买上架标准、提供贴心顾客服务保障、提供专业产品知识培训、提供精细化运营推广培训、共享亿级广告庞大流量红利、提供专业的法律队伍护航、提供诚信的风险保障、保障蓝鲸店主零售利润。海惠客拥有专业的品牌团队，会全面配合、指导分销商，从产品培训到文图编辑、营销推广各个环节都有保姆式服务，不再为没有专业技能创业而发愁。

海惠客这种营销模式，为宝妈、创业者、微商提供了一个购物兼创业的平台，重新定义了电商平台与消费者的关系，打破传统模式下的“销售—购买”关系，将消费者转变为平台的经营参与者，以零门槛注册蓝鲸店主，让每一位消费者轻松成为社交零售的专业卖家，实行全民消费、全民推广。

在海惠客的支持下，蓝鲸店主们即便是零基础，也能轻轻松松打理店铺，踏踏实实做好生意。所以，随着加入分销体系的人越来越多，海惠客不断将消费者转变成经营者，实现全社会互利共赢，不断扩大分销网络，可以说是一场零售新革命。

在抖音平台，海惠客的社交营销得到充分渗透。海惠客旗下蔬菜商学院是中国海客界专门孵化抖音达人与抖音机构的培训机构，培育百万级抖音达人30余位，其精英计划首次实现抖音理论教学和实操指导完美结合，首创抖音暴力带货模式，3个月打造抖音带货达人数百名，其中有多个账号每个月佣金达到100多万元，总佣金达6000多万元。同时，也会把这种引流方法赋能给蓝鲸店主。

海惠客抖音网红达人项目组也开始筹备打造一批韩国专业的艺人团队，整个方案已经在推进中，必将会有非常震撼的效果。

目标决定企业能够走多远

在传统电商已经饱和的情况下，海惠客能够快速发展，在于海惠客准确把握了行业特点和发展趋势，构建了自己的核心竞争力。这个核心竞争力，就是强大的供应链体系。

通过大规模建设海外仓储和国内保税仓储，合法拥有保税进口运营资质，通过和国外多家免税店建立战略合作伙伴关系，同顶尖研发中心合作开发高端产品，独家代理高品质产品，海惠客建立了强大的全球供应链体系。

薛国能认为，任何平台的最大价值来源于商品渠道和强大的供应链，如果没有一个强大的“造血通道”，只靠交易手续费是无法支撑下去的。强大的供应链是电商的壁垒，如果只是简单地搭个平台，重复一般的电商模式，在强大的对手和已经饱和的市场面前，可以说没有什么优势，也很难有创新和突破。薛国能看清了这一形势，并找到了突破点。“互联网创业人首先要是个商人，并且具备销售型人格，创始人的认知黑洞以及个人能力会成为企业天花板。不追风口，要去找大家都做不好的事情，我们能否去找到解决的方案，建立壁垒，没有建立起壁垒就容易在竞争中失败，一定要反复思考项目核心壁垒是什么、如何建立壁垒。”

海惠客能为消费者提供他们想要而得不到或者难以得到的商品和服务，且高品质、低价格。“成就客户，为客户创造价值”，是薛国能的第一准则。所以他提出的公司核心战略是：研究客户的深层次需求，前瞻性提供超出客户期望的产品和服务，不断改进工作。

海惠客只为消费者提供国外的优质产品，同时也坚持低价格，拒绝靠高价获取超额利润的做法，国外优质奶粉只卖到 100 多元，成本也就 60 多元一桶，更多的都是营销成本，只有在海惠客购买商品的人，才能真切体会到薛国能带给他们的到底是什么。

其实，从薛国能做钢材生意、服装生意，到创办洋购展、海惠客平台，创造价值是其核心追求。“办企业就必须为社会创造价值，不能只是满足于挣钱”，在很多场合，他都很有底气地公开表明自己的立场。他之所以创办海惠客，就是对准了假货坑人这一行业痛点。要对社会有贡献，企业的经营就要合法合规，要保证产品货真价实，服务规范到位，薛国能决心毕生为之努力。他还试图把这种商业理念传递给其他人，只有更多的人维护市场的规范化，市场才会越来越成熟。

薛国能表示，他们计划在海惠客上开设一个扶贫专区，专售重庆的土特产，为重庆不发达区县的商家提供一个产品销售渠道，尽可能为社会创造价值，帮助更多需要帮助的人。

薛国能曾总结过创业者成功需要具备的几个要素，第一是目标，目标是非常重要的，这决定了企业能够走多远；第二是问题，问题是要深入思考，创业解决什么样的问题；第三是激情，激情是执着、是坚持、是专注的精神，创业者要成为某个行业的专家，无论遇到多少困难和障碍，都要找到解决问题办法；第四是乐观，乐观就是在成功的路上保持积极的心态，即使在创业中看到了消极面，也能积极地看到有利的一面；第五是人，人作为一个创业者，不能仅仅靠自己成功，应该让投资者成为他的合作伙伴，让员工听从他的指示；第六是产品，公司应该让产品尽快上市，并得到反馈改进，而不是等到产品完美再上线；第七是定位，定位是讲一个人们能记住的故事，识别品牌；第八是坚持，创业是一段漫长的旅程，创业者应该坚持不懈，灵活多变，有足够的资金和耐心走向成功，即使 99% 的人都失败了，也要继续重复这些事情直到成功，市场比你想象中更复杂、更变幻莫测。其中排在第一的是目标，薛国能认为目标决定了企业能够走多远。这一判断，在很多企业那里得到了验证，既有成功的典范，也有反面的案例。如果企业只追求一时利益而无视商业伦理，这是自绝于消费者，自绝于市场，即便能一时红火，也只是昙花一现。或许，认识到这一点并不难，难的是把这种认识付诸实践，难的是一直坚持。而在薛国能身上，我们看到了这种信念的坚定和追求的执着。

王月*：向高处立，从宽处行

陈　述

公益就是一棵树带活另一棵树

天津武清区汉沽港产业园区，占地5万平米的中国石材标志性企业月福石材公司就坐落在这里。走进月福的厂区，首先看到的就是整洁的道路、明亮的厂房和井然有序的加工作业区。

石材作为建筑材料的一种，其生产加工场地给人的印象一直以来都是既乱又脏，但走在月福厂区，我们看到的却是无比整洁的环境，每一个角落都打扫得干干净净，整个工厂让人赏心悦目。月福石材的董事长王月说，这是她的性格使然，干干净净、利利索索，看到不顺眼的事情她都想要管一管。

* 王月：月福石材（天津）有限公司董事长。

在董事长办公室里，我们首先被一块块奖牌、一枚枚奖章吸引住了目光，正当我们纳闷时，王月的秘书过来解释，说这些奖章奖牌都是王董做公益的收获，王董的公益事业已经坚持十多年了。

为了展示王月的公益活动经历，秘书为我们播放了一段节目，节目内容是一台为特殊疾病儿童举办的公益募捐演出，细心的人一眼就能够看出来，这台演出的场地就设在月福石材公司厂区里，宽阔的广场上搭建了一个舞台，一个干净斯文的小男生主持，几个来自解放军艺术团的学生和老师进行表演……

一边看节目，我一边问王月董事长："我们知道这些演员是您请的，但小男孩儿是谁呀？看起来不是专业主持人，不过说话却很特体，也不怯场！"

王月笑了笑说："这是我儿子呀！"

我问："您的孩子都被您带领这么热衷于公益了？"

王月说："是啊，现在这孩子非常懂事，平时生活都很节俭，不乱花钱，但在公益上却非常大方，不过你有一个地方猜错了，不是他被我带动，我最开始做公益反倒是被他带动的！"

王月说这话是很久之前的事情了，那时王月的孩子还在北大附中读书。北大附中是北京重点中学，即便是在北京市，能够考进北大附中的孩子也是凤毛麟角。作为中国最好的中学之一，北大附中在教授孩子文化课程的同时，也非常重视对孩子社会能力和社会责任的培养，让孩子们参与到公益活动当中也是其中一项。

在一次公益活动中，学校邀请了学生家长共同参与，王月董事长也在受邀的行列当中。王月至今还记得那次活动，那也是一次为疾病儿童的募捐，在活动现场，当王月听完主办方的陈述，听完这些患病儿童的故事，她落下了泪水，她把身上全部现金都捐献了出去，一颗慈善的种子就这样在王月心里萌芽了。

其实，这件事只是让王月走上公益事业道路的一个引子，而能够被一件小事触动，根本的原因在于王月本身就是一个非常善良、感性的人。

一个人是不是真正善良，是不是能够发自内心地去做公益做慈善，关键看他有没有同理心。所谓同理心，就是感同身受的力量，看到别人的痛苦，会想到自身的痛苦，看到处在苦难中的人，会想到自己也身处苦难。一个天性如此的人，即便没有很大的成就，也一样会是一个善良的好人，而王月就是这样的人，我们从一件小事上就能看到王月天性的善良。

当时，因为孩子在北大附中读书，王月因为陪读在海淀区租了一套房子，房子的邻居是一对老科学家伉俪。两个老人年纪大了，儿女们又都在国外，日常生活没人照料，很多地方都不方便。

王月住进去没有多久就发现了这个问题，但碍于和邻居不熟悉，没有办法主动提出帮助，那怎么办呢？王月就对家里的保姆说，日常进出小区、楼道，如果看到这对老人家有什么不方便的地方，都尽量力所能及地去帮忙。譬如老两口腿脚不好，每天扔垃圾上下楼也是很难的事情，保姆如果看到老两口有垃圾放在楼道里，就主动帮他们扔下去。

在王月看来，这种举手之劳的事是自己应该做的。但她的举手之劳，很可能就帮助他人解决了大问题。

王月这种善意慢慢也在感染身边的人。有一天，保姆回家兴奋地对王月说："月姐，你知道吗？今天我在地铁上看到一个人，背着可大的一个包，好像是外地来的民工，那么多等车的人，只有我过去帮他，别人都不敢，我觉得我这都是受你的影响。而且我觉得，帮别人一把我自己心里可高兴了！”

“赠人玫瑰，手有余香”，把玫瑰传递他人，芬芳的是我们自己，如果他人能够继续将玫瑰传递下去，那么我们整个社会不就到处都充满了芳香和美好吗？

赠人玫瑰的人，首先自己手中要有玫瑰，这个玫瑰是什么呢？就是一颗拥有悲悯和善良的心。

做公益其实最看本心，有的人本心并不善良，那么做起好事来也不过是走走过场，不过是寻求一个心里安慰罢了，至于能不能真正帮到别人反而不管了。王月觉得真正善良的人绝对不会那样去做慈善，她有一句话说得很对，“慈善不分大小，只要心在，一元钱也能给人带去真正的帮助”。

因为热衷于公益活动，王月参加了很多公益团体，其中就有全球知名的公益组织——狮子会。有一次，王月随同狮子会的师兄师姐去大凉山做公益。大凉山在四川省西南部，万山密布、道路不通，那里住着大量的少数民族同胞，因为生活艰辛很多人都选择外出打工，于是就留下了很多留守儿童。

能够为这些留守儿童做些什么呢？大家想到了送一些暖冬包过去给孩子们。所谓的暖冬包，就是一包过冬的衣物，大凉山虽然地处南方，但冬天阴冷透骨，我们在空调暖气中过冬的人很难体会到，但孩子们每天过的都是那种日子。

给孩子们送上暖冬包，让他们的冬天多一些温暖，这是王月和狮子会同仁们的初衷。做这件事的时候，王月想，这事不能像一些所谓的“公益人士”给孩子们送一点东西就大张旗鼓地宣传，既然要做，就一定要真心实意地为孩子做些什么。

最后，大家想到一个办法，就是派人过去给当地孩子们量身高、量腰围，然后根据孩子的具体需求来定制。刚一开始，地方政府对王月等人还很有意见，嫌弃这群北京来的企业家“事儿多”，然而，当大家的暖冬包送过去之后，当地的干部看到孩子们打开写着自己名字的书包，穿上一件件合身的衣物之后，他们也被感动了，他们觉得王月这些人是真心实意地在做事情。

这里面还有一个小插曲，就是在家定做暖冬包的时候，因为生产厂家得知这件事是企业做公益，便主动提出只收取成本价，不赚这笔生意的钱，算是他们为公益事业尽自己的一份心。这件小事让大家感慨良久，看来人世间真的是温情多过于冰冷的，每一个人心中都有一份善念，而做公益，就是用行动激发人心中的善念。

甘肃静宁县也是王月做公益的一个固定地区，有一次，当地政府为偏远乡镇修了公路，公路建设得很好，但就是没有安装路灯。这件事被王月等人知悉，于是大家集资出钱，给当地建设了路灯系统。

项目落成的时候，当地政府邀请出资的公益人士到现场参加典礼。在现场，王月作为公益组织的代表讲话。王月站在讲台上对当地人说："我们的政府为老百姓做了很多实事，相对于政府的行为，我们的路灯只是很小的一件事情，然而为什么我们这些企业家要千里迢迢来做这件小事呢？我希望大家能够明白，我们给大家送过来的不仅仅是路灯，而是平安和光明，希望路灯能够照亮大家生活的道路，给大家提供便利，也希望以后大家的日子过好了，不要忘记我们曾经给予的帮助，也要转身去帮助其他需要帮助的人，让我们将这份光明传递下去，照亮静宁县的每一个角落，照亮社会的每一个角落。"

所谓人人为我，我为人人，爱心就是在这样的传递下才慢慢壮大，我们的社会正是因为有这种爱心的传递才变得温暖。

其实，每个人都可以对社会有不同的贡献。我们没有必要每个人都去成立一个大型的慈善组织，我们只要向王月学习，先踏出自己的一步，带动身边的人、受帮助的人，再让大家带动更多的人。

每一个做慈善的人都是"一颗种子"，王月的这颗种子在她儿子的引导下生根发芽，并随着她的公益活动不断壮大，终于长成了大树，而对于我们来讲，如果每一个人都能够让自己内心的种子萌芽，社会就会成为一片遮风挡雨的密林，我们的世界也就变得更好了。

企业家做公益就是做自己

这些年，王月在公益事业上的成绩一点也不亚于她在事业上所取得的成就。多年的公益活动，让王月对公益事业有了自己的心得体会，她的一句话说得很对，做公益绝对不能是完全地一味付出，一定要“先利己后利他”。

当然，王月所说的利己并不是普通意义上的自私自利，而是要先让自己强大起来，先让自己和家人过上好日子，只有这样，才有能力去帮助更多的人，公益事业才能够长远。

我们在媒体上经常看到这样的故事：一个靠蹬三轮为生的老伯伯，一辈子节衣缩食，却资助了几个大学生；一个农村妇女宁可自己过得穷一些，也要照顾村里的孤寡老人……

每每读到这样的故事，王月都会感动得落泪，深深体会到这种人的伟大，相信很多读者也是如此。但是转过头来想一想，这样的人毕竟只是个例，如果我们社会只能靠这些人去做好事，那么也就没有什么公益事业可谈了。

正是有这种认识，王月才不遗余力地号召有能力的人站出来做公益，号召更多的企业家走上公益事业的台前，而她自己也身体力行地在努力着。

王月是中国石材协会的副会长，当选副会长之后，她就利用自己在协会内的身份，不断号召会员企业出来做公益，几年内就有了不错的成绩。

中国有句古话是“穷则独善其身，达则兼济天下”，这正和王月的想法不谋而合。当我们发达的时候，一定要想着那些生活不如我们的人，那样我们就不会贪婪，反而会对社会心怀感恩，会思考自己可以为社会做些什么。

而事实上，近些年我们也确实发现，越来越多的企业家、明星站出来投身于公益事业，只不过有些人喜欢隐藏在幕后，对于此，王月却不这么看，她觉得公益事业是好事，没有必要藏着掖着。

至今，王月还记得几件在做公益时发生的趣事，这几件趣事多多少少可以说明王月做事的态度。

有一次，王月和公益组织的人一起进行环保活动，活动内容是到一处河道清理垃圾。当天组织去了几十个人，分散在河道的两边各自清理自己负责的河段，正当大家干得热火朝天的时候，一群市民刚好从旁边经过看到了王月。

因为王月平时比较重视仪表，穿的衣服未必有多贵，但一定要大方得体，这天也不例外。结果，一身靓丽衣服的王月就让这群市民纳起闷来了。

“现在环卫工人都这么有钱了吗？”一位市民和旁边的人说道。

听到这人的话，王月笑了笑说：“我不是环卫工人，我是义工，是义务过来做环保的！”

听了王月的话，这群人笑了笑离开了。

虽然他们没说什么，但可以想到的是，回过头来这群人也会思考。一个优雅的女士，能够跑来河边清理垃圾，这种事情为什么自己就不能参与进来呢？而只要他这么想了，就难保不会也参与进来，即便不参与进来，至少下次再经过这里的时候，在扔垃圾的时候就得想一想，“前些天有个美女在这里义务清理垃圾，人家好不容易清理的，我还好意思再破坏吗？”

还有一次，也是在公益活动现场，一个同伴看到王月的着装，小声对王月说：“王总你低调一点，看你穿的衣服，尤其是你戴的表，这么贵的表，万一被人拍到多不好啊！”

王月笑了笑说：“我戴这个表怎么了？我的钱都是自己辛辛苦苦赚来的，我又不是贪官污吏，我的钱来得干干净净，我做慈善难道还必须要做出一种自己也过得不好的样子吗？我做慈善也不是为了给谁看，都是出于我本心，我也不是特意高调，我只是觉得没有必要故意低调而已。”

是啊，做公益不是装样子，一个人在平时什么样，在公益事业当中就应该是什么样，没有必要为了别人的眼光改变自己，而且说不定还能够改变别人的眼光。我们的社会不总是有一种“仇富”的目光吗？那么像王月这样做公益，也正好能够树立一个榜样给那些仇富的人看一看，富翁不都是“为富不仁”的，也有很多像王月这样聚财有道、热心散财的公益人士。

而且王月还有一层意思没有说，那就是有钱人往往更有号召力，高调地做慈善才能号召更多的人。而且，成功人士高调地做慈善，也会形成一种无形的压力，让那些同样有能力的人参与进来。一个亿万富翁，如果看到身边的百万富翁、千万富翁都站出来做公益，他还好意思缩在后面吗？

用王月的话说，慈善就是用自己的力量帮助他人、帮助社会，那么谁的力量最大呢？毫无疑问谁拥有更多的财富和资源，谁的力量就最大。所以，社会就是应该号召有能力的人来做慈善，而有能力的人做慈善就应该做出榜样来，以带动更多有能力的人站出来。

从人的社会属性来看，一个人在任何领域有超越其他人的卓越成绩，那么他的社会责任也就应该担负得越来越多，而一个人只有担负了更多的社会责任，才能真正获得社会的认可。

这些年因为积极投身于公益事业，王月先后多次获得天津市和武清区的表彰，多次被各级媒体采访。面对采访，王月总是落落大方地说出自己的公益理念。

一次，在武清区的表彰晚会上，主办方请王月上台为大家演唱一首歌曲作为这场表彰晚会的特别节目。对于这次邀请，王月发自内心地高兴，从小就喜欢唱歌但又自认为五音不全的她大大方方地站到了舞台中央，唱完了自己准备的歌曲。虽然比专业的歌唱演员还有些差距，但作为一个普通人能够不怯场地把歌唱完，王月已经在内心为自己点了一个大大的赞。

这场晚会下来，王月觉得自己获得了政府和社会的认可，这不但是对自己社会责任的认可，也是对自己人品和气质的认可，一个民营企业家能够做到这个样子，王月觉得值得了。

从旁观者的角度，王月投身于公益事业做得已经很多了，但她自己觉得还不够。用王月的话说："相对于普通老百姓，我确实是一个有钱人，但相对于那些亿万富翁，我又是一个普通老百姓，我就想以一个老百姓的身份把公益事业一直做下去，我不接受任何人的道德绑架，但我也不会害怕让人看到我有钱就低调，我做慈善就是做我自己！"

用公益改变我们这个国家

从阿拉善造林到支付宝公益，从给西部孩子加餐到环保工程，我们能够看到公益事业正在一点点改变着我们的国家，而这当中也有像王月这样的企业家的功劳。

国家在一点点变好，人也在一点点觉醒。在以前，我们谈到公益事业所想到最多的是下乡慰问，来自发达地区的人带着礼品到偏远地区去慰问，一场活动之后，富人回去，穷人依然很穷，什么也没有改变。

在王月看来，真正的公益并不是这样的，公益应该是雪中送炭，是危难之处向人伸出的援手，是走投无路之际拿给别人的一盏指路明灯。公益只能救急，人生真正的路还要靠每个人自己走，所以王月的公益绝不是简简单单地给钱，而是要帮助他人完成从输血到造血的转变，帮助他人真正自强。

这么多年，王月走遍了祖国的偏远地区，她亲眼见过落后地区人民的贫穷和勤劳，她深刻地体会到，其实他们很多人并不懒，缺少的仅仅是一个机会。

在甘肃静宁的一次公益活动中，当地一个负责接待的干部对王月感叹到教育的重要意义，这位干部说，如果不是因为教育，不是自己考出了山沟沟，自己大概也会像被王月救助的对象那样，过贫穷的日子。

其实，对于那些窝在山沟沟里的人来说，给他们多少钱是真的能够解决问题的呢？恐怕多少钱也不够，只有真正让他们走出大山，让他们能够在城市觅得一碗饭吃，才能够真正改变他们的境遇，而想要做到这一点就只有靠教育。

这件事之后，王月就和静宁县的干部说好，一定要尽自己所能帮助地方发展教育，最直接的方式就是在地方做助学工程，帮助那些品学兼优但家境贫寒的学生解决后顾之忧，让他们靠学习走出大山。而且，如果这些孩子真正能够依靠学习成才，不仅对于他们自身和家庭是一种改变，对于我们的国家也非常有意义，谁敢保证这些孩子当中不会出现未来的工程师、宇航员呢？

只要能够帮助他人改变自己的生活，王月总是不遗余力地去做。但对于那些毫无上进之心的懒散人，王月也总是狠心拒绝。用王月自己的话说，对于那些本身不上进的人来说，帮他其实是害了他，让他对于别人的帮助产生依赖，就一辈子都靠别人活着了。

这些年，因为企业做得成功，王月积累了一些财富，而又因为热衷于公益事业，王月渐渐有了乐善好施的美名，于是一些常见的“情节”就出现了。一些远房亲戚找到王月，理直气壮地要王月“帮忙”，对于这些游手好闲的亲戚，王月总是直截了当地拒绝。

“你们要是看病救命，我肯定给钱，你们要是七老八十了，我也帮你们养老，但你们现在年轻力壮，有手有脚，难道不能自己赚碗饭吃？非要靠别人活着？”王月这样看似不讲情面的决绝背后，其实是对亲戚们的恨铁不成钢，她其实多么希望有些人能够自己站起来，靠自己的双手拼出一个未来，那时候如果谁在紧要关头遇到困难，王月一定会痛痛快快地伸出援手，可惜，有些人真的是直不起腰来，总是一边游手好闲一边抱怨社会的“不公平”。

当一个人有太多的抱怨、愤慨、不满之后，他就只能让自己停留在原地，而不是脚踏实地的奋斗去改变现状，这样的人其实是不值得帮助的。帮助一个本身就在向上爬的人，给他一个借力的地方，这才是公益的本质，也是王月正在做的事情。

用公益帮助他人的同时，王月也在用公益改变着自己。最近一段时间，因为面临企业转型的问题，王月经常到各个企业进行参观考察，其中有一些就是通过公益组织联系到的。一次在北京顺义，王月参观一家高科技垃圾处理企业，她顿时被这家企业先进的技术和理念震撼了。

垃圾问题是环保的大问题，我们丢弃在自然界的垃圾，需要漫长的时间才能分解，有些甚至不能分解。类似塑料、电池这些垃圾，当它们进入自然界之后就会产生污染，进而影响到动植物，再通过饮食和空气影响到我们每一个人。所以，处理垃圾就是在保护我们自身和后代，这些事情王月之前也一直在做。

但个人的力量毕竟是有限的，王月和她的公益同仁们所能做的就是对垃圾进行简单的清理。但这次参观这家垃圾处理企业，让王月看到了垃圾处理的未来，这家企业利用科技手段对垃圾进行分拣，分类解决，无害化处理，最终不但实现完全无公害，甚至还能够让很多垃圾变废为宝。

看到这些，王月深刻地意识到，科技的力量真的是太强大了，而且也意识到，公益事业不但利国利民，而且也并非绝对没有经济收益。把公益事业做下去，在传递正能量、服务社会的同时，也能够催生出一些强大的企业或商业模式。

这一次的“开眼界”，让王月更加坚定了要将公益事业做下去的决心，也让王月意识到，她在公益事业上必将有个远大的作为。

质量是月福永恒的主题

作为一家建筑装饰领域的企业，月福石材的产品曾经为无数客户装点门楣，那么对于自己的办公场所，王月董事长想必也是不惜成本去建设的。

坐在月福石材的办公室里，我们看到的是干净整齐的大理石地板、墙面，设计精美大方，让人有一种厚重又不失雅致的感觉。正当我们感慨王月装修公司不惜成本的时候，她却赧然一笑。

王月说：“你们肯定猜不到，我这些地板、墙面的材料，其实都是工厂剩下的边角料，这些材料扔了可惜，我们就再加工拿来自己用了，怎么样，不比新的差吧？”

王月的话着实让我们惊讶，然而仔细想来，这种物尽其用的做法不就是王月的风格吗？质朴、踏实又不失变通。

王月最早起步于建材行业，从几十平米的门市发展到几个公司、几万平米的厂房，王月这一路走来获得过不少人的认同，其中包括她的下属、合作伙伴、顾客，甚至是竞争对手。

王月的踏实能干是有口皆碑的，当年在建材城的时候，有同行因为质量问题与顾客扯皮，顾客指着同行的鼻子说道："你一个大老爷们，说话做事还不如月福那个小姑娘！"类似的事情不止一次，我们也就多少能够窥出王月成功的秘诀了，那就是口碑。

人言可畏，人言似铁，口碑这东西是很神奇的，它看不见摸不着，但却能决定一家企业的成败，月福做了这么多年，在口碑上从没有落于人后。回想起最开始创业的岁月，王月给我们讲了她第一桶金的故事。

那时候王月还在经营门市，和其他同行一样都是等待顾客上门，所不同的是，王月非常重视客户服务。早期批发零售的经营者多少有些懒散，常常看活下菜碟，小活不愿干，能对付就对付。王月却不是这样，只要是顾客上门，无论是多小的生意都认真看待，扎扎实实给顾客做好。顾客上门谈生意，无论是否能够成功，王月都热情接待，为顾客备好饮料水果。顾客的复杂要求，王月即便做不了，也会想办法帮顾客解决。

这样一来二去，来建材城的顾客就知道了有王月这家店。后来，一个顾客需要买一个台板，走了建材城几圈最后选择了王月。王月非但没有嫌弃生意小而敷衍，还超出预期地完成了顾客的需求。几天之后，这个只买过一块台板的顾客又上门了，这次他带来的是一个工地的石材需求。

大生意找上门了，王月却有些犯难了，原因是当时手头资金不足，没办法大规模进货。怎么办？难道看着上门的生意眼睁睁溜走吗？当然不行!

王月找到石料供应公司，向对方提出赊账购货要求，对方当然是一口回绝。王月又找到建筑公司，要求对方预付一定的款项，对方也很痛快——石材进工地才付款。

事情就这样僵持在这里，万般无奈之下，王月只好又一次回到石料公司，在那里费尽口舌，足足“磨”了几个小时，最终达成一个协议，石料装车运到工地，但没有订金不卸货。

王月喜出望外，搭着运送石料的货车到了工地，然而当时天已经很晚了，建筑公司负责人早就休息了。王月只好再去敲门，催促对方去找订金，当几个小时后拿到订金支票时，王月知道自己的第一单大生意做成了。

今天的王月优雅潇洒，每次在公众面前发言都表现得大方得体，但那个时候不一样，那时的王月还是一个二十几岁怯生生的小姑娘，用她自己的话说“那时说话还有点大舌头”，就是这样的小姑娘硬是做成了这单生意，我们可以想见年轻时的她是多么有勇气和韧劲。

勇气和韧劲可以做成一单生意，但要长久地做下去，靠的还是口碑。王月早期的口碑来自于待人的真诚热情，但当公司做大了，口碑就变成了实打实的质量。

这么多年来，月福石材的质量在行业内有口皆碑，在月福工厂里，一块块石板整齐地摆放在那里给顾客展示，王月自信地说：“这一块块大板，就是一张张名片，月福运出去的板子绝对不会和展示产品有质量上的差别，如果谁能提出来我的质量问题，我们就敢把板子砸了给他换新的！”

质量是月福永恒的主题，在王月这里，质量问题没有差不多，只有0和100，做不到100分那就是0分。此外，产品的质量自然是企业的核心，然而在产品之外，还需要有什么呢？

王月意识到，石材是传统行业，相对比较保守，很多同行的关注点还停留在过去的价格和质量上，他们以为只要自己的价格更便宜或者质量更好，顾客就一定会选择自己。殊不知，在如今透明的市场环境下，价格甚至质量都已经很难再拉开差距了。大多数顾客已经把注意力从这些实际的指标上，转移到更加虚拟的指标上，比如服务。

意识到这一点，王月特地组建了售后服务部门，解决石材售出之后的所有问题，哪怕这些问题与石材本身无关，只要能够帮助客户解决，王月都会欣然派人前往。

有些人对此感到不解，花这么多钱组建一支无法产生价值的售后团队有必要吗？王月给出的回答是肯定的，不管从事什么行业，一个好的企业必须要让客户除了产品以外还能有其他惊喜，只有这样才能真正打动客户的心。

想客户所想，急客户所急，甚至客户没有想到的都帮助客户想到了，这才是一家成功企业所必须具备的素质。

因为要求严格，这么多年在身边人看来王月总有两种性格，私下里是非常亲切的“月姐”，和大家嘻嘻哈哈，把所有人都当亲人，工作中却是一个冷酷无情的“王总”，对下属严厉苛责，从来不顾及情面。

但其实，这正是一个企业家应该有的素质。在生活中热衷慈善，向身边人散播温情，这是王月真实的一面。而严格要求自己，近乎苛刻的完美主义，将最好的产品和服务奉献给顾客，又是王月作为企业家的真性格。

其实，王月不肯对下属放松，她对自己又何尝有所懈怠，事情做不好时，她对下属大发雷霆，但转过头来，她对自己的愤怒更加强烈。其实，如果下属足够聪明，他们应该对王月的苛刻感恩，因为只有在这样严苛的要求下，他们才会真正成长，才能变成一个更强大的人。回想当初，如果没有早期对自己的严苛，王月的事业可能也走不到今天。

近乎吹毛求疵地要求自我，别人能做到的，王月一定要做到，别人做不到的，王月也要想办法做到，别人连想都不会想的，王月也要去尝试。这就是王月的成功经验，也是那个时代很多企业家的成功奥秘，值得我们每一个人去思考、学习。

社会的未来要看下一代的

因为工作和生活的关系，这些年王月去过很多国家，在外国游走，让王月感受到了不一样的文化，也让王月频繁思考着一些事情。

两年前，王月随同中企会组织的活动到日本企业观摩，在一处展馆，听着日本讲解员小姐对日本制造娓娓道来，看着她脸上对日本产品那种自豪的表情，王月想到了我们中国。

不知从什么时候开始，我们对自己的国货有了一丝抵触，拿石材为例，好好的云南石材，非要打上缅甸的牌子，难道云南还不如缅甸吗？再看看我们的日常生活，这个产品是进口的，那个产品是海淘的，即便明明是福建、广东的产品，也非要说是外国品牌原单货，难道中国的产品就真的说不出口吗？中国企业家任重道远啊！

未来中国的企业将会是怎样的呢？王月将中国的前途和孩子的前途联系到了一起。

王月虽然将儿子送出国留学，但她坚定地认为，孩子将来依然要回来，孩子的根在中国，事业也应该在中国。那么未来孩子会来接她的班吗？王月对此倒没有太多想法。

"现在的孩子见多识广，接触的东西也多，可能看不上我们这些传统行业！"王月这样说道，"我更希望孩子多做一些他想做的事情，即便去创业，也多去做一些有技术含量的，譬如科技和教育这些，这些可能对我们国家来说更重要。"

可以说，在教育方面，王月给予了孩子更多选择的自由。她的儿子曾经说自己想去学艺术，王月对此表示支持，后来孩子又想学商业，王月也表示支持。王月说："反正孩子现在还小，而且美国的大学教育是给孩子选择的自由，只要是自己喜欢并认真去学，即便大三大四再定未来的方向也不晚。"

不过也和很多妈妈一样，王月也不可避免地对孩子过度关心，毕竟在妈妈看来，孩子再大也还是孩子。而过度关心的表现就是爱唠叨，在王月这里，唠叨的是孩子玩游戏。

有一次，看到孩子玩游戏的王月又唠叨了几句，孩子转过头对她说："妈妈，在你嘴里我就是一个整天玩游戏的人，但你也不想想，如果我整天玩游戏，那我全校第一的名次是怎么考的？"

孩子用成绩来为自己玩游戏背书，王月就没什么话可说了，因为孩子在成绩方面确实做得非常出色，无论是在国内还是国外，孩子的成绩王月从来都不担心。

那么生活呢？王月也不太担心。王月的先生是广东人，因此孩子身上天然具备了南方人的细腻和北方人的大气。

有一次，王月带孩子出行，想让孩子体验一下头等舱，于是给孩子买了头等舱票。孩子提前并不知道，等上了飞机一看是头等舱也就欣然接受了。没想到飞机落地之后，孩子对王月说："妈妈，你以后不要再给我买头等舱了，你的钱是你赚的，你坐头等舱理所应当，我现在还没赚钱，我不能花你的钱来享受。"

和很多企业家一样，王月也经常给孩子发一些大额的红包，但她的孩子却很少浪费。孩子小的时候看到王月给的钱太多，总是攒起来，有什么事的时候再拿出来花，这几年孩子长大了，王月再给一些大额的红包，孩子就会退回来了。

但是，这样一个节俭的孩子，在帮助别人的时候总是很大方。一次，因为和亲戚闹了点别扭，王月一个人生闷气，孩子过来劝慰王月说："妈妈，您有能力就多帮助一点他们，他们领不领情也无所谓，谁让您有能力呢？您和他们比起来，一个像大人，一个像小孩，高度是不一样的！"

王月虽然没有学习过教育方法，但孩子天性中的善良和稳重，让王月十分欣慰。现在，想想孩子几年之后学成回国，要开创一份属于自己的事业，在中国建一家属于自己的公司，王月就感觉等到这样有文化又有素质的一代人成长起来，中国的未来真的是很有希望。

那么等到孩子回国之后，希望孩子去些做什么呢？王月的回答是做什么不重要，重要的是去做，踏踏实实地去干，去实践。

王月最不喜欢的就是那种不干正事、整天飘在天上的人，这些年很多人从国外转一圈回到中国，带着各种所谓的“国外新进理念”，想一个新鲜的噱头就开始忽悠中国人。各种各样层出不穷的 P2P 理财、空气币，大多都是这些人弄出来的。

在王月看来，企业是踏踏实实地生产和服务，不是搞噱头抄名词，这些炒作、忽悠也可能让一些人发财，但最后却害了更多人、害了国家。

现阶段，月福也面临着企业转型的问题，但无论向哪个方向转，王月的底线仍然是做实事。王月说：“月福这二十年，也算是有了一点小的成就，再加上月福还有这上万平米的厂房，我们寻找方向，为企业开辟新的道路，就以这些资本为依托。”

王月认为，企业想转型，方向很重要，但更重要的是人才，所以现在王月也在四处招揽人才，石材领域的人才，别的领域的人才，王月都非常需要。创业二十年，王月走成了孤军奋战的道路，往后的岁月里，王月转而想要为月福打造出一支人才的铁军，吸纳更多的人才将月福壮大。

“长江不择细流，故能浩荡万里，泰山不辞杯土，故能凌越众峰。”企业也是如此，想要取得非凡的成就，就要尽可能吸纳一切人才，只有这样才能不断壮大自身。

企业家没有退休这一说，用王月的话说，“什么时候我干不动了，什么时候我才会退休”，不退休的王月还将带领月福石材走出什么样的道路，这取决于她的眼光，更取决于她吸纳人才的速度。

企业家要有企业家的格局

有这样一个段子，让看到的人都会会心一笑。视频内容是赵本山和他剧中的儿子在炕上唠嗑，赵本山埋怨儿子没有经营能力。

儿子说：“那不是大环境不好吗？跟我有什么关系！”

赵本山说：“自己没能力就说没能力，还大环境，怎么你到哪儿，哪儿的大环境就不好，你是破坏大环境的人啊？”

这几年，因为经济环境的原因，很多企业都不是很景气，王月所在的石材领域也是如此。但也正是在这样的环境下，才能够看出一个人的心胸和格局。

王月这几年经常听到同行抱怨，不是抱怨环境就是抱怨社会，更有甚者抱怨变成了恨，恨自己的钱没赚够，恨自己的企业不够大。

听到这些话，王月经常是一笑了之，但有的时候也会忍不住怼同行几句。王月曾经对一个同行说过这样的话："人要学会知足，你的工厂、房子，你银行里的存款，你的豪车、手表，难道都是你出生的时候就带来的吗？不都是你赚的吗？这么多年赚了这么多，该知足了！"

听说有些同行因为生意不景气整天抱怨，时间长了都有抑郁倾向了，王月更是哑然失笑，看来有些人真的是会把自己憋屈死的。这其实就是人与人在心胸和格局上的差别，同样半杯水，有些人看到的是"还有半杯水"，但有些人看到的却是"只有半杯水了"，格局小、不知足的人，即便给他一只下金蛋的鸡，他也会抱怨，"这要是只鹅就好了"！

对比这些同行，王月是看得很开的，王月说："最不济我还有这个企业，这片地，这么多年奋斗换来这些，我很知足。"

王月确实是一个知足的人，对企业的上心是一个企业家的责任和使命，但对于企业未来的淡然也是王月的生活态度。

有人太喜欢钻牛角尖，太执拗，总是把拥有物质的多少、事业的好坏看得过于重要，用金钱、精力和成功换取内心的安慰，却没有察觉自己的内心正在一天天枯萎。反而，如果人能果断地抛弃内心对物质和成功的执拗，让心灵得到放逐，生活重归简单，是可以获得精神的再生的。

这也是为什么这些年事业不太忙了，王月却依然有很好的心态，用她的话说："事业忙的时候可以赚钱，事业不忙的时候有更多时间放松，都值得高兴！"无论是大老板还是小老板，王月这种心态其实都是值得借鉴一下的。

王月对工作上的事情务必苛刻，关注每一个细节，但工作之外与人相处却非常宽容。

我们问过王月一个问题，创办企业这么长时间是否遇到过被人坑害和被员工背叛。王月的回答是，企业做大了、做久了总是不可避免地遇到这种问题，对于这样的人她的选择是宽容。

她的待人理念是好聚好散，无论是出于什么原因，离开的时候一定给对方体面，哪怕对方是背叛她的人，只要对方以后保证不去坑害别人，她也愿意在对方走后放他一马。对伤害自己的人尚且宽容，对其他人就更是如此。

王月创业早期曾经得到过一个同行的帮忙，对于此事她一直记在心中，后来这个同行的生意遇到困难，而她的生意越做越大，到了最后这个同行甚至要来请王月帮忙。对于这个同行的请求，只要条件允许王月就一定答应，到现在这个同行还赊欠王月几十万的款，王月却从不向他讨要，也不许公司其他人讨要。

类似的事情有大有小，无一例外地体现着王月的格局，恐怕也正是因为有这样的格局，才能让王月撑起这么大一个企业。而且回想这位曾经帮助过王月的同行，十年间，两个人位置的完全颠倒，不能说不是人的格局造成的。

大的格局一方面是虚己待人，就是不要把自己的利益看得那么重要，不要把自己抬得那么高。但另一方面，又要绝对地自信。这二者其实并不冲突，自信是一种不为外物所扰的坚韧品质，一个人如果没有自信，遇到事情就怀疑自己，那也是不会有所成就的。

王月从小就喜欢唱歌，不过也只限于喜欢而已，没有真正进行过系统的学习，但她的心中也总是按捺不住要表演给大家的冲动。在公开场合，当获得邀请的时候，王月总是乐于一展歌喉，引来阵阵掌声。

客观来说，王月确实是一个有气质的女性，她的歌声也动听。然而我们也看过很多模样漂亮、歌声动听的人，一到了公开场合就变得怯场，其实这些人未必比王月差，关键的问题就在于他们没有王月这份自信。

在企业家事业发展的道路上，几乎所有人都会遇到坎坷，这时候有没有自信就看企业家的格局了。

有的人面对困境变得颓废和软弱，内心变得很不稳定，也给家人带来忧愁和压力。一个人的心境变化是有连锁反应的，有的人失去自信之后很难找到自我，甚至事业一蹶不振，这种人就是格局太小了。

大格局才能带来大的事业，一个人的自信可以影响其他人。譬如这时有一个人才，他是愿意跟随月福自信的王月呢？还是更愿意跟随一个对大环境满腹牢骚的老板呢？相信每一个人心中都有答案。

大的环境不是一个人造成的，也不是一个人能够改变的，但改变不了环境，我们能够改变自己的心境。大的格局是王月成就事业的内在要素，也是王月能够在当前环境下保持乐观的原因所在，真心希望我们中国的企业家都能像王月一样，始终用大格局来面对事业和人生，只有这样我们的企业才会基业长青。

后　记

《创业之魂：领航》是一本有温度的书。我们希望通过自己的视角更全面、更生动地带领您走进这些优秀的企业家，希望通过我们的故事让更多人感受到成功企业家们身上的正能量和高贵品质。

本书真实地讲述了十一位企业家的励志故事，他们都有与众不同的财富理念与智慧。他们是各个行业的翘楚、领军人物，为社会创造了巨大财富。他们的人生道路并不平坦，但是他们通过艰苦的奋斗成就了辉煌。白手起家、兢兢业业、薪火相传、光明磊落，他们用智慧和远见实现了自己非凡的人生。

每个人的成功都不是一蹴而就的，我们希望通过这十一个励志故事告诉更多人——成功不易但也并非遥不可及。希望通过阅读企业家们的传奇故事，为您在迷茫的时刻指明方向，为您在漆黑的夜晚点亮一盏灯，为您繁忙的生活带来一点启示。

这本书并不完美，如果书中的某一句话、某一个细节能给您带来温暖和启发，我们将觉得无比荣幸。这是我们的第二本书，此刻，感谢与忐忑交织。无论评价如何我们都欣然接受。

在此，要感谢书中主人公们的鼎力配合，感谢主人公所在公司的支持与资料提供，感谢中企会同事们的多方协调，谢中国经济出版社编辑老师的辛苦付出，这是一本集结了作者们心血与整个团队协作的书。这本书的顺利出版不仅为新图书的策划积累了经验，也让我们对未来制作出更优秀的图书充满信心。

2020 年 5 月